初めて学ぶ 建築計画

〈建築のテキスト〉編集委員会 ▶ 編

JN298080

学芸出版社

まえがき

　西日本工高建築連盟では，高等学校で建築を学ぶ生徒が自主的に学習を行い，建築に関する基礎知識を修得するための手引き書となるよう，「建築のテキスト」編集委員会を組織し，1996年に「初めての建築」シリーズ第一弾として「建築環境」「建築一般構造」「建築構造設計」「建築積算」「建築製図」を発刊した．その後，2000年にシリーズ第二弾として「建築計画」「建築構造力学」「建築材料」「建築施工」「建築法規」「建築設備」「建築CAD」を刊行し，全12巻の「初めての建築」シリーズが完結した．

　第一弾の発刊から十余年が経過し，地球温暖化をはじめとする環境問題の深刻化，少子高齢化の進行，ノーマライゼーションの進展など社会状況の大きな変化があり，また，建築関係法令の改正，JIS建築製図通則の改正，教育システムの改変などを受けて，「初めての建築」シリーズの補完が強く望まれていた．

　西日本工高建築連盟では，新たに「建築のテキスト」（第二次増補版）編集委員会を組織し，「建築製図」「建築コンペ・卒業設計」「建築計画」「住環境」「建築設備」「建築構造設計」の6巻を「初めて学ぶ建築」シリーズとして刊行することとなった．

　内容は，前シリーズと同様，高校生はもとより，専門学校，短期大学，大学の建築関係の学生から若い実務者に至るまで，幅広い読者層を考慮するものとなっている．

　「建築製図」は，最新のJIS建築製図通則に準拠し，木構造（住宅），鉄筋コンクリート構造（大学同窓会館），鋼構造（事務所）の各種図面の描き方を2色刷で示し，模型写真や立体図を使って分かりやすく解説している．

　「建築コンペ・卒業設計」は，建築設計競技や卒業設計を行う上で必要な，課題分析，エスキース，プレゼンテーションなどの各プロセスの手法を，多くの写真・図版・実例を用いてていねいに解説している．

　「建築計画」は，建築と風土，都市，文化，歴史などの建築計画の背景，および環境工学，規模計画，デザイン要素，サステイナブル建築などの建築計画の基礎知識の修得を主目的とし，手法の具体例として住宅の計画の進め方を示している．

　「住環境」は，住まいを「地球・都市・まち」の環境の中に位置づけ，住まいの防災・防犯・長寿命化，こころとからだのここちよさ，誰もが使いやすい住まいなどについて，やさしく解説している．

　「建築設備」は，給排水設備，空気調和設備，電気設備，ガス設備，防災設備，搬送設備について，設備の構成や機器の構造を理解することに重点をおいて，分かりやすく記述している．

　「建築構造設計」は，構造設計を理解するための構造力学と構造計画の基本事項を平易に記述した後に，小規模の鉄筋コンクリート構造建築物の一連の構造計算を分かりやすく解説している．

　本シリーズは，日頃建築教育にたずさわる本連盟の会員が知恵を出し合い，多くの図版を用いて初学者の皆さんが楽しく学べるように工夫し，編集したものである．皆さんが多少の努力を惜しまず根気よく学べば，建築に関する基礎知識が必ず修得できるものと確信している．

　本シリーズ発刊にあたり，貴重な資料の提供と適切な助言を賜った皆様に，深い感謝の意を表します．また，出版をお引き受けいただき，執筆・編集にあたり積極的な助言をいただいた㈱学芸出版社社長をはじめ編集部の皆様に厚く御礼申し上げます．

「建築のテキスト」（第二次増補版）編集委員会

もくじ

第1章　建築計画の概要 …………… 5

1・1　建築計画を学ぶにあたって ——— 6
- **1** 建築とは　6
- **2** 建築生産と建築計画　7

1・2　建築計画の条件の把握 ——— 8
- **1** 内的な条件　8
- **2** 外的な条件　9

1・3　建築デザインの意義 ——— 10
- **1** 建築の美　10
- **2** デザインに影響を与える要素　10

1・4　構造計画 ——— 12
- **1** 建築計画と構造計画　12
- **2** 構造の特徴　12

1・5　設備計画 ——— 14
- **1** 建築計画と設備計画　14
- **2** 建築設備の性能　14

1・6　これからの建築 ——— 15
- **1** 人口問題と建築　15
- **2** 環境問題と建築　15

〔建築家コラム　アントニ・ガウディ・イ・コルネ〕16

第2章　建築計画の背景 ………… 17

2・1　建築と風土 ——— 18
- **1** 気候と建築　18
- **2** 風土と材料・構法　19
- **3** 風土と意匠　20
- **4** 風土と住居・集落　21

2・2　建築と都市 ——— 22
- **1** 建築と都市景観　22
- **2** 歴史的遺産と都市　23
- **3** 建築による都市の再生　25

2・3　建築と文化 ——— 27
- **1** 建築と芸術・デザイン　27
- **2** 建築と宗教　30
- **3** 建築と政治　35
- **4** 建築の保存・活用　36

2・4　近代・現代建築の変遷 ——— 38
- **1** 西洋における近代・現代建築の変遷　38
- **2** 日本における近代・現代建築の変遷　44

〔建築家コラム　坂茂〕48

第 3 章　建築計画に必要な知識と方法　49

3・1　寸法の計画 ——————————————— 50
- **1** モジュール　50
- **2** 寸法設計　52
- **3** 物品の寸法　54

3・2　規模の計画 ——————————————— 56
- **1** 利用規模の把握　56
- **2** 利用者数の把握　57
- **3** 規模算定の方法　57
- **4** 適切な施設・設備数　58
- **5** 適切な面積・高さ　60

3・3　空間の計画 ——————————————— 62
- **1** 分割と連結　62
- **2** グルーピングとゾーニング　64
- **3** グリッドプランニング　65
- **4** 動線の計画　66
- **5** コアシステム　67

3・4　デザインの要素 ——————————————— 68
- **1** 比例　68
- **2** 幾何学形態　70
- **3** 対称と非対称　72
- **4** 知覚　74
- **5** 色彩　76

3・5　空間構成のエレメント ——————————————— 78
- **1** 天井　78
- **2** 柱と壁　80
- **3** 床　82
- **4** 開口部　84
- **5** 階段・スロープ　86
- **6** 吹抜け　88

3・6　環境の計画 ——————————————— 90
- **1** 空気　90
- **2** 熱　93
- **3** 光　96
- **4** 音　100

3・7　サステイナブル建築 ——————————————— 102
- **1** 環境の要素　102
- **2** 建築物の省エネルギー　106
- **3** 建築物の長寿命化　108
- **4** 建築物の循環　110

建築家コラム　伊東豊雄　112

第 4 章　住宅のデザイン ………… 113

4・1　住宅設計の概要 ——————————————— 114
- **1** 住宅の設計プロセス　114
- **2** 条件の整理　114
- **3** コンセプト　116
- **4** エスキス　116

4・2　各室の計画 ——————————————— 118
- **1** 公的空間　118
- **2** 個人的空間　121
- **3** 家事空間　123
- **4** 衛生空間　124
- **5** 接続空間　125
- **6** 収納空間　127
- **7** 空間のつながり　128

4・3　空間の演出 ——————————————— 130
- **1** インテリアデザイン　130
- **2** エクステリアデザイン　134

4・4　住宅の実例 ——————————————— 136
- **1** 橿原神宮前の家〜生きている健康住宅　136
- **2** 向原の家〜カーポートのある家　137
- **3** 武庫之荘の家〜狭小地に建つ身障者用住宅　138
- **4** 勝山の家〜白い箱の家　139

索引　140
引用・参考文献 一覧　143

※建築物の写真には，竣工時の作品名（設計者名，国名・都市名または都道府県名，竣工年）を示した．

第1章
建築計画の概要

　建築空間は，人間にとって安全で豊かな生活を営むための器である．本章では，建築空間を創造する過程の中で，建築計画の果たす役割やその進め方，これからの建築についての概略を示す．

国立新美術館（黒川紀章，東京，2007）
　この建築のコンセプトは「森の中の美術館」であり，前面の透明で大波のようにうねるガラスのカーテンウォールは，日射熱・紫外線をカットする省エネ設計である．その有機的な曲線は周囲の樹々と共生する建築を表現している．

1・1 建築計画を学ぶにあたって

1 建築とは

　原始社会において，現代におけるすべての建築物の原型といえる住居は，人間にとって，外敵や厳しい自然環境から身を守るシェルター[*1]としての役割を果たしていた．その後文明が進歩し，社会の発展にともなって，より複雑となった生活の中から多種多様な要求が生まれ，それに対応する機能をもつ建築物がつくられた．このように，人間の生活にとって必要な空間をもつ建築物を創造することを建築（architecture）[*2]という．

　それでは人間にとって優れた建築物とはいかなるものだろうか．

　それは，古くから建築の3要素といわれる「機能」「構造」「美しさ」[*3]を備え，互いに調和させた建築物である．生活の要求によって生まれる空間は，合理的に計画し，使用するすべての人間に対して配慮することにより，優れた機能をもつようになる．人間の安全を守る強い構造は，各時代の最先端の技術を用いて，その空間構成や規模から，適正な材料と構造形式を選ぶことによって確保される．そして，造形的な美しさは，空間を構成する寸法，ボリュームから生じるリズム，使用される材料の質感や色調などを統合したデザインから生まれる．これらの3要素を備えた建築物を創造する者を，建築家（architect）と呼んでいる．

　このように，人間の生活・要求・造形美に配慮した結果，今日までに図1・1に示すようにいろいろな用途の建築物を，建築家は生み出している．

(a) 住宅／住吉の長屋（安藤忠雄，大阪，1976）

(b) 集合住宅／カサ・ミラ（アントニ・ガウディ，スペイン・バルセロナ，1907）

(c) 事務所／新丸の内ビルディング（三菱地所設計，東京，2007）

(d) 商業施設／阿倍野HOOP（竹中工務店，大阪，2000）

(e) スタジアム／豊田スタジアム（黒川紀章，愛知，2001）

(f) 美術館／豊田市美術館（谷口吉生，愛知，1995）

図1・1 さまざまな建築物

[*1] 雨風をしのぎ，外敵の侵入や攻撃に対して防御するための工作物をいう．
[*2] 建築という行為によってつくられたものも「建築」と呼ばれる．
[*3] 構造を機能の一つとして捉え，「機能」と「美しさ」の2要素とすることもある．

2 建築生産と建築計画

1）建築生産の過程

　建築生産とは，建築物を創造する生産活動のことであり，その過程は，図1・2に示すように，第一のステップの企画・計画・設計から，第二のステップの施工・竣工へ，第三のステップの運用・保全を経て，第四のステップのリノベーション[*1]，解体・廃棄，リサイクルへと続く．以前は，建築物の竣工が建築生産においての完結であると考えられていたが，実際は，運用の始まりが維持保全（メンテナンス）の始まりであり，ある一定の期間を過ぎると，リノベーション，コンバージョン[*2]など建築に対する要求が現れる．加えて，長い利用の後に耐用年数が過ぎ，解体・廃棄せざるを得ない状態になっても，地球環境の負荷軽減のための資材のリサイクルが，建築の分野においても必要不可欠なものになってきているのである．

2）建築計画の役割・進め方

　建築計画の役割は，企画を受け，そこに定められた目標の実現に向け諸条件を整理し，コンセプト[*3]を決め，空間相互のつながりを検討して，建築の全体像まとめることである．そして，その建築の具体的イメージは，設計へと引き継がれることになる．この3つの段階は，お互いに関連性が強く，図1・3に示すように，それぞれの境界がはっきりしていない．また，企画から計画，計画から設計という流れは一方向に向けてあるのではなく，段階ごとに検討し作業を進めていくなかで問題点や矛盾点が生じた場合，その都度フィードバックし再検討・調整を行う．そういった作業を繰り返し行うことによって，その内容はしだいに建築物の目的に見合ったものとなっていくのである（図1・4）．

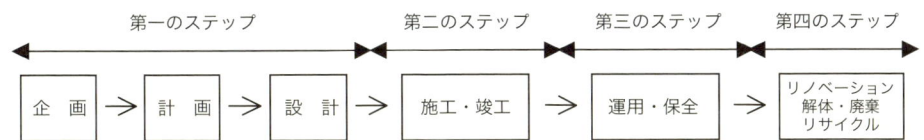

図1・2　建築生産の過程

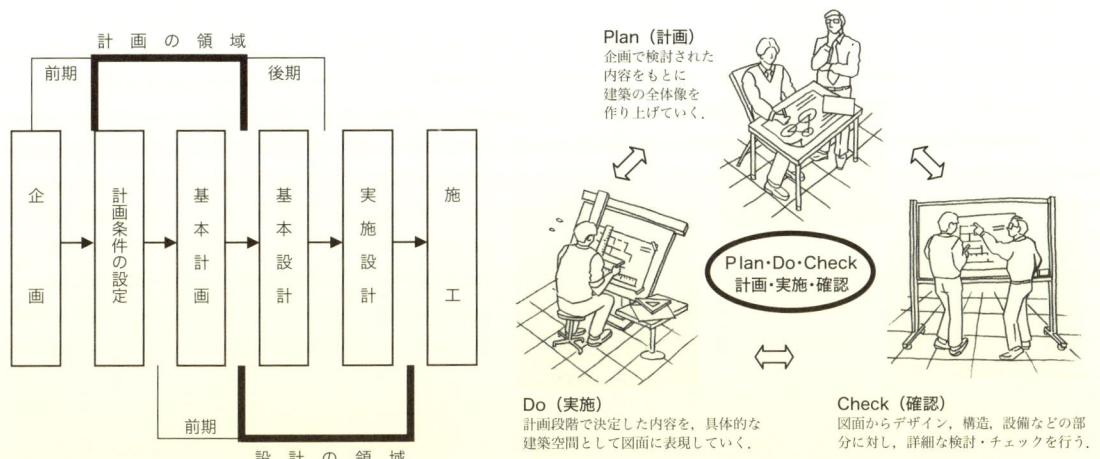

図1・3　企画・計画・設計のプロセス　　　図1・4　設計のサイクル（イラスト：門脇裕之）

*1　年月の経過によって，時代に合わなくなった建築物の機能・性能を建て替えず改修工事を行うことによって，時代の変化に合わせて初期の機能・性能以上に向上させることをいう．
*2　用途転用・変更，建築物の機能転換．
*3　全体像を明確にするための概念および目標．

1・2 建築計画の条件の把握

計画を進めるにあたって，企画によって得られた，目的や基本的な構想を達成するために，建築物に求められるさまざまな条件を的確に把握する必要がある．求められる条件・要求には，表1・1に示すように，クライアント[*1]から示される内的な条件と，建築物をとりまく自然的環境と社会的環境，法的制限などの外的な条件がある．

■ 内的な条件

内的な条件には，建築物の機能，敷地の状況，予算などがある．これらのクライアントからの要求の中には，矛盾する事柄や実現不可能なものも含まれているから，設計者はクライアントとコミュニケーションを取りながら，うまくそれを収めていく必要がある．

1) 建築物の機能

建築物には，用途や利用の目的に応じて，図1・5に示すような機能が備わっていなければならない．

2) 敷地の状況

建築物は特定の敷地に建てられるので，その位置・形状・面積・高低差・道路や隣地との関係について調査し，その敷地がもつ特有の条件を理解することが大切である．

3) 予算

建築物の規模や構造，性能などは予算によって決定されることが多いので，クライアントと十分な打ち合わせが必要である．

表1・1 建築物に求められる条件と調査検討の項目

(a) 内的な条件

種類	調査・検討の項目
機能	用途・性格，使用方法，規模，室内環境の条件，眺望，設備の内容など
敷地の状況	位置，形状，道路の位置など
予算・その他	設計費，工事予算，設備の整備費

(b) 外的な条件

種類	調査・検討の項目
自然的な環境	局地的な気象，地形，地質，地下水位，植生，過去の災害
社会的な環境	周辺道路，交通量，交通機関，公共施設の状況，電気・水道・ガスなどの供給方式など
法規上の制限	用途地域，建ぺい率，容積率，高さの制限，防火地区，地区指定，条例，建築協定など
その他	外部からの視線，騒音など

(a) 住宅

人間の基本的な生活行為である食事，休憩，睡眠，団らんが行い，住まう人々にとって，安らぎと憩いの空間を備えていること．

(b) 集合住宅

住宅としての機能を持つ，個々の住戸が集合化することによって，土地の高度利用を行い，個々のプライバシーは確保しながらも，設けられた共用の庭や公共の空間によって居住者間の交流が行えること．

(c) 学校

建物全体が，児童・生徒の知的・身体的な発達段階に応じて，多様な教育活動を安全に行うことができ，かつのびのびと学べる空間を備えていること．

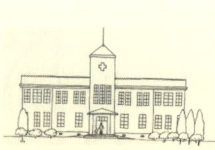

(d) 病院

日常・緊急時の患者に対して医師などが適切に医療活動を行え，かつ患者が快適に診察，治療を受けられる空間と環境を備えていること．

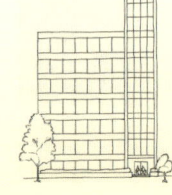

(e) 事務所

官公庁・企業における，企画・運営に関する会議や事務的作業を効率よく行え，かつ働く人々が快適に作業できる空間と環境を備えていること．

図1・5 建築物の用途と求められる主な機能

[*1] 専門的サービスを求める依頼人のこと．建築の分野では，特に，設計を依頼した人を示す．建築主，施主ともいう．

2 外的な条件

建築物はその性格上，土地と密接な関係をもっている．その地域の環境や社会的な条件を十分に理解することによって，計画の基礎は固まってゆく．その内容としては次のようなものがある．

1) 自然的環境（風土的条件）

建築物の敷地は，その土地特有の地形，地質，植生などをもっている．またそれらは，図1・6，1・7に示すように日照や通風，眺望などに大きな影響を与えるため，現地調査を十分に行い，その敷地のもつ特性を最大限に生かすことが重要となってくる．

2) 社会的環境（人為的条件）

建築物は，敷地の周辺から，日影，風害，火災，騒音，振動，視線，環境汚染などさまざまな影響を受けるが，計画する建築物自体も，周辺に影響を与えるので，それについての配慮も必要である．また，都市施設[*1]などの整備状況や将来的見通しについても調査が必要である．

3) 法律上の制限

建築物は，社会のなかに存在するため，安全であることはもちろんのこと，公共の福祉[*2]の増進に役立つデザインや設計であることが求められる．そのため，建築計画を行うにあたっては，建築基準法，都市計画法，消防法などを中心に数多くの関連法規を守らなければならない．図1・8は，建築基準法の規制によって影響を受ける建築物のデザインの例を示したものである．

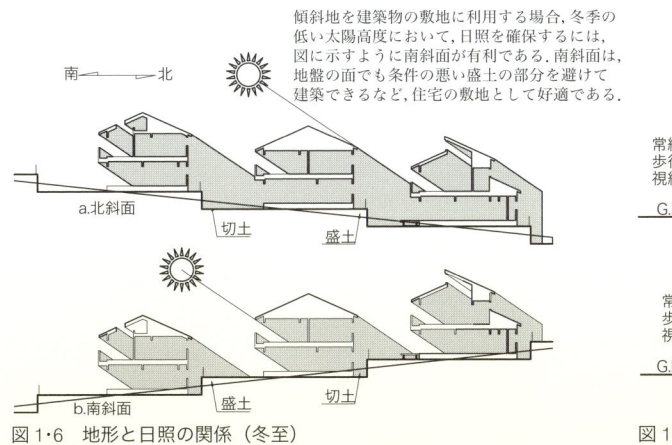

図1・6 地形と日照の関係（冬至）

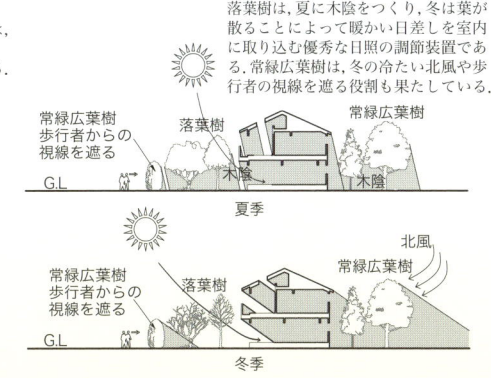

図1・7 植生による環境のコントロール

(a) 建築物の形態制限の例

(b) 総合設計制度による公開空地の例

図1・8 建築基準法の規制によって影響を受けるデザイン

＊1　日常生活を営む上で重要な，道路や鉄道，上下水道・ガス・電気，学校・病院・公園・緑地などのことをいう．
＊2　建築分野では，個人の財産である建築物の建築において，自分だけの利益を追求するのではなく，社会全体の利益を考慮すること．

1・3 建築デザインの意義

建築物のデザインは，同じ目的や機能をもつものであっても，その形や平面，立面は千差万別であり，一つとして同じものはない．これが建築の特徴であり，その面白さである．本節では，建築物のそれぞれの個性を具現化する建築の美に影響を与える要素について示す．

1 建築の美

時代を超えて人々に愛される建築物には，図1・9に示すように造形的な「美しさ」がある．

この作品はいずれも，フランスの建築家ル・コルビュジエ[*1]の設計であるが，まったく異なった造形的感覚で美しさを表現している．このように，そのデザインは設計者の好みや価値観はもとより，時代，文化，自然環境にも左右され，空間を構成する建築材料や施工技術の進歩とも，密接なつながりをもっている．そのため，建築物はその時代の技術の粋を集めた芸術作品といっても過言ではない．

2 デザインに影響を与える要素

建築物のデザインに影響を与える要素は，使用する構造材料や仕上げ材料，環境を調整する設備，新しい建築材料や施工技術などさまざまなものがあるが，設計者は，計画の段階でこれらの特徴や扱い方を的確に把握して，その形態や空間構成に生かしていかなければならない．

1）構造材料

建築物の構造材料に何を使用するかによって，建築物自体の形態や人々が受ける印象は大きく異なってくる．材料ごとの特徴を十分に理解した上で，建築物の用途，機能，必要とする空間の大きさ，デザインコンセプトなどから，最も適したものを選ぶことが建築計画を始める際の重要な作業である．現在，構造材料として使用されている主要なものの特徴を表1・2に示す．

(a) サヴォア邸（フランス・ポワシー，1931）

(b) ロンシャンの教会（フランス・ロンシャン，1954）

図1・9 ル・コルビュジエの作品（写真提供：重山徳浩）

表1・2 構造材料の特徴

構造材料	特徴
木材	・原材料として入手しやすい ・構造材料の中で最も軽いにもかかわらず比較的強度が高い ・加工性が優れている ・素材として人間の感覚になじみやすい質感を持っている
鋼材	・工業製品であるため材質が均質である ・強度が高く粘りがあるため大スパン，高層建築物に適している ・自由なデザインが可能である　・工期が短い
鉄筋コンクリート	・鉄とコンクリートの相互補完による高い強度と耐火性，耐久性が得られる ・耐震性に優れる　・自由な形状の建築物ができる

[*1] Le Corbusier（1887〜1965）：近代建築および都市計画に多大な影響を与えた建築家．近代建築の5原則，モデュロールの考え方を唱え，代表的な作品に「サヴォア邸」「マルセイユのアパート」「ロンシャンの教会」などがある．

2）仕上げ材料

建築物の外観や室内空間の印象は，仕上げ材料によって大きく左右される．材料のもつ物理的な特性を理解しながら，そのデザインに最も適したものを用いることが大切である．

◆a 外装の仕上げ材料　建築物の外壁に用いる材料は，図1・10に示すように，さまざまなものがある．外装材のもつイメージが建築物全体のデザインに大きく影響し，都市景観の構成においても重要な要素となるので，その選定には多角的な視野からの検討が必要である．

◆b 内装の仕上げ材料　人々の暮らしを包む内装材は，図1・11に示すように材料のもつ固有の質感からさまざまな雰囲気をつくりだし，空間を演出する働きをもっている．

3）技術

建築物は，日々進歩する技術によって，室内外の環境を整え，実現可能な形や空間の大きさを広げてきた．より機能的で豊かな空間をデザインするには，常に最新の技術を活用することが大切である．

◆a 環境の調節　地球温暖化が問題となっている現在，室内外の環境の調節を自然の力によって行う工夫がいろいろと考えられている．その一つとして図1・12に示すような屋上緑化がある．この手法は，植物と土の蒸発散作用と遮熱・断熱作用により，ヒートアイランド現象を緩和し，都市景観の向上にも役立つことから，都市環境を保全するための有効な手法ともなる．

◆b 新建築材料・新工法がもたらす可能性　建築物を構成する材料は，産業の発展，科学技術の進歩によって日々，高性能・多機能となってきている．高強度コンクリート，高張力鋼材，耐火鋼などの新しい建築材料がつくられ，建築デザインの自由度はますます大きくなっている（図1・13）．

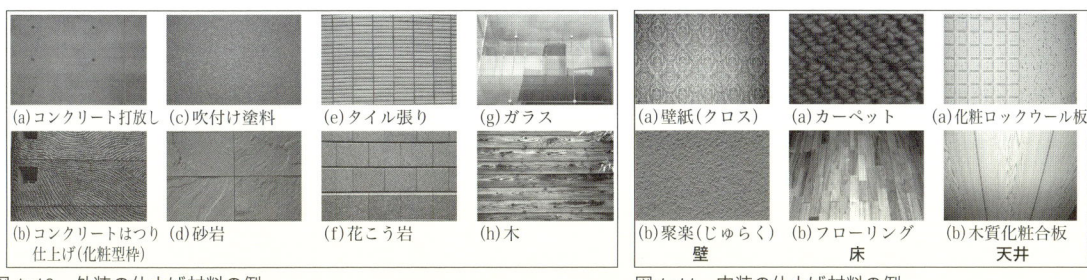

図1・10　外装の仕上げ材料の例

図1・11　内装の仕上げ材料の例

図1・12　屋上緑化の例／大阪なんばパークス（基本計画：ジョン・ジャーディ・大林組・日建設計，2003）

(a) ダイナミックな大空間／東京ミッドタウン（コアアーキテクト：日建設計，東京，2007）

(b) 有機的な曲線を用いた建築物／各務原市斎場（伊東豊雄，岐阜，2006，写真提供：櫻井良明）

図1・13　新建築材料・新工法がもたらす可能性

1・4 構造計画

構造計画は，建築計画によって要求された空間をより安全に，経済的に作り出す作業である．ここでは，その進め方とそれを構成する材料の特徴，構造形式について学ぶ．

❶ 建築計画と構造計画

構造計画は，基本計画によって建築物の輪郭が決定した後，建築計画と連係させ，構造的に不都合の生じる箇所がないように，あればその都度，調整を加えながら互いに平行して作業を進めていく．この，工学技術的な確認を行わずに設計の段階に移ることはできない．

❷ 構造の特徴

一般に建築物の主体構造には，主に次に示すものがある（図1・14）．

1）木構造

木材は，軽量な割に強度が大きく，加工も容易で優れた建築材料である．おもに3階建て以下の戸建住宅や，小規模な建築物に多く用いられる．

◆a 軸組構法（在来構法）　わが国の大工職が永く伝承してきた技術による構法であり，土台・柱・桁・梁などの主要な部材を組み立ててつくる架構式の構造形式である．

◆b 枠組壁構法（ツーバイフォー構法）　主に2インチ×4インチの断面の基本材を枠材にして，構造用合板などの面材を釘打ちしてパネル化し，壁，床，屋根を組み立てて一体化する構造形式である．

2）鋼構造（S造[*1]）

鋼構造に用いる鋼材は，軽量で強度も大きく粘り強いため耐震性に優れ，超高層のオフィスビルや大空間を必要とする建築物に適した構造である．また，デザイン性がよく，工期が短いため，戸建の住宅や中小規模の建築物にも幅広く用いられている．

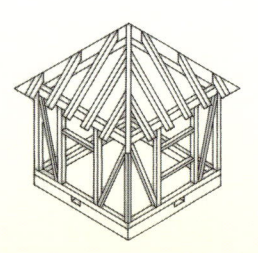
(a) 木構造（軸組構法）

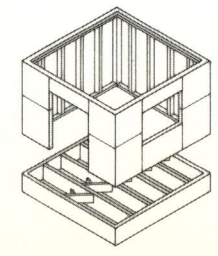
(b) 木構造（枠組壁構法）

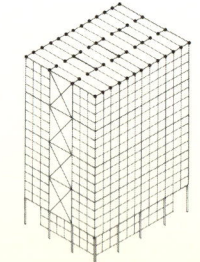
(c) 鋼構造（ラーメン構造）

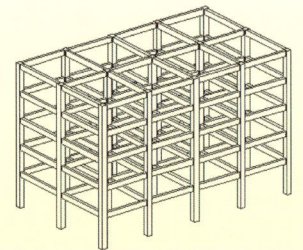
(d) 鉄筋コンクリート構造（ラーメン構造）

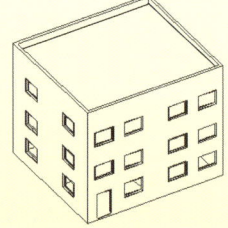
(e) 鉄筋コンクリート構造（壁式構造）

図1・14（1）　構造形式

[*1] steel structure

3）鉄筋コンクリート構造（RC造[*1]）

鉄筋コンクリート構造は，耐火・耐久性がありその材料的な性質により自由な造形が可能であり，経済的にも優れている．

◆ a ラーメン構造　柱と梁が一体となって荷重を負担し，地震に対して強く，安全な構造形式である．これまで主に7階までの中高層の建築物に用いられてきたが，高強度コンクリートなどの開発，施工技術の進歩によって，25階を超える超高層建築物も建てられるようになってきた．

◆ b 壁式構造　柱や梁を用いずに，壁と床だけで荷重を負担する構造形式である．室内に柱型や梁型が出ないため，すっきりとした空間が得られ，構造上，間仕切り壁の多い戸建住宅や低層集合住宅に用いられる．階数は5階以下，軒高は20m以下とし各階の階高は3.5m以下とする．

4）鉄骨鉄筋コンクリート構造（SRC造[*2]）

鉄骨鉄筋コンクリート構造は，鉄筋コンクリートに鋼材を内蔵させることで，鋼材の長所を生かし，短所をコンクリートの長所で補わせた構造である．強度や粘り強さが大きく，耐震性に優れ，高層建築物によく利用されている．

5）コンクリート充填鋼管構造（CFT造[*3]）

箱型や円形の鋼管の内部に高強度コンクリートを充填して柱とし，鉄骨の梁を組み合わせた新しい構造である．剛性・耐力・変形性能・耐火性能などに優れ，柱断面は小さくても強靭であるため空間の自由度，施工性も高く高層建築物に適している．

6）大空間を覆う立体構造

大空間を覆うための構造には，スペースフレーム構造や空気膜構造などがある．代表的なものの特徴を図1・15に示す．

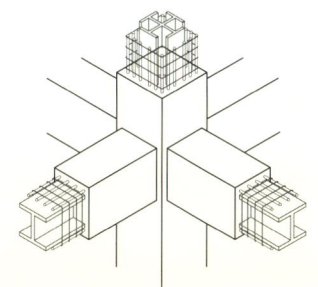
(f) 鉄骨鉄筋コンクリート構造

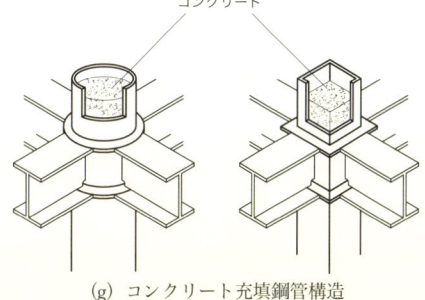
(g) コンクリート充填鋼管構造

図1・14（2）　構造形式

構造	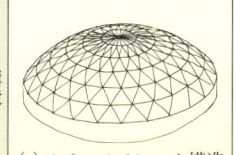	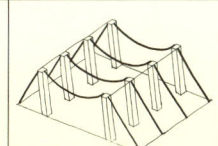	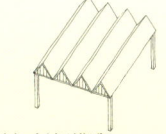	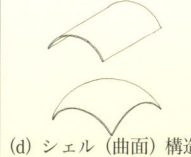	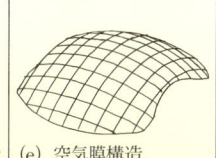
	(a) スペースフレーム構造	(b) 吊り屋根構造	(c) 折板構造	(d) シェル（曲面）構造	(e) 空気膜構造
特徴	三角形のユニットで構成された単層または，二層の平面または，曲面の骨組みである．イベントスペースやスポーツ施設の屋根など，超大空間の屋根に適している．	橋などから派生した構造であり，ワイヤーなどの引張り材と，支柱から構成された骨組みによって屋根を吊る構造形式である．	平板を三角形や台形に折り曲げることによって発生する高い支持能力を利用した構造である．屋根の他に，せいの高い壁にも用いられる．	貝殻や卵のからのように曲面を使うことにより，薄い版でも大空間を覆うことを可能とした構造である．	内・外部の空間の気圧差を利用して膨らませた膜状のもので，空間を覆う構造である．スポーツ施設によく用いられる．

図1・15　大空間を覆う立体構造の特徴

* 1　reinforced concrete construction
* 2　steel encased reinforced concrete
* 3　concrete-filled steel tube

1・5　設備計画

建築物の設備には，図1・16に示すように，給排水・衛生，空気調和，電気，搬送，防災などの設備があり，建築物の室内環境を快適かつ安全なものにするために設けられる．ここでは設備計画に必要な基本的な事項について示す．

◼ 建築計画と設備計画

建築計画を行う際，設備計画をより合理的かつ効率的なものとするには，各設備に求められる基本的性能や，技術的要素を正しく理解しなければならない．

◼ 建築設備の性能

建築物に設置される建築設備に求められる性能は次に示すとおりである．

◆a 安全性　　設備の不具合や故障から重大な事故を引き起こすことがないようにする．また，環境汚染につながる有害なガス・廃液が排出されないこと．

◆b 操作性　　操作が簡単で，誰もが使いやすく，誤動作による事故が起こりにくいものであること．

◆c 保守性　　設備自体を維持管理しやすい構造として，定期的なメンテナンスが容易に行え，不具合を未然に防ぐことができること．

◆d 経済性・省エネルギー性　　イニシャルコスト[*1]，ランニングコスト[*2]，廃棄，リサイクルに至る設備のライフサイクル全体を考慮すること．また，小型化され，高い耐久性をもつこと．

◆e 更新性　　建築物の寿命より短い設備機器の耐用年数に配慮し，設備の全面更新やコンバージョンなどに容易に対応できること（図1・17）．

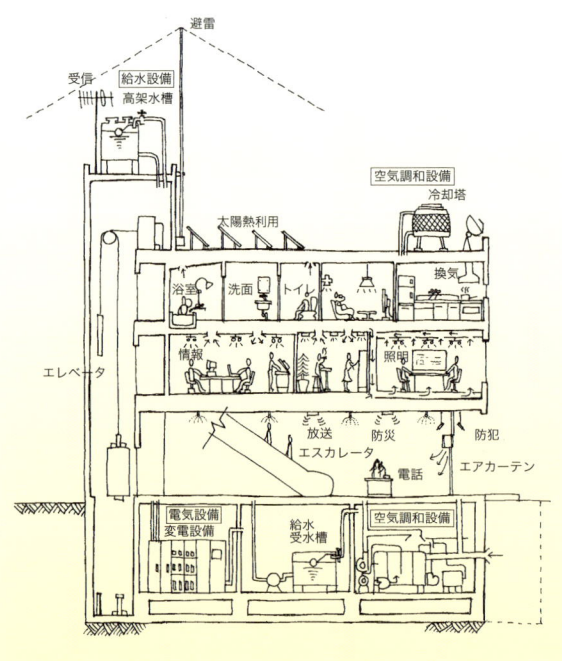

図1・16　いろいろな設備

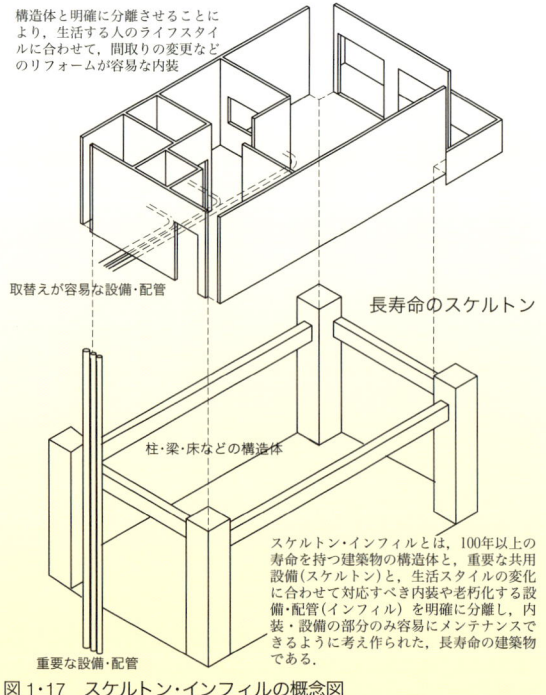

図1・17　スケルトン・インフィルの概念図

＊1　建設費など当初に必要な費用．
＊2　建築物の運営，維持保全のために必要な費用．

1・6 これからの建築

　私たちが生きる現代社会は，少子高齢化，地球規模での環境問題など多くの課題を抱えている．そして，このいずれもが人間の生活を支える建築物と深い関わりをもっている．ここでは，これらの問題の概略を示し，これからの建築の計画において配慮すべきことを示す．

1 人口問題と建築

　わが国の総人口は，1945年の第二次世界大戦直後には約8300万人だったが，その後増加を続け，2007年には約1億2775万人を数えるまでになった．しかし今後は，これをピークに次第に減少していくと推測されている．この推測は，65歳以上の人口比率（図1・18）と2005年に，過去最低となった子どもの出生率（図1・19）からなされたものであり，現在の日本は，高齢化社会を経て，高齢社会となり，2050年には，国民の約3人に1人が65歳以上の高齢者という状態になることが予想されている．このような人口構成の変化は，建築そのもののあり方を変え，その計画にも大きな影響を与えるものである．

2 環境問題と建築

　私たちが生きる現代社会は，地球温暖化から生態系のバランスが崩れるなど，多くの問題を抱え，危機的な状況を迎えている．わが国では，資源利用量の約40％を建設資材として消費し，環境に与える負荷の多くが建設産業にかかわるものといわれている．これは，今まで，都市や建築物が，非常に短いライフサイクル[*1]でスクラップ・アンド・ビルド[*2]を繰り返したことに起因している．今後は，建設工事においても図1・20に示すように，分別解体によって再資源化を図るなど，廃棄物をできるだけ減らし，図1・21に示すような循環型社会を築いて，サステイナブル（持続可能）な建築を計画していく必要がある．これについては第3章7節で詳しく学ぶ．

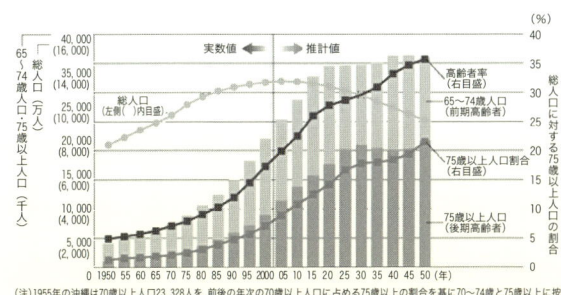

図1・18　日本の将来推計人口と高齢者の割合設計 (出典：gooリサーチ)

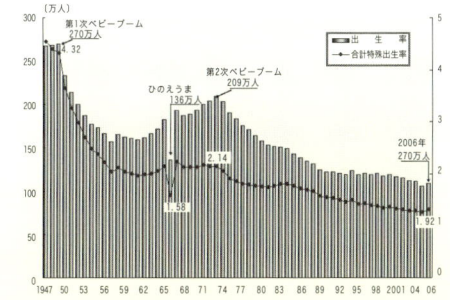

図1・19　1947年から2006年までの日本の合計特殊出生率
（出典：「人口動態統計」厚労省大臣官房統計情報部，国立社会保障・人口問題研究所）

図1・20　これからの建築物解体のあり方　(出典：「大阪府まちづくり部特定建設資材廃棄物の再資源化等のパンフレット」)

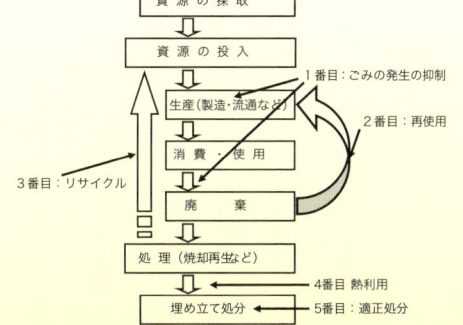

図1・21　循環型社会の姿

＊1　企画・設計から解体，撤去されるまでの建築の周期のこと．
＊2　古くなった建築物や設備を解体，廃棄し，新しい施設・設備の建築物に建て替えること．

アントニ・ガウディ・イ・コルネ（Antoni Gaudi i Cornet）
心揺さぶる造形　螺旋の魅力

　ガウディは，1852年スペインのカタルーニャ地方に生まれた．彼の父親は，鍋や釜を1枚の銅板から作り出す銅板細工の職人であったので，父の仕事を見ることによってものづくりの喜び，楽しさを知った．また，5歳の頃リウマチを患って普通に学校へ通うことができず，ひとり道端の草花を観察して過していた．この幼年期の自然との対話が，後年，自然の原理に従って建築を生み出そうとする彼の設計手法の根本となったと考えられている．26歳で建築学校を卒業し，パリ万博会場に出品したショーケースのデザインが注目を集めたことから，彼の最高の理解者となるグエル伯爵に認められることになる．その後1883年，現在も建設中の18本の塔をもつ壮大な聖堂，サグラダ・ファミリアの主任建築家に任命されたことにより，名声を得て，グエル別邸，グエル邸，グエル公園，そして，カサ・ミラ，カサ・バトリョなど20世紀を代表するような建築物を次々に設計していった．しかし，晩年は，サグラダ・ファミリアの設計に没頭し，ついには他の仕事を断って人生のすべてをこの建築に捧げるが，ある朝，サグラダ・ファミリアに行く途中，路面電車にはねられ死去する．

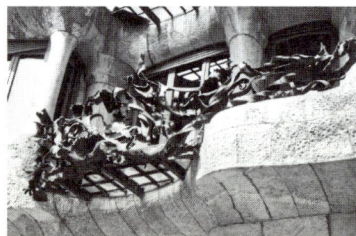

サグラダ・ファミリア聖堂（William Curtis, Modern Architecture, Phaidon, 1987, p.27 より）　　カサ・ミラのバルコニーと換気塔　　カサ・バトリョ　海をテーマとしてガウディにより改修された住宅

椰子の木をイメージした柱　　テラスのモザイクタイルのベンチ　　カラフルなトカゲの噴水

グエル公園のさまざまなデザイン

第2章
建築計画の背景

　すぐに役に立つと思われる実用的な知識を学ぶだけでは，人々の生活を豊かにするような魅力のある建築を計画することはできない．広い視野を持って，建築にかかわるさまざまな知識を学び深めていく必要がある．本章では，建築計画の背景として，建築と風土・都市・文化とのかかわり，近代における建築デザイン・材料・構造の変遷などについて学ぶ．

オスペダーレ・デッリ・インノチェンティ（孤児養育院）（フィリッポ・ブルネレスキ，フィレンツェ，1421～45）
　この建築は最初のルネサンス建築と評されている．ブルネレスキは，古代ローマ建築の調査を通じ，新しい建築を創造した．コリント式オーダーの柱と半円アーチの連続によるアーケード，その上部の窓につけられたペディメントなど，古代ローマ建築に用いられた要素を，これまでとは異なる方法で使用した．
　この建築が面する広場を囲んでいる他の2つの建築においても，後の建築家たちがブルネレスキと同じように，細い柱と半円アーチによるアーケードをファサード（建築の正面）に用いたことで，統一感のある広場景観が形成された．
　この広場に立つと，歴史から学び，新しいものを創造すること，都市の文脈（コンテクスト）を読み，他の建築との関係を考慮して計画することが大切であることに気づかされる．

2・1 建築と風土

　科学技術が発展し，工業材料や冷暖房設備が普及している現在の日本で暮らす私たちには，気候をはじめとする風土の違いが，建築の材料や構法，意匠などに影響を及ぼすとは感じられないかもしれない．しかし，世界各国の集落や歴史的建造物，科学技術が普及していない地域の人々の生活などをみると，風土の違いが人々の生活，そして建築の形態に大きな影響を及ぼしていることに気づく（図2・1）．ここでは，風土と建築のかかわりについて学ぶ．

❶ 気候と建築

　人が生活するための内部空間は，屋根，壁，床などで囲うことで創出される．したがって，外部の気候が異なれば，その囲い方も異なる．ここでは気候要素である気温，湿度，風，降水量と建築形態との関係をみる．

1）気温・湿度と建築

　高温多湿の地域では，自然の風を取り入れ，いかに涼をとるかが重要な課題である．このため，この地域の建築は全体的に開放的な造りとなり，大きな開口部，地面から浮いた床，深い軒などの特徴をもつことになる（図2・2）．逆に，高温乾燥の地域や寒冷な地域では，外気を遮断することにより，室内を一定の温度に保つことが重要である．このため，この地域の建築は全体的に閉鎖的な造りとなり，小さな開口部，厚い壁などの特徴をもつことになる．

2）風と建築

　季節風が吹く地域では，季節によって風向が変わる．夏の風を取り入れるように建築物の配置や開

図2・1　ベトナム・ホイアンの家船
東南アジアでは，船や筏を住まいとして生活する人々の姿がみられる．

図2・2　タイ北部の高床住居
高温多湿な地域では，開口部の大きい高床住居とし，風通しのよい居住空間を実現している．

図2・3　沖縄の伝統的な住居
台風対策として，屋根は寄棟とし，赤瓦を漆喰で塗り固めている．また，生垣や石垣で住居を囲い，軒の低い平家建としている．

図2・5　エジプト・ナイル川沿いの集落
雨がほとんど降らないため，屋根に勾配は必要なく，陸屋根が採用される．

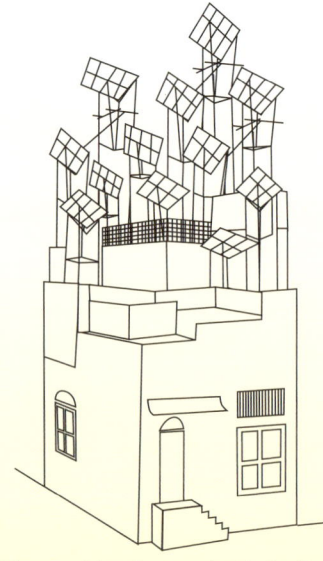

図2・4　パキスタン・ハイデラバードのバッド・ギア（風窓）
気温が40℃を超えることが珍しくないこの地域では，室内に風を取りいれるため，塔状の風窓が設けられる．一定の方向に向けて設置される風窓が独特の景観を生み出している．

口部の位置を決定する必要がある．逆に冬の風を遮断するために防風壁や防風林を設ける．台風の通過する地域では，防風壁や防風林を設けるだけでなく，屋根の造りにも配慮がみられる（図2・3）．酷暑地域にある建築では，風を室内に取り入れるための独特な装置が設けられることもある（図2・4）．

3）降水量と建築

降水量の少ない乾燥した地域では，陸屋根（ろくやね）が多く，その造りは簡素である（図2・5）．降水量の多い地域では，勾配屋根が多く，軒を深くすることにより建築物を雨水から守っている．

❷ 風土と材料・構法

風土とは，その土地固有の気候や地形・地質，植生などの自然条件のことである．地域の風土の違いよって，手に入れることができる建築材料が異なる．降水量の多い森林資源に恵まれた地域では，木が主要な建築材料として使われ，乾燥した地域では，樹木が育たないため，比較的入手しやすい石や土が使われてきた．木，石，土のほかに動物の骨や皮，糞などが使われる地域もある．また，それぞれの建築材料の特性に応じて，軸組，組積造，アーチなどさまざまな構法が考案されてきた．

1）木による構法

木を使った構法としては，柱と梁を主構造とし，開口部を大きく取ることができる軸組構法と，木を水平方向に重ねて壁を構成するログハウスや校倉造（あぜくらづくり）のような組積造がある（図2・6, 2・7）．

2）石による構法

石を使った構法としては，石を積み上げて壁を構成する組積造が一般的である（図2・8）．開口部は小さく，縦長になることが多い．アーチやヴォールト，ドームを用い大空間を構成することもできる（図2・9）．ギリシアやエジプトの神殿のように，柱・梁で構成された建築もある（図2・10）．

図2・6　岡山後楽園流店（りゅうてん）
木造の柱・梁による軸組構法．壁が垂直荷重を支える必要がなく，開放的な造りとなる．

図2・7　フィンランド・ラウマ旧市街
木材を水平方向に積み上げるログハウスの住居，店舗が並ぶ．厳しい寒さに耐えるため閉鎖的な造りとなる．

図2・8　イギリス・コッツウォルズ地方の住居
地元で取れるライムストーンと呼ばれる黄土色の石灰岩による組積造の住居である．

図2・9　フランス・ニームの円形闘技場
大小さまざまな石材とコンクリートを用いたアーチ，ヴォールトがみられる．

図2・10　エジプト・カルナック神殿大列柱室
石造は柱・梁の構造には不向きである．柱間を大きくできないため，柱が林立することになる．

図2・11　モロッコのアイット・ベン・ハドゥの集落
赤茶色の日干し煉瓦による組積造の集落．盗賊などから身を守るため，要塞化されている．

3) 土による構法

木や石が手に入らない地域では，粘土や泥を型に入れ，乾燥させた日干し煉瓦や，焼き固めた焼成煉瓦を建築材料とした．煉瓦を用いた構造としては，組積造が一般的であり，開口部や内部空間を形成するために，アーチやヴォールト，ドームが用いられる．さまざまな煉瓦の積み方があり，建築物に豊かな表情を与えている（図2・11）．

3 風土と意匠

風土は，人々の思考や生活に影響を及ぼし，地域特有の風習や文化を生み，産業を育ててきた．ここでは建築にみられる地域特有の色彩，装飾，造形についてみる．

1) 色彩

地域によって入手できる材料が異なり，それが建築の色彩として現れる（図2・12）．また，地場産業との関係で特有の色彩がみられる場合もある（図2・13）．全体を占める割合からみても，壁もしくは屋根の色彩が，個々の建築および集落全体の基本色となっていることが多い．壁の色彩としては，煉瓦や石など構造材そのものの色彩と，土や漆喰，塗料など仕上げ材の色彩がある．屋根の色彩は，瓦，スレートなどの屋根葺き材によって決まる．現在でも，石や植物などの自然素材が屋根葺き材として用いられている場合もあり，地域特有の色彩をみせている．

2) 装飾・造形

装飾や造形は，地域特有の信仰や風習，地場産業などに基づくものが多く，他との差異を表す目的や，生活を豊かにする目的などで用いられることが多い（図2・14, 2・15）．代表的なものとして，屋根飾り，紋章，モザイク，壁画，レリーフ（浮き彫り），彫刻などがある．この他にも，厳しい気候に耐える

図2・12 イタリア・チステルニーノ
石灰で真っ白に塗られた住居の外壁とそれを上部で支えるバットレス，街路まではみ出した外階段が迷路状の町並みを形成する．地中海沿岸では白い町並みが多くみられる．

図2・13 岡山県・吹屋
特産品である赤色顔料のベンガラを用いたベンガラ格子と赤銅色の石州（せきしゅう）瓦により，赤茶色で統一された町並みがみられる．

図2・14 スイスのシュタイン・アム・ライン
旧市街の中心部のほとんどの建物に，神話や歴史を主題にした壁画が，壁面を埋めつくすように描かれている．

図2・15 長野県・松本市の本棟造の住居
信州では切妻大屋根の本棟造と呼ばれる民家がみられる．棟端には雀踊りという大きな装飾が付けられている．

図2・16 高知県・吉良川町の住居
年間を通じて強い風が吹き，台風にも襲われるこの地域では，斜めから吹きつける雨から漆喰壁を保護するために水切り瓦が設けられた．

図2・17 岡山県・倉敷市
白色漆喰仕上げとなまこ壁のコントラストが特徴的な町並み．なまこ壁は，耐火・耐水が目的で設けられた．

目的や防災上の目的など，実用的な造形が外観を特徴づけているものもある（図2・16, 2・17）．

4 風土と住居・集落

各地域の気候，地形など風土の違いは，建築の構法，意匠だけでなく，人々の住まい方にも大きな違いを生んだ．人が生活する場である住居，それが集まってできる集落は，風土の違いによって独特の景観を生み出している（図2・18）．ここでは海外と日本の住居・集落について学ぶ．

1) 海外の住居・集落

各国，各地域にはさまざまな住居・集落形態があるが，その中で特異なものとして，洞窟住居，水上住居がある．洞窟住居は，堆積岩などでできた軟らかい崖面や山の斜面に横穴を掘り住居としたもので，冬は暖かく夏は涼しい．トルコのカッパドキア，イタリアのマテーラ，中国黄土高原のヤオトンなどが有名である（図2・19）．水上住居は，杭を打ち水面より高い位置に住居を構築する杭上住居と，移動可能な船や筏（いかだ）で生活するものがある．東南アジアやオランダなどで水上生活を営む人々の姿がみられる（図2・20）．

2) 日本の住居・集落

江戸時代までの庶民の住居で現存するもの，あるいは明治時代以降に建てられた住居であっても，伝統的な形式や技法などの特徴を現代にまで残しているものを民家という．多くの民家は職住一体の計画がなされ，その生業（せいぎょう）により，商人や職人の住居である町家，農業や漁業を営む農家，漁家（ぎょか）に分かれる（図2・21〜2・23）．地元の職人たちが，容易に手に入れることができる材料と，その地域に伝わる独特の形式，技術を用いて住居を建てたため，各地域の気候や地形，風習や生業などの違いによって，さまざまな民家とそれが集合した集落がみられる．

図2・18 イタリア・アルベロベッロ
円錐型のドーム屋根を持つ住居トゥルッリで構成された独特の景観がみられる．手軽に入手できる石灰岩を積み上げていくシンプルな工法である．

図2・19 イタリア・マテーラ
サッシと呼ばれる洞窟住居群が，渓谷の斜面に沿って高密度・不規則に並ぶ．洞窟をそのまま使用するだけでなく前や上に住居を増築している．

図2・20 マレーシア・ククップ
海岸に沿って，漁師の水上住居群が広がる．木またはコンクリートの杭の上に，住居だけでなくそれをつなぐ通路も設けられている．

図2・21 京都府・花見小路
お茶屋や料亭など，間口が狭く奥行きのある町家が並ぶ．隣家と外壁を接するように建てられ，軒の線がほぼそろっている．

図2・22 岐阜県・白川郷
合掌造の農家が並ぶ集落．小屋束のない広い屋根裏に養蚕の棚が設けられた．急勾配の切妻茅葺屋根が独特の景観を生み出している．

図2・23 京都府・伊根町
伊根湾に沿って，舟屋が建ち並ぶ漁村集落．舟屋は1階が船の倉庫，2階が居住空間になっている．

2・2　建築と都市

　都市には，住宅，商業施設，工業施設，公共施設などさまざまな用途の建築が集積し，人々の生活を支えている．これらの建築は，個人・企業・自治体などが所有する財産であり，計画にあたって建築主の意志は尊重されるべきではあるが，一方で，建築によって形成される都市が公共の財産であるという視点を忘れてはならない．建築を計画する際は，周辺にある建築物や自然環境などとの関係を十分に検討し，魅力のある都市の形成に寄与するという姿勢が大切である．ここでは建築と都市のかかわりについて学ぶ．

1 建築と都市景観

　日本では，戦後復興，高度経済成長，バブル経済を通して，経済効率や単体としてのデザインを優先するあまり，周辺環境との関係を軽視した建築物や構造物が次々に建てられた．建築基準法や都市計画法などを遵守していれば，どのような建築物を建てても良いという悪しき習慣を改め，景観保全にとどまることなく積極的に良好な景観の形成を図るために，「景観法」が 2005 年 6 月に施行された．

　景観とは，建築，橋梁，道路などの人工的要素と，樹木，河川，山などの自然的要素によって構成される環境の眺めのことである．都市の景観を考える上で，地域性，関係性，公共性に留意し（表 2・1），眺められる対象だけではなく，眺める場所すなわち視点場も含めて整備していく必要がある（図 2・24, 2・25）．

　ケヴィン・リンチは，都市のイメージを構成する単位として 5 つの要素を抽出し（表 2・2），各要素の質の高さだけではなく，それらの相互関係が明瞭に構成されている都市を優れているとした．建築

表 2・1　景観計画における留意点

①地域性：それぞれの地域の風土や歴史などを生かし，地域の独自性（アイデンティティ）を形成していく．
②関係性：建築や構造物そのものの美しさを追求するだけでなく，周辺環境との関係を十分考慮する．
③公共性：建築が私有の財産であっても，それによって形成される景観は公共の財産であるとの認識を持つ．

表 2・2　都市のイメージを構成する 5 つの要素（ケヴィン・リンチ『都市のイメージ』より）

①パス（path）：道路，鉄道，運河など交通路となる線状の要素．パスを移動しながら都市を認識する．
②エッジ（edge）：河川，海岸，鉄道など領域を区分する境界線となる要素．輪郭を形成し地域のイメージをまとめる．
③ディストリクト（district）：共通の要素がみられる都市内のある領域．広がりをもちなかに進入することができる．
④ノード（node）：道路の集合点や交差点あるいは広場など都市の主要な結節点．進入可能で，そこが起点もしくは目標点となる．
⑤ランドマーク（landmark）：都市内の象徴的な建造物や看板あるいは遠くにある山など目印となる要素．外部からみられる．

図 2・24　京都・四条河原町の景観
ランドマークとなる歴史的建築物（レストラン菊水と南座），四条大橋，鴨川の水面，護岸と樹木などさまざまな要素で景観が構成されている．川沿いに整備された遊歩道が視点場となっている．

図 2・25　イタリア・フィレンツェ歴史地区の景観
オレンジ色で統一された屋根，高さの揃った町並みのなかに，フィレンツェ大聖堂のクーポラとジョットの鐘楼（しょうろう），ヴェッキオ宮殿がそびえ立つ．都市全体を眺めることのできる丘の上に整備されたミケランジェロ広場には，多くの人が集まる．

を計画するにあたっては，建築が周辺環境と共鳴し合い，すばらしい都市景観を創出することができるということ，逆に単体としては質の高い建築であっても，周辺環境と衝突し合って都市景観の破壊につながる場合もあるということを覚えておく必要がある．図2・26～2・31は，建築が主な要素となって形成されている都市景観を，街路景観，運河景観，広場景観，ウォーターフロント景観，地域独自の建築様式による景観に分類したものである．

2 歴史的遺産と都市

建築を新設することにより，都市に新しい価値を創出することは可能であるが，歴史の蓄積によって生み出される価値は，現在の人々の手によって創出できるものではない．建築や都市が歴史的遺産となるには長い年月が必要であり，幾世代にも渡って，保存に対する共通の認識をもたねばならない．幾年も，その場所に在り続けた歴史的遺産は，そこで生活する人々の共通の記憶となるものであり，都市のイメージやアイデンティティを確立するために，永続的に保存していくことが望まれる．ここでは「世界の文化遺産及び自然遺産の保護に関する条約」（世界遺産条約）において世界文化遺産に登録されている歴史的遺産を有する都市についてみる．

1) ローマ歴史地区

都市ローマの建設は，伝承によると紀元前753年とされる．以降，長い歴史を有するローマ歴史地区には，ローマ帝国の都として繁栄していた時代の公共施設や記念碑が多く点在している．フォロ・ロマーノやコロッセオなど多くの建造物は，ローマを語る上で欠かせないものとなっている（図2・32, 2・33）．この地区には，古代ローマ時代の建築だけでなくルネサンス，バロック期の建築も多く残っている．また，主要な教会や広場を放射状の直線街路網によって結ぶ16世紀末の都市デザインが，現

図2・26 街路景観（フランス・パリ）
真っ直ぐに延びる道路に沿う建築物の階数とファサードを揃え，正面に記念碑的建築を配置している．

図2・27 運河景観（イタリア・ヴェネツィア）
逆S字形の大運河（カナル・グランデ）を進むと，ヴェネツィアン・ゴシック様式の豪華な商館建築やゴンドラ，水上バス，運河に架かるリアルト橋など，視点の移動につれて，さまざまな景観をみせる．

図2・28 広場景観（チェコ・テルチ）
広場に面して並ぶ建築の色相や装飾はそれぞれに異なるが，切妻屋根の妻面をファサードとし，色調をそろえ，地上階をアーケードでつなげることで統一感のある景観を形成している．

図2・29 ウォーターフロント景観（神奈川・横浜）
みなとみらい21中央地区の超高層ビルが形成するスカイラインと港の水辺空間が創り出す景観．都市景観形成のガイドラインが定められている．

図2・30, 31 地域独自の建築様式による景観（スペイン・バルセロナ）
ガウディやモンタネールなどこの地域の建築家たちに特有の装飾・造形をもつモデルニスモと呼ばれる建築が町に点在し，ランドマークとなることで地域特有の景観を生み出している．

在の都市の骨格となっている．このように，ローマ歴史地区は，都市が歴史の蓄積から成り立っていることをよく示している．

2) マラケシュ旧市街地

マラケシュは11世紀にモロッコのイスラム王朝の都となり，都がほかに移ってからも商業都市として繁栄してきた．城壁で囲まれた旧市街には，モスク（イスラム教の礼拝堂）や宮殿，さまざまな造形が施された門などが点在している．旧市街の内部は，複雑に入り組んだ狭い路地となっており，その両側には商店が並び市場（スーク）を形成している（図2・34, 2・35）．建造物には，地元で取れる赤い土を原料とした日干し煉瓦が用いられているため，町全体が赤味を帯びている．このような赤みを帯びた複雑な迷路状の旧市街地は，そこで生活する人々の営みが長い年月をかけて生み出したものであり，現在の計画によって新たに生み出せるものではなく，貴重な歴史的遺産となっている．

3) 古都京都の文化財

794年の遷都により成立した平安京以来，京都市街地は，東西南北に走る碁盤目状の道路を都市構造の骨格としている．市街地は北・東・西を山々に囲まれ，鴨川，桂川が流れる豊かな自然景観を形成している．応仁の乱や相次ぐ大火などで市街地中心部は大きな被害を受けたため，現在では周辺部に多くの歴史的遺産が点在している．平安時代から現在までの建築及び庭園17件（市内は14件）が「古都京都の文化財」として世界文化遺産に登録されており，周辺の自然や町並みとともに，文化的・歴史的景観を形成している（図2・36, 2・37）．京都市ではこれら優れた景観を未来へ引き継いでいくために，2007年9月より「新景観政策」を実施している．

図2・32 フォロ・ロマーノ
古代ローマ帝国の政治・経済・文化・宗教の中心であった．広場とさまざまな建築から構成されていた．

図2・33 コロッセオ
古代ローマ時代に建造された円形闘技場．そのデザインと技術は，後の建築に大きな影響を与えた．

図2・34 マラケシュ旧市街地のスーク
旧市街地にはイスラム文化圏特有の造形が施された門がいくつもみられる．

図2・35 ジャマエルフナ広場
マラケシュの文化と交易の中心として栄えてきたジャマエルフナ広場には，屋台や大道芸人，観光客がひしめき合っている．

図2・36 鹿苑寺金閣
建築と庭園が織り成す優れた景観．室町時代の北山文化を今に伝えている．

図2・37 二条城
江戸時代に徳川家康によって建てられ，家光の時代に大規模に改築された．二の丸御殿は，華麗な装飾で飾られた書院造で，将軍の威厳を示している．

3 建築による都市の再生

　現代では世界各国において，都市の魅力や競争力を高めるために，都市を再生することが課題となっている．都市の再生にあたっては，これまでに蓄積されてきた既存の都市の資産を保存・活用していくだけでなく，新たに時代を象徴するような建築を生み出していくことも重要である．建築がその時代の文化・技術・社会を反映するものであることを忘れてはならない．都市の再生にはさまざまな手段があるが，ここでは，斬新な建築を整備することにより，これまでになかった魅力や価値を都市に創出した事例をみる．

1）パリのグラン・プロジェ

　フランス革命200周年の1989年を目標に，当時のミッテラン大統領を中心に政府主導で行われたパリの都市改造計画をグラン・プロジェという．グラン・プロジェは，ナポレオン3世時代のセーヌ県知事オースマンにより整備された整然とした都市に，いくつかの斬新な建築を加えることにより，これまでの「伝統」という魅力に加え，新たな魅力を創出しようとするものである．この計画により，オルセー美術館，アラブ世界研究所，グラン・ルーブル（ガラスのピラミッド），グラン・アルシュ（新凱旋門）などが建設された．これまでに，パリの中心部にあるルーブル美術館から，西に向かって，カルーゼル凱旋門，テュイルリー公園，コンコルド広場，シャンゼリゼ通り，エトワール凱旋門へと，歴史的建造物や記念碑が一直線上に並ぶ都市の中心軸が形成されていた（図2・38，2・39）．グラン・プロジェでは，この軸線の東端にあたるルーブル美術館の中庭にグラン・ルーブルを，西の延長上ラ・デファンスにグラン・アルシュを建設し，都市の軸線を延長するとともにより強固なものにした（図2・40，2・41）．また，グラン・プロジェでは，1900年のパリ万博のために建設されたオルセー駅を美術館とし

図2・38　カルーゼル凱旋門（1808）

図2・39　エトワール凱旋門（1836）

図2・40　グラン・アルシュ（1989）

グラン・アルシュが建設されたことで，3つの凱旋門が一直線上に並ぶことになり，都市の中心軸がより強固になった．

図2・41　ルーブル美術館（17世紀）とグラン・ルーブル（1989）
ルネサンス・バロック様式の建築のエントランスとしてガラスのピラミッド（グラン・ルーブル）が建設された．古代から19世紀前半までの作品を収蔵する美術館である．

図2・42　オルセー美術館（1900，1986改築）
鉄骨とガラスのヴォールト天井は当時の駅舎建築の特徴である．駅舎内部の大空間から大展示室を創り出した．19世紀後半から20世紀初頭までの作品を収蔵する美術館である．

図2・43　ポンピドゥー・センター（1978）
構造や設備を外部に露出させることにより，内部に柱や壁のない大空間を創り出したハイテック建築の代表作．20世紀の作品を収蔵する美術館を含む複合施設である．

て改修するのに伴い，美術館の再編成を行った．ルーブル，オルセー，ポンピドゥー・センターという3つの美術館に，それぞれの建築が象徴する時代に合わせて展示する作品を区分することで，都市の文化・歴史の蓄積を明確に表現した（図 2・41～2・43）．

2）ビルバオ都市再生プロジェクト

スペイン北部のビルバオは，衰退した工業・港湾都市であったが，大規模な都市再生プロジェクトによって，世界中から観光客の訪れる都市に生まれ変わった．このプロジェクトでは，建築をはじめとする都市施設の設計に，ノーマン・フォスター，サンティアゴ・カラトラヴァ，磯崎新などの世界的建築家が起用された（図 2・44, 2・47）．なかでも，フランク・O・ゲーリーによるビルバオ・グッゲンハイム美術館は，建築が都市に新しい価値を創出することに成功した代表的な事例として取り上げられることが多い（図 2・45, 2・46）．この建築は，実現不可能と思える複雑で流動的な造形と，それを実現させるために，設計・施工の過程において最先端の情報技術を活用したという点で，20 世紀の最後という時代を象徴する建築となった．

3）「ひろしま 2045：平和と創造のまち」

「ひろしま 2045：平和と創造のまち」は，被爆から 100 年目にあたる 2045 年に向け，広島市被爆 50 周年を記念し，1995 年から始まった都市整備プロジェクトである．広島市の公共建設事業の中で，都市景観形成において重要なものが対象となり，構想・計画の策定や設計などの業務に，建築，土木，ランドスケープなどの分野における優れた設計者が起用される．デザインの優れた都市施設を継続して計画的に整備し，個性的・魅力的な都市景観を創出することで，都市の価値を高めようとするプロジェクトである．これまでに原広司，谷口吉生，山本理顕などの建築家が起用された（図 2・48, 2・49）．

図 2・44　ビルバオ地下鉄入口（フォスター，1995）
アーチ状の骨組みとガラスによる斬新なデザインを用いることで，地下鉄の入口の位置を明確に示すとともに，街のアクセントとなっている．

図 2・45, 46　ビルバオ・グッゲンハイム美術館（ゲーリー，1997）
光り輝く彫刻のようなこの建築は，鉄骨を複雑に組み上げた構造体に，チタンの外装を施すことで実現された．この建築の形態は地域の文化や歴史とは関係がなく，建築家個人に基づくものである．個性のなかった町並みの強烈なランドマークとなることで，都市に新しい価値を創出した．

図 2・47　カンポ・ヴォランティン歩道橋（カラトラヴァ，1997）
建築家・構造技術者・彫刻家であるカラトラヴァは，構造力学に基づきながらも，彫刻的な美しさを持つ建築や橋梁を手がけている．

図 2・48　広島市西消防署（山本理顕, 2000）
ファサードをガラスのルーバーで覆うことで，透明性の高い建築としている．また，展示ロビーや見学テラスを公開することで，市民に開かれた消防署となっている．

図 2・49　広島市中工場（谷口吉生, 2004）
建築物を貫通するガラスの通路を設け，工場内部の機械設備を公開することにより，市民の環境への意識を高めている．

2・3　建築と文化

　建築は，それが建てられた時代あるいは地域の芸術，宗教，政治，社会体制，時代思潮，風俗・流行などの文化を反映するものである．ここでは建築と芸術やデザイン，宗教や政治との関係を学ぶ．また，建築を文化財として保存・活用・復元することについて学ぶ．

◼ 建築と芸術・デザイン

　絵画や彫刻は，独立した芸術になる以前，主に建築を飾るものであった．ラファエロ，ミケランジェロ，ベルニーニなどルネサンス，バロック期の芸術家は，絵画・彫刻などそれぞれの分野で活躍しただけでなく，サン・ピエトロ大聖堂の造営をはじめ建築家としても活躍している（図2・50）．また，20世紀初期におけるイタリア未来派，デ・スティル，ロシア構成主義，バウハウスなどの前衛的な活動は，建築・芸術・デザインが一体となったものであった．ここでは建築と関係する芸術・デザインについて学ぶ．

1）建築と装飾芸術

　近代建築は，機能性・合理性を重視した結果，装飾を付加的なもの，本質的でないものとして切り捨ててきた．しかし，歴史を振り返ると，建築は常に壁画，彫刻，モザイク，ステンドグラスなどの装飾芸術で飾られてきたのである（図2・51～2・55）．建築に装飾を施すことで，外観や空間に特別な意味を持たせたり，序列を与えたりするとともに，人々の生活を豊かにすることができる．

図2・50　サン・ピエトロ大聖堂バルダッキーノ（バチカン）
大聖堂内部は，ルネサンス，バロック期の芸術家の彫刻・絵画などで飾られ荘厳な空間となっている．バルダッキーノ（天蓋）はベルニーニ作．

図2・51　ホルス神殿のレリーフ（エジプト・エドフ）
神々の姿やヒエログリフ（象形文字）のレリーフで壁面が覆いつくされている．

図2・52　モンレアーレ大聖堂のモザイク（イタリア・パレルモ）
陶磁器（セラミック），ガラス，石などの小片を並べ絵や模様を描いたものをモザイクという．内部空間のいたるところが金地のモザイクで飾られている．

図2・53　サント・シャペルのステンドグラス（フランス・パリ）
着色ガラスの小片で絵や模様を表したステンドグラスで，堂内が埋め尽くされる．ステンドグラスにより色づいた光で空間が満たされる．

図2・54　ハンガリー国立応用工芸美術館のセラミック（ハンガリー・ブダペスト）
さまざまな形・色のセラミックタイルで建築物の内外が飾られている．有機的な造形がみられる建築である．

図2・55　大阪市環境局舞洲工場の外観（大阪）
現代芸術家フンデルトヴァッサーのデザインによるゴミ焼却施設．造形には意識的に曲線を採用し，壁面は炎を表す赤と黄のストライプが描かれている．

2) 建築とデザイン

産業革命以降，大量生産に先駆けてモノ・コトの形や機能を設計するデザインという概念が生まれ，20世紀を通して，インテリア，プロダクト，グラフィック，情報などのデザイン分野が発展してきた．建築計画は，これらの分野と密接に関係しており，建築家がどこまでデザインするかは場合によるが，各分野のデザイナーと協働する機会も増えており，基本を理解しておく必要がある．

◆a インテリアデザイン・プロダクトデザイン　建築の内部空間の印象は，柱や壁，天井や床，開口部といった建築の要素だけで決まるのではなく，そこに配置される家具や照明器具をはじめとする製品によって，まったく異なったものになる．建築の内部空間を統一したデザインとするために，インテリアやプロダクトの専門家との十分な協議が必要である．また，住宅や規模の小さな建築などでは，建築家がすべてを設計する場合もある．フランク・ロイド・ライトをはじめ，ル・コルビュジエ，ミース・ファン・デル・ローエ，アルヴァ・アアルトなど巨匠と呼ばれる建築家は，後世に残る家具や照明器具をデザインした（図2・56〜2・59）．

◆b グラフィックデザイン・情報デザイン　近年では，建築や都市を利用しやすいものにするために，また，華やかに演出するために，グラフィックデザイン・情報デザインが用いられている（図2・60，2・61）．人々の行動を助けるサイン計画，有益な情報を与えるディスプレイなど，どのように建築や都市に取り込んでいくかこれからの課題である．

3) 建築と庭園

庭園は，植栽，砂や石，水などの自然要素と，彫刻，噴水，東屋（四阿）などの人工物を組み合わせて構成される．建築と庭園の関係としては，室内，縁側，バルコニー，回廊など建築側から庭園を観賞する

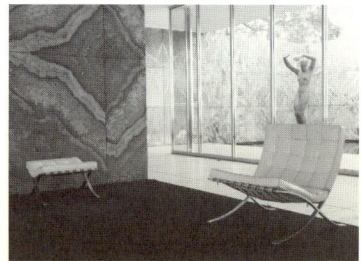

図2・56　バルセロナ・チェア（スペイン・バルセロナ）
1929年のバルセロナ万博ドイツ館としてミースが設計した建築（バルセロナ・パヴィリオン）に合わせてデザインされた椅子．モダニズムを代表するデザインとして知られている．

図2・57　アアルト自邸のインテリア（フィンランド・ヘルシンキ）
テーブル，ソファ，チェア，照明などほとんどの家具をアアルト自身が手がけた．フィンランドの伝統的な材料である木材を使用し，曲線を取り入れたデザインとしている．

図2・58　ウィロー・ティールームのインテリア（スコットランド・グラスゴー）
チャールズ・レニー・マッキントッシュは，建築物とそこで使われる家具や什器などに統一性のあるデザインを採用した．ハイバックチェアで囲まれた空間は，プライバシーが適度に確保されている．

図2・59　カトリック桂教会の窓（京都）
この教会堂及び内部の家具は，家具デザイナーとして有名なジョージ・ナカシマにより設計された．コンクリート壁の円形開口部と木製の建具のコントラストが目を引く．

図2・60　ズラティ・アンジェルのファサード（チェコ・プラハ）
交差点に面したファサードのガラス面に，大胆なグラフィックデザインが施されている．ジャン・ヌーヴェルが手がけた．

図2・61　タイムズ・スクエアに面する建築のファサード（アメリカ・ニューヨーク）
LED（発光ダイオード）を使用した巨大ディスプレイが建築のファサードに組み込まれている．さまざまな情報が映し出される．

場合と,庭園のなかに身を置いたり,回遊したりすることで,建築が風景の構成要素となる場合がある.各地域や時代の文化的・社会的背景によってさまざまな庭園様式がある(表2・3,図2・62〜2・65).

4) 日本の室内空間

　和室は一般に,床に畳が敷かれ,襖,障子で他の部屋と区切られ,床の間,欄間,縁側などの要素を持つ.平安時代の貴族の住居形式である寝殿造が,鎌倉時代から室町時代にかけて武士の生活様式に合わせて形式を変えてゆき,桃山時代に書院造が成立する.桃山時代・江戸時代に,書院造は支配者階級の権力を誇示する空間として定型化されていくが,一方で,茶室(数寄屋)の手法を取り入れて,型にはまらない親しみのある数寄屋風書院も生み出された.この形式が,身分に関係なく広まり,現在の和室へと発展してきた.長い歴史を通して生み出された日本特有のデザインである和室をこれからも大切にしていきたいものである(図2・66,図2・67).

表2・3　庭園の様式

日本	池泉(ちせん)庭園	中心に人工の池を配した庭園.船上で宴を行う舟遊式,周りを歩く回遊式,屋内から眺める観賞式がある.
	枯山水(かれさんすい)庭園	水を使わずに,白砂や石などで山水の風景を創り出した観賞用の庭園.禅宗の影響を受けた抽象表現が特徴.
	茶庭(露地)	茶室に付随する庭園.茶室にいたるまでの道のりを,飛石,石灯籠,植栽を用いて侘びた風情を表現する.
	大名庭園	池泉回遊式庭園に有名な景勝を縮景として取り込んだ大規模な庭園.江戸期に諸大名が競って作庭した.
西洋	露壇(ろだん)式庭園	イタリアで生まれた斜面に数段のテラスを造成する庭園.水路と園路でテラスを結び,幾何学的構成とする.
	平面幾何学式庭園	フランスで生まれた中心軸,対称性を強調する大規模な庭園.植栽や花壇で人工的な幾何学模様を構成する.
	風景式庭園	イギリスで生まれた美しい自然風景を創り出す庭園.人工的な直線を避け,不規則・非対称の構成とする.
	イスラム式庭園	回廊や壁で囲われたパティオと呼ばれる中庭式の庭園.スペインのアンダルシア地方に多くみられる.

図2・62　龍安寺石庭(京都)
極端にまで抽象化された枯山水庭園.白砂敷の矩形平面に大小15個の石のみが配される.

図2・63　後楽園(岡山)
岡山藩主・池田綱政によって造られた大名庭園.園路に沿って回遊し,移り変わる景色を眺める.

図2・64　ベルヴェデーレ宮殿庭園(オーストリア・ウィーン)
バロック期の平面幾何学式庭園の代表作.庭園の中心には上宮と下宮を結ぶ軸線が通り,その左右には直線状の植栽,刺繍模様の花壇が対称に配される.

図2・65　アルハンブラ宮殿獅子の中庭(スペイン・グラナダ)
アンダルシア地方のイスラム式庭園.パティオを田の字形に分割する十字形の水路が,四方の部屋と繋がる.中心にはライオンの像で飾られた噴水をもつ.

図2・66　兼六園・時雨亭(石川)
和室は,天然素材である木,紙などによって作られている.障子や襖で室と室,あるいは内と外を柔らかく仕切ることができ,さまざまな用途に合わせて利用できる.

図2・67　旧西尾家住宅・茶室(大阪)
茶室は,茶の湯のため設けられる専用の室である.質素な構成で,侘びの精神に通じる空間となっている.

2 建築と宗教

　世界にはさまざまな宗教があるが，それぞれの宗教によって建築の形態はずいぶん異なる．また，同じ宗教の建築であっても，時代や地域によってさまざまな特徴をみせる．宗教建築の建設には，その時代の最高の技術と芸術が集められてきた．現在，各国の観光資源となっている建築物の多くが宗教建築であるのはその結果である．宗教建築の建設を通じて建築技術が発展し，新しい表現が生み出されてきたといっても過言ではない．ここでは各宗教にみられる建築の特徴，発展の変遷を学ぶ．

1) 神道（神社）

　神道とは，日本において古代から伝わる，自然崇拝・祖先崇拝を基調とした多神教の宗教である．もともと，神が宿ると考えられた樹木や岩，山などが信仰の対象となっており，現在においても，大神神社，諏訪大社上社本宮など本殿を持たないものもある．神社を構成する社殿としては，神霊を祀る本殿，礼拝を行うための拝殿，神への供え物を奉献する幣殿などがある．神社建築の本殿には切妻造が採用される場合が多く，一部入母屋造のものもある．屋根は柿葺，檜皮葺など木材で葺かれ，例外的なものを除いて瓦が用いられることはない．その他，高床式，質素な装飾などの特徴を有する．

	造替	形式	特徴	立面図（正面）	立面図（側面）	平面図
伊勢神宮内宮正殿	（現在も20年ごと）1993年	神明造	・切妻造平入り ・すべて掘立柱 ・棟持柱をもつ ・破風板が延びて千木となる	千木　堅魚木	棟持柱　茅葺　高欄	棟持柱　回縁
住吉大社本殿	（以降は修造）1810年	住吉造	・切妻造妻入り ・内部は内陣と外陣に分かれる ・回縁，高欄がない ・彩色されている	置千木　堅魚木	檜皮葺	内陣　外陣
出雲大社本殿	（以降は修造）1744年	大社造	・切妻造妻入り ・他と比較し大きい ・入口が一方に偏る ・屋根に反りがある（後世の変更と考えられている）	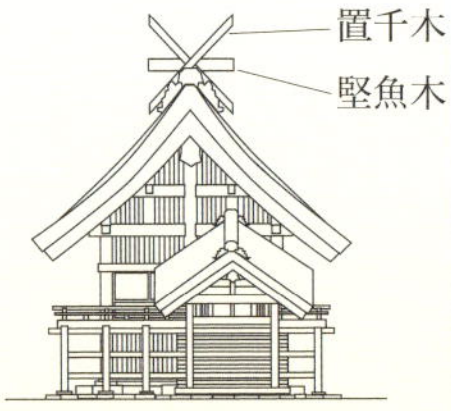 置千木　堅魚木	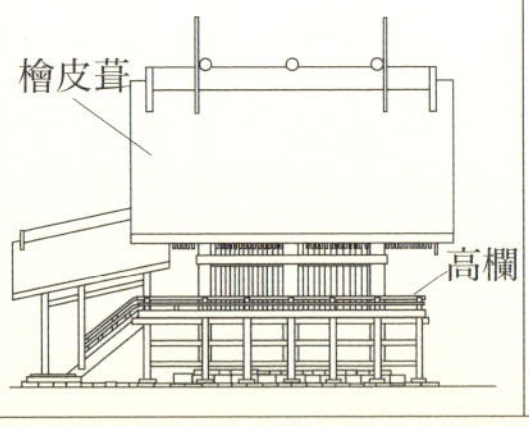 檜皮葺　高欄	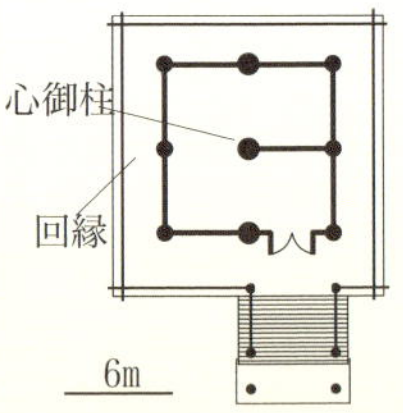 心御柱　回縁

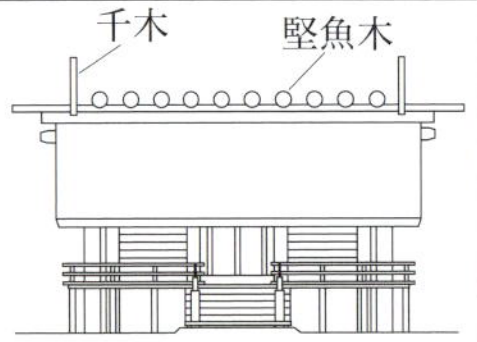

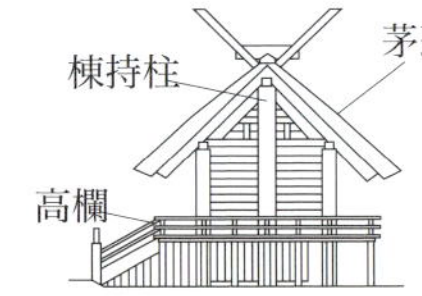

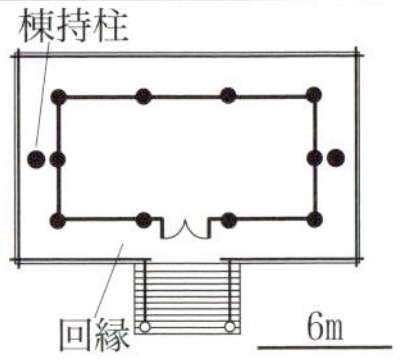

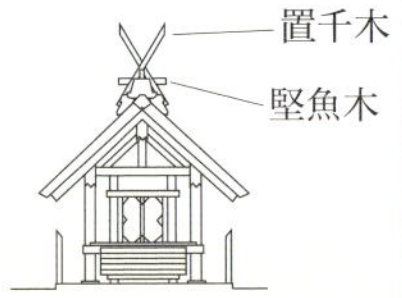

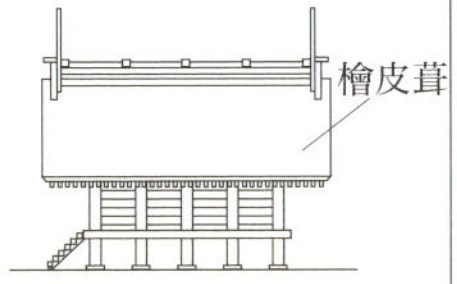

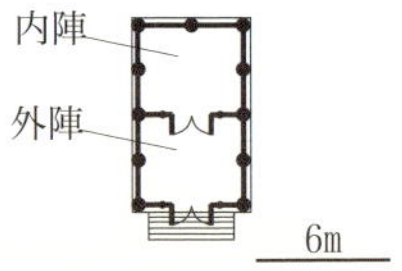

図2・68　古い本殿形式の比較

図2・69　住吉大社本殿（大阪，1810）
住吉造の本殿形式．切妻造妻入りで，回り縁や高欄を持たない．反りのない屋根の棟に千木と堅魚木がのる．4棟の本殿のうち，3棟が東西軸線上に並ぶ．

図2・70　伏見稲荷大社本殿（京都，1499）
流造の本殿形式．流造は切妻造平入りで，正面側の屋根を流れるように延長させ向拝とする．最も数の多い本殿形式である．

図2・71　吉田神社本宮（京都，1534）
春日造の本殿形式．春日造は切妻造妻入りで，妻側正面に向拝をつける．流造についで多い本殿形式で，近畿地方に多くみられる．

仏教伝来以前の社殿は，地面に穴を掘り直接柱を立てる掘立柱で，千木と堅魚木をもつ，まっすぐでそりのない屋根であった（図2・68，2・69）．伊勢神宮，住吉大社など有力な神社は，式年造替制により定期的に社殿を建て替えることにより，古代からの建築形式を伝えている．伊勢神宮においては現在でも20年ごとに，式年造替が行われている．奈良時代，平安時代になると，日本古来の神道と仏教を結びつける神仏習合の思想が広がるとともに，神社建築は寺院建築の影響を受けさまざまな形式に発展していく．流造や春日造は向拝（正面階段上に張り出した庇）をつけることで，日吉造は正面と両側面の三方に庇をつけることで，空間を拡大していった．これらをみれば明らかであるが，神社建築は屋根の形式で分類されることが多い（図2・70～2・73）．仏教建築の影響を強く受けたものとして八坂神社や北野八幡宮が挙げられる．これらは，礼拝の空間と神を祀る空間を併存させており，それぞれ祇園造，権現造と呼ばれる．戦国時代以降，神を祀る神社のほかに，祖先の霊を祀る霊廟としての神社が武将たちの手で建てられるようになった（図2・74）．

2）仏教（寺院）

　寺院建築は，仏教の思想を広めるために建てられ，その修行・信仰の場となってきた．寺院は仏舎利を祀る塔，本尊を安置する金堂（本堂），説教や講義を行う講堂などからなり，中門と回廊がそれらを取り囲んでいる．堂塔の種類や呼び方，配置形式（伽藍配置）は時代や宗派などによってさまざまである．伽藍配置の変遷をみると，寺院建築が伝わった当初は，塔を中心とした配置であったが，次第に塔と金堂が同格の配置となり，時代が進むにつれ金堂を中心とした配置へと変化していったと考えられる（図2・75）．

図2・72　日吉大社東本宮本殿（滋賀，1595）
日吉大社にのみ現存している日吉造の本殿形式．正面と両側面の三方に庇を付ける．背面は入母屋屋根を垂直に切り落としたような独特の形式である．

図2・73　厳島神社（広島，1571）
社殿を回廊で結ぶ形式は，寝殿造の影響を受けたものである．浜に建つ社殿は満潮時には海に浮かんでいるようにみえる．大鳥居から本殿に向かい軸線を設定し，そこに拝殿や幣殿などが並ぶ．

図2・74　日光東照宮陽明門（栃木，1636）
日光東照宮は徳川家康を神と崇め祀る霊廟である．本殿と拝殿を石の間でつなぐ権現造の形式をとる．陽明門にみられるように，全体が彫刻や彩色などの装飾で覆いつくされている．

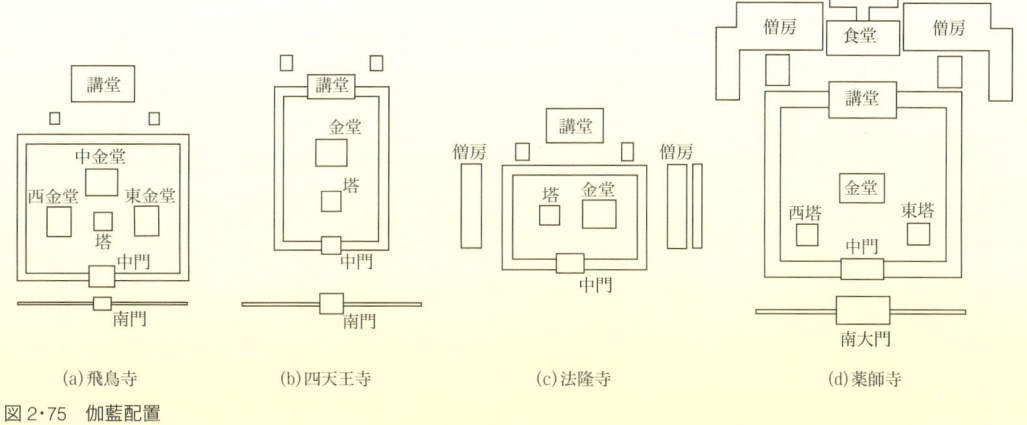
図2・75　伽藍配置

寺院建築の基壇，瓦屋根，色彩豊かな装飾などは，大陸から伝えられたものである．当初は大陸の意匠・構造が用いられていたが（図2・76, 2・77），奈良・平安時代になると日本の風土や好みに合わせて徐々に変化し，独自の発展を遂げる．このようにして生まれた様式を，和様という（図2・78）．鎌倉時代には大仏様や禅宗様といった新しい大陸の様式が伝えられ，これまで国内で発展してきた和様を含め，寺院建築の3つの様式が出そろう（表2・4，図2・79, 2・80）．鎌倉時代末になると，和様を基本としながらも大仏様や禅宗様の合理的な構造や意匠を部分的に取り入れた折衷様が生まれる（図2・81）．寺院建築は各時代に修復・再建が繰り返されたので，一つの寺院の中にさまざまな様式の建築が混在していることが多い．

3）キリスト教（教会堂・修道院）

　ローマ帝国では，当初キリスト教徒は迫害されており，カタコンベと呼ばれる地下の納骨堂や信徒の住まいの奥でひそかに礼拝が行われていた．313年にキリスト教が公認されてから，教会堂の建設

表2・4　寺院建築の様式

和様	中国から仏教伝来とともに伝わった寺院建築を，奈良・平安時代を通して日本化したもの．柱は長押でつながれ，柱頭に斗（ます）と栱（ひじき）で構成される組物（斗栱（ときょう））が載る．柱間には間斗束（けんとづか）や蟇股（かえるまた）が置かれる．
大仏様 （天竺様）	中国（宋）に渡った僧重源によって伝えられた様式．東大寺の再建に用いられた．屋根直下まで届く柱は，貫によって相互につながれ固定される．また，深い軒を支えるために，柱の途中には，挿肘木（さしひじき）が幾重にも差込まれる．
禅宗様 （唐様）	禅宗の伝来とともに中国（宋）から，その寺院の建築様式として同時に伝えられたもの．軒を支える組物を柱頭だけでなく，柱間の梁の上にも並べる詰組とする．屋根のそりが強く，開口部には火灯（火頭・花頭）形の曲線が用いられる．
折衷様	和様を基に，大仏様や禅宗様の技法を取り入れた様式．大仏様や禅宗様で用いられた構造手法の貫，建具技術の桟唐戸（さんからど），そのほか細部装飾などが，和様に取り入れられ混合した．さまざまな意匠の建築がみられる．

図2・76　法隆寺金堂（奈良，7世紀後半）
五重塔とともに現存する世界最古の木造建築とされる．円柱のエンタシス，雲斗雲肘木（くもとくもひじき），高欄を飾る卍崩しや人字形割束などの特徴がみられる．

図2・77　薬師寺東塔（奈良，730）
三重塔であるが各層に裳階（もこし）を付け，6層の屋根となっている．屋根が緩やかで優美な印象を受ける．

図2・78　平等院鳳凰堂（京都，1053）
現世に造られた極楽浄土．翼を広げた鳳凰に似ていることから鳳凰堂と呼ばれる．和様の代表例である．

図2・79　東大寺南大門（奈良，1199）
貫，挿肘木などこれまでと異なる構造が採用された重源（ちょうげん）による大仏様の建築．

図2・80　円覚寺舎利殿（神奈川，15世紀前半）
反りの強い屋根，詰組，火灯窓，桟唐戸，扇垂木（垂木を扇形に配する形式）などの特徴を有する典型的な禅宗様の建築．

図2・81　鶴林寺本堂（兵庫，1397）
折衷様の傑作．蟇股に双斗（ふたつど）を載せた独特の中備（なかぞなえ），桟唐戸を多用した開放的な造り，大きく反りの強い屋根などの特徴を持つ．

が盛んになる．初期キリスト教建築と呼ばれるこの時代の教会堂において，バシリカ式と集中式の2つの基本形式が誕生した（図2・82）．　バシリカ式は，中央の身廊とその両脇の側廊からなり，入り口から最奥のアプシス（半円形のくぼんだ部分）まで軸線の通った空間となる．一方，集中式は，円形や八角形など中心を持つ平面形式をとり，中央にドームが架かる求心的な空間となる．東西ローマ分裂後，6世紀に東ローマ帝国で完成するビザンチン建築では，平面形式として4本の足の長さが等しいギリシア十字形などの集中式が用いられることが多く，その中心にはペンデンティブ・ドームが架けられた（図2・83）．

　11世紀以降，西ヨーロッパに現れる厚い壁，太い柱，半円アーチ，ヴォールト天井などを特徴とするロマネスク建築は，地方の巡礼路の教会堂や修道院の様式として発展した（図2・84）．巡礼路の教会堂では，身廊の長いラテン十字形のものが多い．12世紀中ごろのパリを中心とする北フランスでは，尖頭アーチ，リブ・ヴォールト，フライング・バットレスを特徴とするゴシック建築が現れる（図2・85，2・86）．都市の中心部に建つ大聖堂はゴシック様式が用いられ，垂直性が強調された内部空間はステンドグラスに彩られた光によって満たされた．

　ルネサンス建築は，15世紀にフィレンツェで開花し，16世紀にローマで盛期を迎える（図2・87）．ルネサンス期の建築家は，古代ローマの建築がもつ設計原理であるオーダーやペディメント，半円アーチを用い，幾何学と比例に基づく均整のとれた教会堂を生み出した．平面形式においても集中式が理想とされ，円形やギリシア十字形などが好まれた．

図2・82　サンタ・マリア・マッジョーレ大聖堂（イタリア・ローマ，5世紀前半）
初期キリスト教建築のバシリカ式教会堂の内部空間を残している．中央の身廊とその両脇に列柱で区切られた側廊が並ぶ3廊式の構成で奥行きを強調している．

図2・83　サン・マルコ大聖堂（イタリア・ヴェネツィア，1063～90頃）
ギリシア十字形の平面の中心と4本の腕それぞれにかかるペンデンティブ・ドーム，聖堂内外を飾る黄金のモザイクなど，ビザンチン建築の特徴がみられる．

図2・84　ピサ大聖堂（イタリア・ピサ，1063～1118）
「ピサの斜塔」で有名な大聖堂．ピサ・ロマネスクと呼ばれ，西正面は4層の小アーケードを並べた華麗な外観となっている．

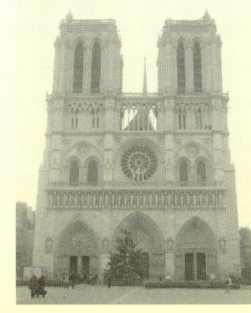

図2・85　ノートルダム大聖堂（フランス・パリ，1163～1250頃）
初期ゴシック建築の代表作．尖頭アーチの出入り口や，中央のバラ窓などにより，整然とした双塔形式の西正面が構成されている．

図2・86　ミラノ大聖堂の小尖塔とフライング・バットレス（イタリア・ミラノ）
彫像や装飾で飾られた数多くの小尖塔が美しい外観を形成している．身廊の壁を，フライング・バットレス（飛梁）が，外側から支えている．

図2・87　フィレンツェ大聖堂（イタリア・フィレンツェ，1296～1461）
建設不可能と考えられていた大ドームを，ブルネレスキは，2重殻構造，仮枠なしの施工といった独自の方法で実現させた．ここにルネサンス最初の建築家が誕生したといえる．

17世紀になるとルネサンス建築と同じく古典的な要素を用いながらも，楕円形平面，凹凸のある曲面，彫刻や絵画の技巧などを取り入れた，動的で劇的な空間をもつバロック建築の教会堂が造られるようになる（図2・88）．18世紀の後半には，バロックやその後に続くロココの過剰な装飾や造形を否定し，古代ギリシア建築を理想とする新古典主義建築の教会堂が現れる（図2・89）．

4）イスラム教（モスク）

　イスラム教の礼拝堂をモスクという．モスク内にはキブラ壁（イスラムの礼拝方角＝メッカの方角を示す壁）にミフラーブというくぼみが設けられ，その横にミンバルと呼ばれる説教壇が置かれている．また，外部には，回廊に囲まれた中庭や，礼拝の呼びかけを行うための塔であるミナレットなど，モスクに共通する施設がある（図2・90）．大規模なモスクではイスラムの神学校であるマドラサを併設していることもある(図2・91)．グリッド状に多くの柱を並べる方法，あるいはドームを用いる方法などによって，モスクの大きな礼拝空間が形成された．イスラム建築には馬蹄アーチ，多弁アーチ，交差アーチ，オージーアーチ等，さまざまな種類のアーチが用いられる．イスラム教では偶像崇拝が禁止されており，絵画や彫像ではなくアラベスク（幾何学的文様や唐草模様などの反復による装飾）やアラビア文字のカリグラフィー（手書き文字の技芸）によって建築が飾られている．

5）その他

　その他の宗教の建築としては，ユダヤ教の会堂であるシナゴーグやヒンドゥー教の寺院などがある．また，ひとつの建築が時代によって異なる宗教の施設として使われる場合もある（図2・92，2・93）．

図2・88　サン・カルロ・アッレ・クァットロ・フォンターネ聖堂（イタリア・ローマ，1638起工）
内外ともに波打つような造形が用いられ，バロックを代表するダイナミックな空間が生み出されている．幾何学的な形態を組み合わせて構成された楕円形ドームが美しい．

図2・89　サント・ジュヌヴィエーヴ聖堂（フランス・パリ，1755～92）
古代ギリシア建築の柱と梁による合理的な構造を理想とし，その実現が図られた．過剰な装飾は排除され，古典建築の純粋な形態にまとめられている．

図2・90　ガーマ・スルタン・ハサン（エジプト・カイロ，1356～63）
このモスクは，世界最大級のイスラム建築である．ミナレット（尖塔）とドームによる外観は，モスクのひとつの特徴といえる．

図2・91　ブー・イナニア・マドラサ（モロッコ・フェズ，1355）
イスラム教の神学校として使われていた．噴水のある中庭を囲む建築は，幾何学模様のタイルや精巧な彫刻で飾られている．

図2・92　メスキータ（スペイン・コルドバ，785～1101）
13世紀にカトリック教会の教会堂に改修されるまで，モスクとして使用されていた．内部は列柱が林立し，その上に赤いレンガと白い石の縞模様の2層アーチがかかる．

図2・93　アンコールワット（カンボジア・シェリムアップ，12世紀前半）
もともとヒンドゥー教寺院であったが，後の治世で仏教寺院へと改修された．ヒンドゥー教と仏教の文化を基盤としたクメール美術の最高峰の建築である．

3 建築と政治

　法令や政策などによって，国民の生活・財産・健康を保護し，より豊かなものにしていくといったことが，建築と政治の関係としてまず思い浮かぶ．しかし，それだけではなく，建築の表現においても他の芸術やデザインと同じく，その時代の政治権力の影響が色濃く現れることがある．ここでは，統治・権力の象徴としての建築と，記憶装置としての建築について概観する．

1) 統治・権力の象徴としての建築

　エジプトにみられるピラミッドや神殿などの建造物は，その時代の統治・権力の象徴であるといわれている．歴史を振り返ると，さまざまな建築がその巨大さ，高さ，奥行きの深さ，豪華さなどによって，統治者の権力を表象してきた．近代以降に造られた議事堂や庁舎などにおいても，上記の手法に加え，まっすぐな軸線，左右対称の正面性，古典様式や自国様式などが意図的に採用されている（図2・94，2・95）．また，ヨーロッパ列強の植民地支配により，支配者側の様式と現地の伝統的な様式の混交や，現地の風土に合わせた支配者側の様式の改変が行われた結果，コロニアル様式と呼ばれる建築が生み出された（図2・96）．

2) 記憶装置としての建築

　災害や戦争などの悲惨な出来事を人々が忘れないように，その被害を伝える建築をその状態のままで保存することや，新たに平和のモニュメント（記念碑）として建築を計画することがある（図2・97～2・99）．建築の有形性，空間性，場所性はさまざまなメッセージを伝えるうえで大きな効果をもつ．

図2・94　文化科学宮殿（ポーランド・ワルシャワ）
旧ソビエト連邦のスターリンによってポーランドに贈られた．同時代にモスクワで建てられていたスターリン様式の建築がワルシャワ市街のランドマークとなっている．

図2・95　国会議事堂（東京）
日本の国家・政府を象徴するこの建築物は，左右対称の構成がとられ，正面中央に塔がそびえる．建設にあたって，ほとんどすべての材料が国産品でまかなわれている．

図2・96　長崎居留地25番館（愛知・明治村）
酷暑をしのぐため，軒の深いヴェランダを，建築物の三方に廻している．この様式は，欧米諸国に植民地支配されていた東南アジアで生まれ，日本まで伝わった．

図2・97　アウシュヴィッツ強制収容所（ポーランド・オシフィエンチム）
世界遺産に登録されている，旧ナチス・ドイツによる強制収容所．煉瓦造の堅固な建築物とそれを囲む鉄条網，その他さまざまな施設を残すことで，ここで行われたことの恐ろしさを伝える．

図2・98　原爆ドーム（広島）
原子爆弾の惨禍を伝える建築物として，破壊された状態のまま保存され，世界遺産に登録されている．

図2・99　広島平和記念資料館（広島）
丹下健三は，平和記念公園および平和記念施設の設計にあたり，原爆ドームから慰霊碑を経て，平和記念資料館へと貫いて延びる軸線を設定した．原爆ドームとともに平和のモニュメントとなっている．

4 建築の保存・活用

　これまでは，歴史や文化を伝えるものとして，芸術的・歴史的価値の高い建築のみが保存・活用の対象とされてきた．近年では，景観形成や環境保全の観点から，集落や町並みなどの伝統的な建造物群や，それほど目立つ特徴がなくても，長い年月の間，地域の人々に大切にされてきた近代の建築なども，保存・活用の対象となっている．環境との共生を重視するこれからの社会では，スクラップ・アンド・ビルドを改め，既存の建造物を時代に応じて活用していくことがますます重要となる．ここでは，建築の保存の制度，組織，方法，そして再生と復元について学ぶ．

1) 保存の制度と組織

◆ a 制度　　国の法律や地方自治体の条例などにより，建造物の保存が図られている．文化財保護法による建造物の保護施策のうち，建造物単体の保護施策としては，所有者に強い制約を課すことで保護を図る指定制度（重要文化財・国宝）と，比較的制約が少なく自由に活用できる登録制度（登録有形文化財）がある．また，集落や町並みの保護施策には，市町村が主体的に保存条例，保存地区，保存計画などを定め，それを国が選定する伝統的建造物群保存地区の制度がある（図2・100〜2・104）．

◆ b 組織　　現在，国や自治体などの公共機関，企業などの民間組織，そしてNPO（民間非営利組織）などによって，建築の保存・活用が行われている．建築の保存・活用において，その所有形態，運営方法はさまざまであり，積極的に活用するには，それぞれの組織の協力が必要不可欠である．

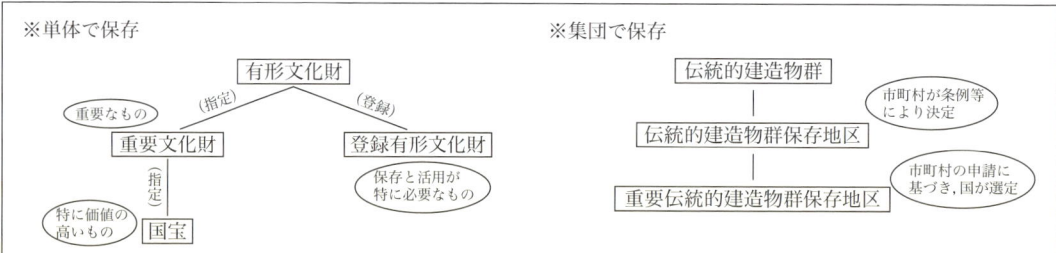

図2・100　文化財保護法における建造物の保存制度 (文化庁資料，文化財の体系図をもとに作成)

図2・101　姫路城（姫路）
美しい白壁と，唐破風・千鳥破風で構成される変化に富んだ外観が印象的，近世城郭の代表的な遺構．大天守をはじめ多くの建造物が国宝・重要文化財に指定されている．また世界遺産にも登録されている．

図2・102　世界平和記念聖堂（広島）
村野藤吾設計による鉄筋コンクリート造の教会堂．広島平和記念資料館とともに，戦後建築として初めて重要文化財に指定された．日本を代表する近代建築としてDOCOMOMO100選に選定されている．

図2・103　歌舞伎座（東京）
岡田信一郎が設計し，吉田五十八が戦災復興工事の意匠設計を担当した鉄骨鉄筋コンクリート造・和風意匠の劇場建築．登録有形文化財に登録されている．

近代建築の記録調査および保存のために設立された国際学術組織であるDOCOMOMO（ドコモモ）は世界各国に支部を持ち，近代建築の保存の重要性について啓蒙活動を行っている．

2）保存の方法と技術

　建築の保存方法は，大きく全面保存と部分保存に分けることができる．現地での保存が難しい場合，野外博物館などに移築して保存する方法がとられる（表2・5）．また，地震や火災，水害などへの対策として，さまざまな保存技術が開発されている．既存の建築物に免震装置を組み込む免震レトロフィット工法は，国立西洋美術館や大阪市中央公会堂などに採用されている．

3）再生と復元

◆a 再生　　構造や設備の老朽化，あるいは空間が社会的要求を満たさなくなったことなどが原因で，使用が困難になった既存の建築に手を加え，活用していくことを再生という．そのままの用途での使用，新たな用途の付加，用途変更などさまざまなレベルがある．また，手を加える度合いについても，修復保存に近いものから，新たなデザインを積極的に加えていくものまで，さまざまなレベルがある（図2・105，2・106）．

◆b 復元　　災害や戦争などで崩壊した建築を，もとの形態に忠実に再現することを復元という．復元には，そこで暮らす人々の建築や町並みについての深い想いがこめられている（図2・107，2・108）．

表2・5　保存の方法

現地保存・移築保存	全面保存	建築の文化的・歴史的価値に重点を置き，建築物全体をできるだけ忠実に保存するもの．
	部分保存	全面保存が不可能な場合に行う．外観保存，ファサード保存，エレメント保存，インテリア保存などがある．
	解体・復元	建築物を解体してから，現地あるいは移築先で復元する．解体により，建築物の調査が可能となる．
	曳家工法	建築物を解体せずに土台もしくは基礎から持ち上げて移動させる方法．

図2・104　妻籠宿（長野）
江戸時代の宿場景観を色濃く残す町並みとして，全国に先駆けて保存運動が起こった．重要伝統的建造物群保存地区に選定されている．

図2・105　甲子園会館（兵庫）
ライトの弟子遠藤新が設計した甲子園ホテルを武庫川学院が教育施設として再生した．

図2・106　リヨンオペラ座（フランス・リヨン）
新古典主義様式のファサードを保存し，ガラスのヴォールト屋根と組み合わせた，創造的な再生の事例．ジャン・ヌーヴェルが手がけた．

図2・107　ワルシャワ旧市街地（ポーランド・ワルシャワ）
ドイツ軍に徹底的に破壊された町並みを，風景画や写真，図面，人々の記憶などにより，戦前の状態に忠実に復元した．市民による復元の営みが評価され世界遺産に登録された．

図2・108　フラウエン教会（ドイツ・ドレスデン）
連合国軍による大空襲と，その直後の火災で崩壊し，長らく瓦礫の山と化していた．復元された教会堂は，新しい白い石材の中に，オリジナルの黒い石材が混ざっており，この建築が戦渦に巻き込まれたことと，そこから復元されたことを物語っている．

2・4　近代・現代建築の変遷

　建築物の計画・設計を行う上で，過去の優れた建築物の造形や空間構成あるいはその設計手法などを学ぶことは重要である．ここでは，近代・現代における社会の変動，建設技術と材料の発展，新たに生まれる建築思想などとの関係から，西洋と日本の近代・現代建築の変遷を概観する．

■1 西洋における近代・現代建築の変遷

1）工業化社会の進展と建築の新しい姿

◆a 産業革命の影響　　18世紀後半，イギリスで起こった産業革命により社会は大きな変化を遂げた．工業化社会の進展とそれに伴う都市への人口集中により，これまでにない新たな用途の建築が必要とされる．建築材料においても，石や煉瓦にかわり，工業製品として大量に生産されるようになった鉄やガラスの需要が拡大していく．工場，倉庫，駅舎などが，鉄材による大スパン構造で実現されるとともに，銀行やデパートを始めとする商業施設が次々と建設された（図2・109）．また，職住分離が浸透し，居住機能に特化した専用住宅が普及する．依然として公共性の強い建築では，歴史的様式が主流であったが，工業技術者が新しい材料と技術を用いて，合理的に建築の計画・設計に取り組んだことで，これまでとは異なる斬新な建築が出現した（図2・110）．

◆b アーツ・アンド・クラフツ運動　　産業革命を遂げたイギリスでは，機械による大量生産が生み出す製品のデザインの低下，労働条件の悪化などの問題に直面する．ジョン・ラスキンの中世を理想とするユートピア思想に影響を受けたウィリアム・モリスは，職人の手仕事によるものづくりと良質な工芸品に囲まれての生活を理想に掲げた．モリスを指導者として19世紀末に起こった近代デザイン運

図2・109　ガレリア・ヴィットリオ・エマヌエレ（メンゴーニ，ミラノ，1875）
ガラス屋根に覆われた歩行者用の商業空間パッサージュ（ガレリア）は，この時代の都市文化の象徴である．

図2・110　エッフェル塔（エッフェル，パリ，1889）
フランス革命100周年を記念するパリ万博のモニュメント．約300mの鉄塔の建設は，プレファブ化された部材を用いることで，大幅な工期の短縮が図られた．

図2・111　赤い家（ウエッブ，ロンドン，1860）
良質な工芸品に囲まれた生活という理想に基づいたモリスの自邸．外壁は仕上げ材を用いず，赤煉瓦をむき出しにしている．

図2・112　パリ地下鉄入口（ギマール，パリ，1900）
鋳鉄とガラスを用い，植物をモチーフにした優美な曲線による造形で，パリの街を飾った．

図2・113　グラスゴー美術学校（マッキントッシュ，グラスゴー，1899，1909）
グラスゴー派のマッキントッシュは曲線を用いつつも，アール・ヌーヴォーと比べ，より幾何学的・合理的な建築を生み出した．

図2・114　カサ・ヴァトリョ（ガウディ，バルセロナ，1907）
装飾や造形だけでなく構造にまで，自然のさまざまな形態を採用したガウディの建築は，モデルニスモのなかでも突出している．

動をアーツ・アンド・クラフツ運動という（図2・111）．この運動は，機械生産を否定し手仕事に返るという時代に逆行したものであったが，実用品のデザインという分野の地位を向上させた意義は大きい．

◆c アール・ヌーヴォー　アーツ・アンド・クラフツ運動の影響が及んだ世紀末のヨーロッパ大陸では，新しい時代にふさわしい造形芸術を生み出そうという気運が高まった．全体の秩序や荘厳さを重視する歴史的な建築様式から離れ，流れるような曲線により優美さや官能性を強調するアール・ヌーヴォー（フランス語で新しい芸術という意味）が，ベルギー，フランスで生まれる．植物や昆虫，女性の身体などをモチーフとし，鉄やガラスなどの素材を活かした造形を特徴とするアール・ヌーヴォーは，ヨーロッパ全土に急速に広まる（図2・112〜2・113）．アール・ヌーヴォーと共通する新しいデザインの傾向は，ドイツではユーゲント・シュティール，スペインではモデルニスモと呼ばれた（図2・114）．

◆d 鉄骨造・鉄筋コンクリート造の普及　19世紀末のシカゴでは，鉄骨造の高層オフィスビルが次々と建設された．ダニエル・ハドソン・バーナムやルイス・ヘンリー・サリヴァンらシカゴ派の建築家たちは，装飾を控えた構造上明快な表現を高層オフィスビルに適用した（図2・115）．ヨーロッパでは，19世紀半ばから人工的なセメントであるポルトランドセメントの製造が始まり，19世紀後半には鉄筋コンクリートの理論的研究が進展する．20世紀になると工業技術者ではウジェーヌ・フレッシネやロベール・マイヤールがアーチやシェルなど，構造と美の両面で新しい可能性を追求する．建築家ではオーギュスト・ペレが，柱や梁あるいはアーチやシェルなどの構造体を表現要素とする建築を生み出し，後の建築家に大きな影響を与えた（図2・116）．

◆e アール・デコ　1920年代は都市の文化が栄えた時代であった．芸術は特権階級のものに留まらず大衆化されていく．1925年，パリで開催された「現代装飾・工業美術国際展覧会」を飾ったのは，

図2・115　オーディトリアム・ビル（アドラー＆サリヴァン，シカゴ，1889）鉄骨造と組積造の混構造による劇場，オフィス，ホテルからなる複合建築．外観は装飾を控えた簡素なデザインとなっている．

図2・116　フランクリン街のアパート（ペレ，パリ，1903）鉄筋コンクリート造の集合住宅．構造体である柱・梁を表現要素にまで高めた．ファサードは開口部が広く，花模様のタイル装飾が施されている．

図2・117　クライスラー・ビル（アレン，ニューヨーク，1930）自動車メーカー・クライスラー社のホイール・キャップをモチーフとした頂部の連続アーチはステンレスで覆われ光輝いている．

図2・118　郵便貯金局（ヴァーグナー，ウィーン，1906）歴史主義の要素を取り除き，さまざまな条件に対して最適な解を求める合理的な計画がなされた．鉄・アルミ・ガラスによって構成された出納室ホールはこれまでにない近代的な空間となっている．

図2・119　ゼツェッシオン館（オルブリヒ，ウィーン，1898）ゼツェッシオンの活動拠点となった建築．直線が強調された白く平滑な壁面が，金色の装飾で飾られた．

図2・120　ロース・ハウス（ロース，ウィーン，1911）ロースは歴史的建築物が並ぶウィーンの王宮前に，まったく装飾のない建築を出現させた．建築を装飾で飾ることを否定し，内部空間の計画にこだわった．

ガラスや金属などの材質を用い，幾何学的な直線や曲線を組み合わせた量産可能な装飾や造形であった．このような特徴をもつ造形はアール・デコと呼ばれ広まっていく．特に，第一次世界大戦に参戦せず，急速な経済発展を遂げていたアメリカにおいて大衆芸術として発展する．アメリカの経済力・技術力の象徴として建設された超高層ビルは，アール・デコで飾られた（図2・117）．

2）近代建築運動とモダニズム建築の成立

◆a ウィーン・ゼツェッシオン　19世紀末ウィーンのオットー・ヴァーグナーは，著書『近代建築』において，「芸術は必要にのみ支配される」と唱え，近代建築の基本理念となる合理主義を提示した．新しい時代の建築は，その目的を正確に把握し，適切な材料と簡単で経済的な構造を選択することによって，自然に成立する形態にするべきであるというヴァーグナーの主張は，後の建築家たちに大きな影響力を持つ（図2・118）．ヴァーグナーの弟子であるヨーゼフ・マリア・オルブリヒ，ヨーゼフ・ホフマンらは過去の様式からの「分離」を掲げ，ゼツェッシオンを設立する（図2・119）．一方，ゼツェッシオンと対立したアドルフ・ロースは「装飾は犯罪である」として一切の装飾を否定した（図2・120）．

◆b 表現主義　1910年代から合理主義への抵抗として，内に秘めた感情を表出させ，自由な建築表現を追及するドイツ表現主義やオランダのアムステルダム派が活躍する（図2・121，2・122）．その造形的特徴としては，煉瓦を用いた曲面や装飾，ガラスによる結晶のような表現，コンクリートによる彫塑的表現などが挙げられる．

◆c アヴァンギャルド　20世紀初頭のヨーロッパでは，イタリア未来派，ロシア構成主義，オランダのデ・スティルなど，機械や速度，抽象的表現，幾何学的構成などに新しい時代の美学を求める運動が相次いで起こる（図2・123）．芸術・デザイン・建築と分野を超えて実践されたこれらの運動は，これ

図2・121　エイヘンハールトの集合住宅（クレルク，アムステルダム，1919）
さまざまな色や形の煉瓦や瓦を用いて，曲線的な造形とさまざまな突出部を組み合わせた建築を生み出した．

図2・122　アインシュタイン塔（メンデルゾーン，ポツダム，1924）
ダイナミックな彫塑的造形によるドイツ表現主義の代表作．コンクリートでの完成を目指したが，大部分が煉瓦による組積造となった．

図2・123　シュレーダー邸（リートフェルト，ユトレヒト，1924）
無彩色と三原色による塗装，面と線による構成などデ・スティルの造形理念を建築として実現した．可動間仕切りにより，自由な内部空間を生んだ．

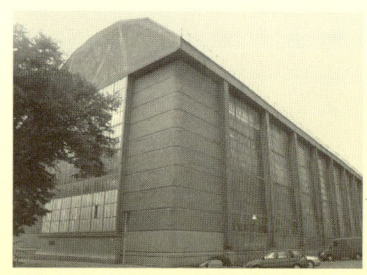

図2・124　A.E.Gタービン工場（ベーレンス，ベルリン，1907）
鉄骨造，カーテンウォールを採用しているが，新古典主義的な要素を残す過渡的な建築である．

図2・125　バウハウス校舎（グロピウス，デッサウ，1926）
ファサード一面を覆うカーテンウォール，水平連続窓，陸屋根，非対称な全体計画などモダニズムの成立に多大な影響を与えた．

図2・126　バウハウス教授住宅（グロピウス，デッサウ，1926）
白い直方体の箱を組み合わせ，非対称の構成をとったアトリエ付の住宅．

までの歴史的な様式を一掃しようとするものであり，「アヴァンギャルド」（前衛を意味する軍事用語）と評された．実際に建てられた建築だけでなく，ドローイングや模型，写真などによる作品を通して，近代建築の成立に大きな影響を与えた．

◆d ドイツ工作連盟とバウハウス　他国に遅れ工業化を実現したドイツでは，工芸品の品質の低下という問題に対して，アーツ・アンド・クラフツ運動から影響を受けながらも，機械による大量生産を肯定的にとらえ解決を図った．ヘルマン・ムテジウスは，ドイツ製品の品質の向上を目的とするドイツ工作連盟を1907年に設立し，工業生産に適した新しいデザインの確立を目指した．ドイツ工作連盟の理念を，ペーター・ベーレンスは電気会社A.E.G.のデザイナーとして，ワルター・グロピウスは建築生産の合理化やガラスのカーテンウォールなどにより具現化していく（図2・124）．1919年に開校したバウハウスではグロピウスが校長となり，「建築による造形芸術の統合」「芸術と技術の新たな統一」という理念で教育が行われた．バウハウスで生み出された建築，グラフィックデザイン，インダストリアルデザインとその教育システムは世界中に広まった（図2・125，2・126）．

◆e 20世紀の3大巨匠　20世紀の建築界に多大な影響を及ぼした建築家としてフランク・ロイド・ライト，ル・コルビュジエ，ミース・ファン・デル・ローエを挙げることができる．

①フランク・ロイド・ライト　サリヴァンの事務所から独立したライトは，19世紀末から20世紀初頭のシカゴで，大地に沿って水平方向に広がる外観と，室と室とが連続する流動的な内部空間を特徴とする「プレーリー・ハウス」と呼ばれる住宅を生み出した（図2・127）．この時期の図面を集めたものが作品集としてベルリンで出版され，ヨーロッパの建築家に大きな影響を与える．また，合理主義，機能主義が主流となり，建築が画一化されていくのを批判するとともに，「有機的建築」を掲げた（図2・128）．

図2・127　ロビー邸（ライト，シカゴ，1909）
軒を深くした屋根により水平性を強調した外観と，箱型の室という概念を解体した流動的な内部空間が特徴の住宅建築．

図2・128　グッゲンハイム美術館（ライト，ニューヨーク，1960）
ライト建築の中では珍しく装飾を控えている．上に行くほど広がる螺旋型の外観や，天窓のある吹き抜けの大空間とそれを包むスロープは圧巻である．

図2・129　サヴォア邸（コルビュジエ，ポワシー，1931）
ピロティ，屋上庭園，自由な平面，水平連続窓，自由なファサードという「近代建築の5原則」に基づいた白い住宅建築．

図2・130　ラトゥーレット修道院（コルビュジエ，ラルブレール，1959）
荒々しい打ち放しコンクリートの外観や，さまざまな形態の開口部による神秘的な光の効果により，瞑想にふさわしい厳粛な空間を生み出した

図2・131　バルセロナ・パヴィリオン（ミース，バルセロナ，1929）
クロムメッキの施された十字柱，さまざまな色の大理石やガラスの壁など多様な素材を用い，それを計算されつくした配置とすることで，見事な空間を生み出している．

図2・132　ニュー・ナショナル・ギャラリー（ミース，ベルリン，1968）
正方形の大屋根を8本の柱で支え，その下に均質な大空間を生み出した．鉄とガラスを用い，神殿のような記念碑的表現をとった．

それは，現代の技術を用いながらも，豊かな生活空間を実現することを重視したものであり，建築と家具，装飾そして周辺の自然が融合し一体となるものであった．

② ル・コルビュジエ　コルビュジエは，自らの建築観を雑誌『エスプリ・ヌーヴォー』や著書『建築をめざして』などを通して，社会に向けて積極的に発信した建築家といえる．「機械の美」「ドミノ」「近代建築の5原則」といったコルビュジエの理論はモダニズム建築の成立に大きな影響を与えた．1920年代にはこれらの理論に基づいた，真白な幾何学形態の住宅を造った（図2・129）．また，CIAM（近代建築国際会議）の中心人物となり，合理主義，機能主義に基づいた建築・都市の理念の普及に貢献する．第二次世界大戦以降は，打ち放しコンクリートの荒々しい彫塑的造形で世界中に影響を与えた（図2・130）．

③ ミース・ファン・デル・ローエ　鉄とガラスにより，新しい建築・空間を生み出した建築家である．1920年代初頭，「フリードリッヒ街のオフィスビル」「ガラスのスカイスクレーパー」など斬新な計画案で注目を浴びる．その後，バルセロナ・パヴィリオンでは，壁を構造的役割から開放し，自由に配置することで，内外の境界が曖昧な流動性の高い空間を創出した（図2・131）．アメリカに移住後は，鉄の骨組みとガラスの皮膜で構成された間仕切壁のない均質空間「ユニバーサル・スペース」を提案し，住宅，大学キャンパス，オフィスビルなどに適用していった．室という概念を解体し，どのような機能にも対応できる「ユニバーサル・スペース」という概念は，現代建築に多大な影響を与えた（図2・132）．

3) モダニズムを超える新しい動向

◆ a 近代建築の伝播と変容　グロピウス，コルビュジエ，ミースらの実践や，ヘンリー・ラッセル・ヒッチコックとフィリップ・ジョンソンによるヨーロッパの最新動向を紹介する展覧会と著書『インターナショナル・スタイル』などにより，合理的，機能的な建築がモダニズムあるいはインターナショナル・

図2・133　森の火葬場（アスプルンド，ストックホルム，1940）
敷地の形状や周辺の風景を生かし，自然と一体となった建築を生み出した．モダニズムを受容した上で，北欧の風土や歴史との融合を図っている．

図2・134　アアルト自邸（アアルト，ヘルシンキ，1936）
白を基調としているが，内外に木材をふんだんに用い，自然を感じさせる温かみのある住宅となっている．

図2・135　カステルヴェッキオ美術館（スカルパ，ヴェローナ，1964）
14世紀の城郭を改装し，美術館とした．鋼材やガラスで既存部分との対比を生みつつも，その関係を十分に考慮し，全体を調和のあるものとしている．

図2・136　レスター大学工学部（スターリング，レスター，1963）
ガラスのカーテンウォールと煉瓦仕上げの壁面を対比させた塔状の研究室棟とガラスののこぎり屋根の実験室棟はモダニズムにない荒々しさを表現した．

図2・137　キンベル美術館（カーン，フォートワース，1972）
建築について深く思索し，幾何学的な普遍性のある形態・空間を生み出した．サイクロイド曲線を用いたヴォールト屋根の頂部から柔らかな光を内部に取り入れている．

図2・138　TWAターミナル（サーリネン，ニューヨーク，1962）
Y字形の支柱に持ち上げられた巨大な屋根の姿は，翼を広げ飛び立つ鳥を想わせる．建築物全体がコンクリートの可塑性を活かした流線形のデザインでまとめられている．

スタイルとして世界中に普及した．当初はそのまま受け入れられたが，次第に地域の風土や伝統と結びつき，新たな表現が生まれた．北欧のエリック・グンナー・アスプルンドやアルヴァ・アアルト，メキシコのルイス・バラガン，日本の丹下健三らの建築は，モダニズムが地域性を帯びて変容したものと捉えることができる（図2・133，2・134）．また，ルイス・カーンやジェームス・スターリング，カルロ・スカルパらはモダニズムを受容しつつも，独自の理念で建築を設計した（図2・135〜2・137）．

◆b 構造表現主義とハイテック　1960年前後には，発展した構造技術を積極的に表現として用いる構造表現主義の建築が現れる．シェル構造，吊構造，折板構造などの架構形式が，豊かな造形表現にまで高められた．なかでも，エーロ・サーリネンは曲線や曲面を用いたダイナミックな建築を生み出した（図2・138）．1970年代，科学技術の発展は，社会に大きな衝撃を与えるようになる．そのような時代の象徴として，最先端の科学技術をイメージさせる要素を建築の外観に用い，強調するハイテック建築が現れる（図2・139）．構造や設備の露出，プレファブ部材，メタリックな外観などが特徴である．

◆c ポストモダニズムとそれ以降　1960年代以降，合理主義，機能主義に基づくモダニズム建築の均質性，単調さなどを批判する建築家が現れる．ハンス・ホラインは「すべてのものは建築である」と唱え，建築概念の拡張を図る．ロバート・ヴェンチューリは著書『建築の多様性と対立性』において，モダニズム建築の還元的，禁欲的な造形を批判し，さまざまな要素が複雑に混じり合う多様性・対立性こそ好ましいとした．これらの影響を受け，1970年代以降，象徴性，記号性，多様性などを積極的に取り入れたポストモダニズム建築が流行する．その手法としては，歴史的建築にみられる形態の引用や，複雑な形態操作などが挙げられる（図2・140，2・141）．最近では，コンピュータによる複雑な造形，モダニズムへの回帰をはじめさまざまなアプローチが試みられている（図2・142〜2・144）．

図2・139　ロイズ・オブ・ロンドン（ロジャーズ，ロンドン，1986）配管やエレベータなど設備を外部に露出したメタリックな外観のオフィスビル．

図2・140　AT&Tビル（ジョンソン，ニューヨーク，1984）古典主義建築にならい基壇，中間部，屋根の三層構成を用いた超高層ビル．最上部のペディメント（三角形の頂部）をはじめ，大胆な引用をさまざまな箇所で用いている．

図2・141　ハースハウス（ホライン，ウィーン，1990）緩やかなカーブを描く壁面とシリンダー状の張り出した部分それぞれのミラーガラスにウィーンの伝統的な建築を映している．複雑な形態操作により全体が構成されている．

図2・142　アラブ世界研究所（ヌーヴェル，パリ，1987）壁面に取り付けられた開閉可能なアルミパネルは，伝統的なアラブの意匠をモチーフとしている．ハイテックを芸術的な表現に高めた建築．

図2・143　TGVリヨン空港駅（カラトラヴァ，リヨン，1994）構造・彫刻に通じた建築家による鳥が羽を広げたような彫刻的建築．その形態は合理的な構造により実現されている．

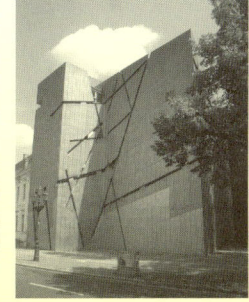

図2・144　ユダヤ博物館（リベスキンド，ベルリン，1998）鋭い角度でジグザクに折れ曲がる平面計画，壁面を切り裂くような開口部など衝撃的な表現がみられる．

❷日本における近代・現代建築の変遷

1）西洋の意匠と技術の導入

　鎖国政策が続いていた日本は，江戸時代末期に欧米5か国と条約を結び，横浜，長崎，神戸などを開港する．そこには外国人居留地の造成が進み，それまで目にしたことのない洋風の建築が現れた．これらの特徴の一つとして，建築の前面もしくは周囲に設けられたヴェランダを挙げることができる．一方，幕府や力のある藩は，製鉄所や工場を建設するにあたり，煉瓦や石材による組積造や，木材によるトラス小屋組など，欧米から新しい技術を導入していた．

　1868年，明治政府が誕生し急速に近代化が進むと，それまでにないさまざまな用途の建築が必要となった．政府は多くの外国人技術者を雇い入れ，西洋の意匠，技術に基づいた建築を建てさせるとともに，技術や制度の輸入を図った（図2・145）．また，居留地に建てられた洋風建築に触発された大工の棟梁たちは，建築の構造や施工においては日本の伝統技法を用いつつも，洋風建築の意匠を見よう見まねで取り入れ，和洋混交の擬洋風建築を生み出した．擬洋風建築は文明開化のシンボルとして，地方の庁舎，学校，病院などの建築に用いられた（図2・146）．

2）日本人建築家の誕生

　1877年，イギリスから来日した建築家ジョサイア・コンドルは，工部大学校造家学科（現東京大学工学部建築学科）で教鞭をとるとともに，建築設計にも携わった．コンドルの教育を受けた第1期生，辰野金吾，片山東熊，曾禰達蔵，佐立七次郎の4人が卒業し，日本人建築家が誕生する（図2・147～2・149）．辰野はイギリス留学後，工部大学校造家学科の教授となり，日本の建築教育を整備するとともに，西洋建築を日本に根付かせた．この他にもアメリカ，ドイツで学んだ妻木頼黄や，フランスで

図2・145　泉布観（ウォートルス，大阪，1870）
明治政府成立後，貨幣鋳造のために造られた造幣寮の応接所である．煉瓦造の壁，縦長の開口部，トスカナ式のオーダーの列柱を持つヴェランダなど洋風建築の特徴がみられる．

図2・146　開智学校（立石清重，長野，1876）
浅い軒の出，外壁の隅石を模した灰黒色の漆喰，縦長窓など洋風要素と，中央車寄せの唐破風，竜や雲の装飾など和風要素が入り混じっている

図2・147　日本銀行本店（辰野金吾，東京，1896）
明治期を代表する日本人建築家による西洋建築．ルネッサンス・バロック両方の要素がみられる．

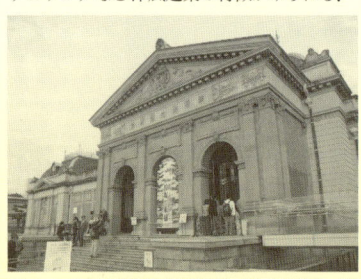

図2・148　京都帝室博物館（片山東熊，京都，1895）
両翼を広げたような平面計画，マンサード屋根，付け柱の使い方などフランス・バロックの影響がみられる．片山はこの他に赤坂離宮，奈良帝室博物館など宮内省の建築の設計を行った．

図2・149　慶応大学図書館（曾禰達蔵・中條精一郎，東京，1912）
尖頭アーチやバットレス（控壁）などを用いたゴシック様式の建築．当時，教会や教育施設にはゴシック様式が用いられることが多かった．

図2・150　横浜正金銀行（妻木頼黄，神奈川，1904）
巨大な青銅ドーム，正面と両端の大きなペディメント，大オーダーによる壁面の分節など重厚な建築となっている．ドイツのネオ・バロックの影響がみられる．

学んだ山口半六などがそれぞれの国の様式を伝えた（図2・150）．

　1891年の濃尾地震で組積造の建築物は大きな被害を受けた．これを契機に，地震に強い新しい構法の研究と導入が始まる．まず，鉄材による組積造の補強が行われ，その後，本格的な鉄骨造，鉄筋コンクリート造の建築物が現れた．アメリカに渡った横河民輔は，合理主義の思想に基づいた鉄骨造のオフィスビルやデパートなどについて学び，日本に普及させた．佐野利器（としかた）は建築を工学的側面から研究し，耐震理論を確立していく．1923年の関東大震災で佐野の理論の有効性が証明され，建築界における構造技術者の影響力が大きくなる．また，鉄筋コンクリート造は，耐火性も確認され，震災以降ますます普及していく．

　横河と同世代の建築家には伊東忠太や武田五一らがいる．伊東は日本建築史を体系化するとともに，ユーラシア大陸の建築を調査し，独自の理論を唱えた（図2・151）．「造家」から「建築」への改変を提案したのも伊東である．一方，ヨーロッパへ派遣され，アール・ヌーヴォーやゼツェッシオンなどに触れた武田は，帰国後，その影響を強く受けた建築を手がけた．

3）近代建築運動の影響

　大正時代を迎えるころには，西洋の歴史主義建築の導入はひと段落し，他の芸術分野と同じく建築においても，個人の主観を表現する気運が高まっていた．また，留学や旅行，書籍などを通して，西洋のさまざまな近代建築の思潮が日本に伝わり，若い建築家や学生たちに大きな刺激を与えていた．後藤慶二，本野精吾らは，これまでとは一線を画す新たな建築を生み出した．1920年には，東京帝国大学(現東京大学)を卒業する石本喜久治，堀口捨己，山田守，森田慶一らによって分離派建築会が結成される．分離派建築会は，「過去の建築から分離し新しい建築を創造する」という理念のもと活動し，

図2・151　築地本願寺（伊東忠太，東京，1934）
外観にはインドの仏教建築に用いられる造形がいたるところにみられる．鉄骨鉄筋コンクリート造で，内部は日本の寺院建築の様式となっている．

図2・152　西陣電話局（岩元禄，京都，1920）
ファサードを踊る女性のレリーフ・パネルと裸婦のトルソ（胴体像）で飾った表現主義的な建築．

図2・153　東京中央郵便局（吉田鉄郎，東京，1933）
日本建築の伝統である真壁造の持つ美を，モダニズム建築のファサードに取り込んだ．当時，日本を訪れていたブルーノ・タウトはこれを高く評価した．

図2・154　大阪ガスビル（安井武雄，大阪，1933）
交差点に面する曲面，立面を水平に区切る庇，乳白色と黒色の対比など斬新なデザインがみられる．オフィスビル，都市建築として絶賛された．

図2・155　明治生命館（岡田信一郎，東京，1934）
コリント式オーダーの列柱が並ぶ，歴史主義の成熟を示すオフィスビル．岡田信一郎は古典主義だけでなく，和風にも通じ，さまざまな様式を使いこなした．

図2・156　愛知県庁舎（愛知県建築課，愛知，1938）
タイルで壁面を仕上げた鉄骨鉄筋コンクリート造の躯体に，城郭風の大屋根をのせている．上下のデザインの違和感が強烈な印象を与える．

建築が芸術であることを主張した．初期の作品にはドイツ表現主義の影響がみられる．この時代，逓信省営繕課の岩元禄，山田守，吉田鉄郎らは表現主義，モダニズムの影響を受けた建築を生み，日本建築の近代化に大きな影響を与えた（図2・152, 2・153）．このころのオフィスビルにもモダニズムの影響がみられる（図2・154）．一方で，歴史主義様式の建築に対する理解は深まり，西洋にひけをとらないものを生み出すまでになった（図2・155）．国粋主義が台頭する昭和初期には，モダニズムを否定し，日本趣味を重視する傾向が強まる．鉄筋コンクリート造や鉄骨鉄筋コンクリート造などの洋風建築に，日本の伝統的な瓦屋根と和風の装飾を大胆に組み合わせる帝冠様式と呼ばれる建築が現われた（図2・156）．

4）戦後モダニズムの発展

第二次世界大戦以前から，ヨーロッパに渡りバウハウスやデ・スティル，コルビュジエなどの影響を受けた建築家たちによって，機能主義，合理主義，いわゆるモダニズムの理念が日本に伝えられるようになっていた．その中でも，大戦前後に活躍し，モダニズム建築を日本で定着させるために重要な役割を果たした人物として，コルビュジエから直接学んだ坂倉準三と前川國男を挙げることができる（図2・157, 2・158）．特に，前川は新しい技術を積極的に用い，建築物の工業化・軽量化を追及する「テクニカル・アプローチ」を掲げ，戦後の建築の発展に影響を与えた．

1950年に始まった朝鮮戦争特需によって日本経済は活性化し，その後急速に発展していく．この時代，機能主義，合理主義を掲げるモダニズム建築は急速に普及していくが，それをリードするのが丹下健三である．丹下はモダニズム建築に日本の伝統的な要素を融合させるとともに，最先端の技術や構法を用いてダイナミックな建築を生み出した（図2・159）．これに対し，村野藤吾や白井晟一などはモダニズムと距離を保ち，装飾や素材，ディテールにこだわり独自の姿勢で設計した（図2・160）．

図2・157 鎌倉近代美術館（坂倉準三，神奈川，1951）
パリ万博日本館（1937）で評価された坂倉の戦後の作品，鉄骨柱に支えられた池を望むピロティ，中庭を囲むロの字型の平面などにより，建築と環境の一体化を図る．

図2・158 京都会館（前川國男，京都，1960）
大きく張り出した庇やコンクリートの手すりなどにより水平線を強調したデザインとなっている．ピロティをくぐるアプローチが印象的である．

図2・159 国立屋内総合競技場（丹下健三，東京，1964）
高張力ケーブルによる吊構造を採用し，巨大な内部空間を実現するとともに，それを美的表現にまで高めた．

図2・160 千代田生命本社ビル（村野藤吾，東京，1964）
水平部材が太く，垂直部材が極めて細いアルミキャストで覆うことで，ファサードを強調している．村野は様式に縛られず，さまざまな建築のモチーフをデフォルメし，独自の建築を生み出した．

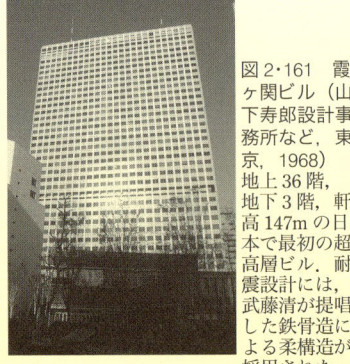

図2・161 霞ヶ関ビル（山下寿郎設計事務所など，東京，1968）
地上36階，地下3階，軒高147mの日本で最初の超高層ビル．耐震設計には，武藤清が提唱した鉄骨造による柔構造が採用された．

図2・162 中銀カプセルタワービル（黒川紀章，東京，1972）
2本のコアとなる塔に，エレベータや階段，配管などが収められており，そこにプレファブ化されたカプセル住宅がいくつも取り付けられた．

経済発展とそれに伴う都市化は，土地価格を上昇させた．都心部では土地を高度利用するために，超高層の建築が求められるようになる．1963年には，建築物の31mという高さ制限が撤廃され，容積率で規制されるようになった．以降，超高層建築が次々と建てられるようになり，施工の効率化や設備の高度化，耐震・免震・制振技術の進展が図られた（図2・161）．

5）モダニズムを超える建築の動向

1960年代，日本は飛躍的な経済発展を遂げ，東京オリンピック（1964）を開催するなど先進国の仲間入りを果たしたが，一方で，人口増加や，都市のスプロール現象などの問題が顕在化していた．急激な社会の変化や成長に，「機械」をモデルにしたモダニズム建築では対応できないと考え，柔軟で有機的に成長していく「生命の新陳代謝」をモデルとして解決を図る，メタボリズム・グループが活躍した．メタボリズム・グループに参加した黒川紀章，菊竹清訓らは，建築や都市の構成単位(ユニット)が機能を満たさなくなった場合，それを取り替えるか，新たに増設するかして，社会の変化や成長に，建築や都市を適応させようとした（図2・162）．

磯崎新は，1960年代後半以降のアメリカやヨーロッパ各国におけるモダニズム建築を否定し，乗り越えようとする新しい動向を日本に紹介した．また，歴史的モチーフの引用や複雑な形態操作などによるポストモダニズム建築を自ら実践し，日本だけでなく世界の建築界に影響を与えた（図2・163）．

現在では，地域の風土に根付いた表現，コンクリートによる抽象的造形，コンピュータを用いた新しい造形，モダニズムへの回帰などさまざまな建築が現れている（図2・164～2・168）．また，歴史的建築物の保存や活用，環境との共生，ユニバーサル・デザインなどが建築設計の課題となっている．

図2・163　つくばセンタービル（磯崎新，茨城，1983）
カンピドリオ広場やアル・ケ・スナンの王立製塩所などからの引用と純粋な幾何学形態の使用により建築を構成．ポストモダニズム建築の代表作．

図2・164　倉敷アイビースクエア（浦辺鎮太郎，岡山，1974）
明治時代の赤煉瓦の紡績工場を再生し，ホテル，レストラン，展示施設，工房，広場を持つ複合観光施設とした．

図2・165　TIME'S（安藤忠雄，京都，1984）
コンクリートブロックを露出した壁に象徴されるように，限定された素材・要素で構成しつつも，路地を思わせる内部空間，高瀬川の水を取り込んだ計画などで豊かな建築を生み出した．

図2・166　豊田市美術館（谷口吉生，愛知，1995）
余分な要素を切り詰めた抽象的な造形はモダニズムと通ずる．素材や質感にこだわった繊細な表現，ランドスケープと一体となるデザインなど，日本の伝統を感じさせる．

図2・167　JR京都駅ビル（原広司，京都，1997）
大階段，空中遊歩道，広場などで構成された自然の地形を想像させる豊かな内部空間を持つ．その巨大さ，斬新さゆえに景観論争を引き起こした．

図2・168　金沢21世紀美術館（SANAA，石川，2004）
さまざまな大きさの白い箱型の展示室の周りをガラスの壁で円形に囲んだ美術館．内部もガラスの壁が多く，さらに光庭が設けられているため，明るく透明感のある空間となっている．

坂 茂
紙の建築―紙管を用いた建築の試行と展開

坂茂(ばんしげる)は，日本を代表する建築家の一人であり，再生紙の筒を主体構造とした建築を開発している．彼は1986年「アルヴァ・アアルトの家具展」の企画と会場構成を手がけた際に初めて紙管(しかん)を使い，紙の軽さ，高い強度，リサイクル可能な工業製品としての安定した性能など，他の建築構造材料と比べ非常に優れた点と，素材としての可能性とテクスチュアの美しさに気づく．

1993年，紙の家にて建築基準法旧第38条と大臣認定を取得し，構造材料として紙を用いることを可能にした．その後，ルワンダの難民に対し，紙の仮設住居を提案し国連難民高等弁務官事務所のコンサルタントとして活躍していたが，1995年に起こった阪神大震災で，紙の特性であるコストの低さ，素人が簡単に短時間で組み立てられる施工性を活かして，被災地に紙の教会や仮設住居を建設して注目を浴びた．

近年彼は，フランスの現代建築の象徴である新しいポンピドゥー・センター分館の設計国際コンペで優勝．世界的に注目されている．同館は2010年に一般公開される予定である．

紙の教会／鷹取教会（兵庫，1995）

紙のログハウス／仮設住居（兵庫，1995）

ハノーバー国際博覧会日本館（ドイツ・ハノーバー，2000，http://www.expomuseum.de/expo2000/fotos/ © Annette Grass より）

世界で初めてコンテナを使ったノマディック美術館（移動美術館）（グレゴリー・コルベール ashes and snow ノマディック美術館，東京，2007）

ジーシー大阪営業所ビル（大阪，2000）
木を耐火被覆材として鉄骨に巻いた構造．

ポンピドゥーセンター分館（フランス・メス，2009予定，http://www.centrepompidou-metz.fr/ より）

第3章
建築計画に必要な知識と方法

　古代から現代に至るまで，人間はさまざまな建築物を試行錯誤しながら創造してきた．
　本章では，建築計画を進めていくうえで重要な建築デザインの要素や空間構成のエレメント，さらに今後求められる持続可能な建築物の考え方についてさまざまな事例をとおして学ぶ．

パンテオン神殿（イタリア・ローマ，A.D 135）
　ローマを守る十二神を祀る神殿．直径43mの球体が内接するコンクリート製のドームの頂部には，直径8.9mのオクルスとよばれる天窓が設けられている．ローマの円堂建築のなかでも，もっとも壮大で独創的なモニュメントのひとつである．

3・1 寸法の計画

　建築計画の分野で使われる寸法という言葉は，一般に，建築や構成材の部分をある尺度を用いて測定したものという意味をもっている．この節では，寸法計画の考え方として，モデュールと寸法設計，物品の寸法をとりあげる．

１ モデュール

　モデュール（Module）とは，建築物を構成する基本となる単位寸法である．建築空間を構成する部分や部材の寸法にモデュールを用いることによって，合理性や統一性，美しさなどをもつ建築空間を生みだすことができる．一般に建築物の寸法は，モデュールの倍数で平面・立面・断面を構成している．

1）人間と寸法

　建築空間は人間に最もかかわりの深い生活の場であり，人間の大きさや感覚と密接に関係している．人間の体を基調とした尺度は，建築物の寸法体系に深く結びついており，図3・1に示すように，古今東西，人体の各部が尺度の基準となっている．米英で用いられる1フィート（約305mm）は足の踵から爪先までの長さであり，かつて使用されていた日本の1尺[*1]（約303mm）は肘の長さが基準とされる．

2）寸法の体系化

　建築空間は，多数の部材によって構成される．その「もの自体」あるいは「ものどうしの関係」などさまざまな段階において，デザイナーたちは寸法を整理・体系化してきた．

◆a 木割り　　日本古建築の柱の寸法などを基準とし，建築物各部をその比例関係で表す割合（図3・2）．

◆b モデュラス（Modulus）　　ラテン語で，ギリシア神殿における円柱の柱脚の直径を意味する．図3・3の寸法は，その長さを1として，その他は倍数や分数比で表している．

◆c モデュロール（Modulor）　　コルビュジエが提唱した，人体寸法と黄金比から考案した基準尺度を

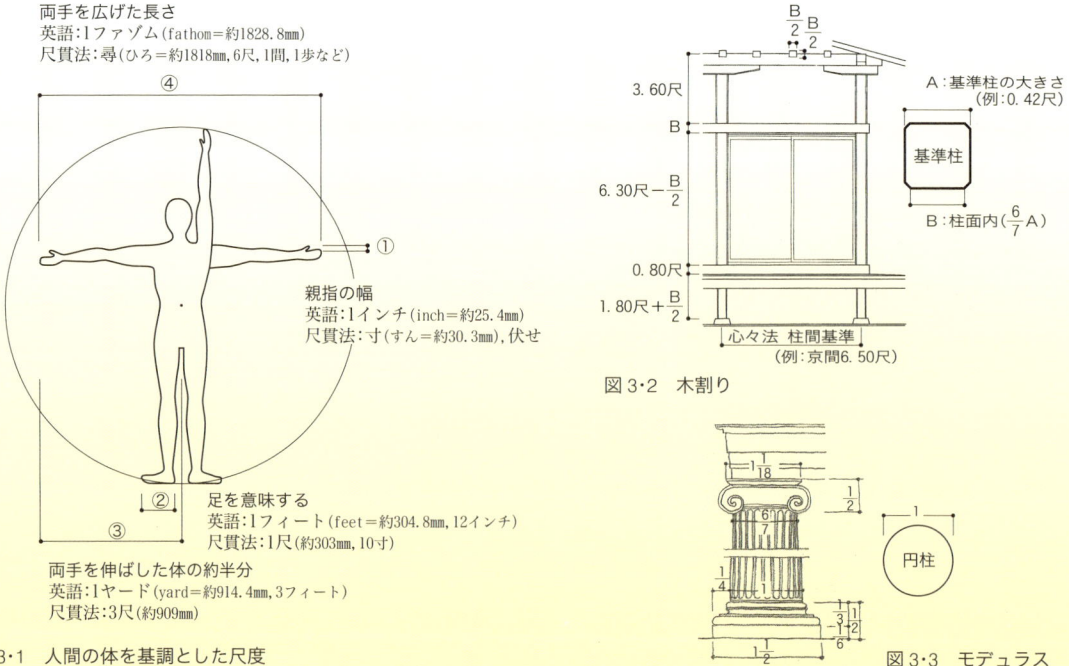

図3・1　人間の体を基調とした尺度

図3・2　木割り

図3・3　モデュラス

[*1]　日本古来の尺貫法における長さの単位．古くは，大尺，小尺，近世では曲尺（かねじゃく）・鯨尺・呉服尺などの長短があったが，明治以降には曲尺が採用され，1mの33分の10と定義されたが，1959年廃止施行により取引・証明に使用できなくなった．

いう．1829mmの人体寸法をもとに，人体各部を黄金比[*1]に分割してフィボナッチ数列を作り，美しいプロポーションの寸法系列を得た（図3・4）．彼の設計したラ・トゥーレット修道院の波動[*2]式の窓や室割り（図3・5）や，ロンシャンの教会の一見ランダムな窓は，このルールに基づいている．

3）モデュラー・コーディネーション（Modular Coordination：以下 MC）

建築生産において，モデュールを定め，躯体[*3]，仕上げ材，家具・設備が合理的に納まるようにする手法をMCという．MCの目的は，建築生産の合理化である．

◆a MCの寸法の測り方　構成材料や部品のどこをモデュール寸法で測るかを決めなければならない．部品の設計，製作，施工などの段階において，部品サイズを表示する呼び寸法，製作の目標となる製作寸法，実体寸法などがある．

◆b MCの寸法運用上の手段　建築図面の寸法運用上の手段には，図3・6に示すように，壁の中心線間で測る心々法，壁の仕上げ面で測る内法法などがある．

4）建築のモデュール

建築物のモデュールは，一般に910～1000mmの範囲で設定されている．

◆a 910mm（3尺）モデュール　人間の体を基準とした尺寸法から生まれた単位で，人の身長や両手を広げた大きさの約半分にあたる（図3・1）．これを柱間隔などに用いると，建築計画を合理的に進めることが可能で，住宅の設計に採用されることが多い．

◆b メーターモデュール　1mを基準とする建築寸法体系である．住宅の設計に用いると，図3・7に示すように，廊下，階段などの内法幅を広くでき，910mmモデュールと比較して，各部の空間に余裕が生まれる．

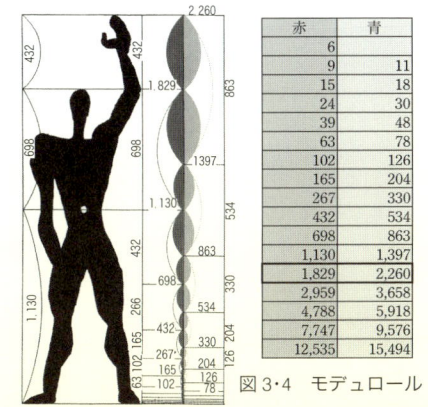

赤	青
6	
9	11
15	18
24	30
39	48
63	78
102	126
165	204
267	330
432	534
698	863
1,130	1,397
1,829	2,260
2,959	3,658
4,788	5,918
7,747	9,576
12,535	15,494

図3・4　モデュロール

図3・5　モデュロールを使った例／ラ・トゥーレット修道院（コルビュジエ，フランス・ラルブレール，1959）
A=1,829mm
B=2,260mm

(a) 心々法（中心から中心の距離）　柱，壁などの間隔を表す
(b) 外法（そとのり）法（外面から外面の距離）　家具などの外形寸法を表す
(c) 内法法（内面から内面の距離）　敷居から鴨居の高さなどを表す

図3・6　建築図面の寸法の運用の例

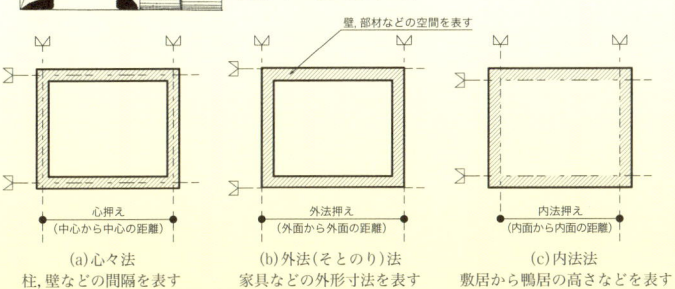

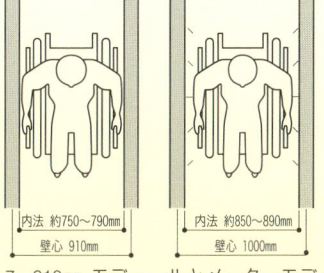

図3・7　910mmモデュールとメーターモデュールの廊下幅の比較
内法 約750～790mm　壁心 910mm
内法 約850～890mm　壁心 1000mm

*1　1対1.618の比をいい，古代ギリシアで発見されて以来，人間にとって最も安定し美しい比率とされた．1，2，3，5，8，13……と続くフィボナッチ数列は，隣合う2項の比が黄金比に近づく．
*2　水面などの波がうねるような動き．
*3　壁や床，梁など建物の構造を支える骨組みや構造体のこと．

2 寸法設計

建築物の各部は，人間が使いやすい寸法になっていることが必要である．この節では，ヒューマンスケール，バリアフリー，ユニバーサルデザインについて学ぶ．

1）ヒューマンスケール

ヒューマンスケール（human scale）とは人間の尺度のことである．人間の最小空間は，「立って半畳，寝て1畳」（図3・8）と言われるが，人間の日常生活に適合した空間，家具などをつくるためには，生活する状態・動作を理解し，それに適合した寸法を選定する必要がある．

◆a 人体寸法　　人体の寸法には個人差があり，また平均値も世界の各地で異なるが，地域的な人体の基本寸法は，おおむね共通している．図3・9に日本人の平均的な人体各部の高さ，立位と座位，両手の届く範囲と幅などを年齢別に示す．

◆b 動作寸法　　人体と手足の動く範囲を動作寸法といい，それに，ものの寸法やゆとりの寸法などを加えた，人間がある動作をするのに必要な空間を動作空間という（図3・10）．

一般に，建築の寸法は，成人の人体寸法と動作寸法などが基礎となり，建築空間の諸寸法や面積を決定する．しかし，すべての人に配慮するというユニバーサルデザインの考え方から，幼児や児童の寸法や身障者や老人の動きまで考慮する必要がある．

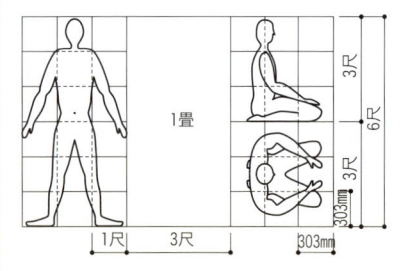

図3・8　ヒューマンスケール（mm，尺）

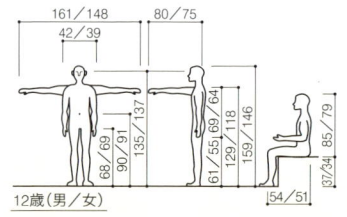

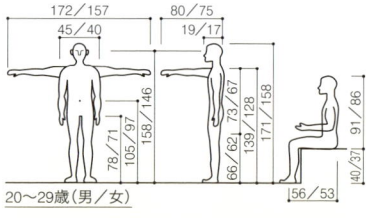

身長の平均年次推移（cm）

年齢（歳）	2001	2002	2003	2004	2005	平均値
12歳（男／女）	153.5	153.6	151.3	151.3	151.3	152.2
	152.6	150.4	152.0	151.4	152.0	151.7
20〜29歳（男／女）	171.5	171.1	171.0	171.8	171.0	171.3
	157.6	158.5	158.2	158.3	158.8	158.3
70歳〜（男／女）	159.5	160.1	159.7	160.9	161.0	160.2
	142.6	146.6	146.2	147.2	146.9	146.6

体重の平均年次推移（kg）

年齢（歳）	2001	2002	2003	2004	2005	平均値
12歳（男／女）	45.2	45.4	45.8	42.2	44.0	44.5
	45.9	42.0	43.3	42.3	42.3	43.2
20〜29歳（男／女）	65.8	65.8	64.7	66.5	65.8	65.7
	50.9	51.2	51.8	50.9	51.5	51.3
70歳〜（男／女）	57.6	59.0	57.6	59.3	60.3	58.8
	50.9	51.2	51.8	50.9	51.5	51.3

平成17年国民健康・栄養調査報告（厚生労働省）資料より作成

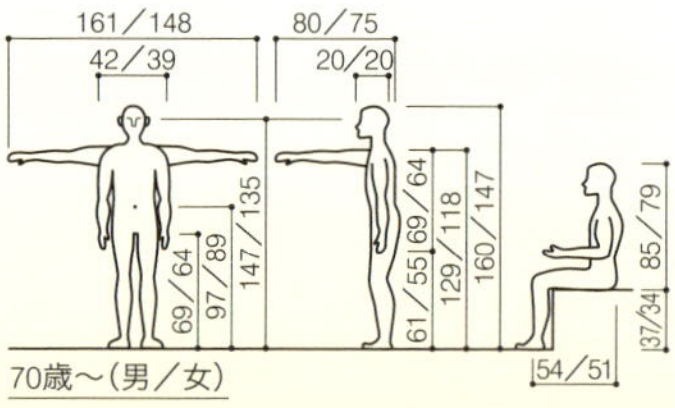

*図の12歳，20〜29歳，70歳〜の身長・体重は，2001年〜2005年の平均値を示す．
*図の12歳，20〜29歳，70歳〜の身体寸法は，『建築設計資料集成』（日本建築学会編，2003年）を参考としている．

図3・9　人体寸法（cm）

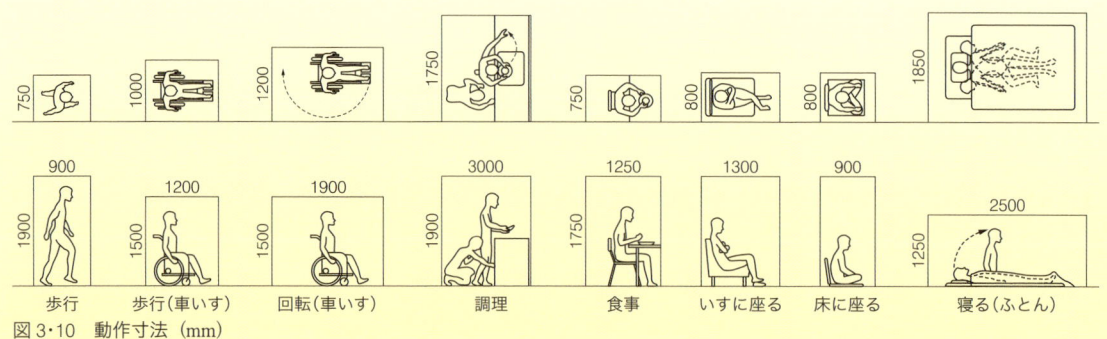

図3・10　動作寸法（mm）

2）バリアフリーとユニバーサルデザインの設計

　社会の高齢化を踏まえ，安全で快適に住める空間をつくることが重要な課題となる．特に，高齢者や障害者，子どもや妊娠中の人などを含む不特定多数者が利用する建築物は，誰でも使いやすく快適な空間にしなければならない．

◆aバリアフリー　　車いす使用者や高齢者の生活に不便な障害を取り除く考え方である．図3・11に示すように，通路上に2cm以上の段差がないことや，出入口幅や通路・廊下幅の有効寸法を80cm以上確保するなど，考慮する点は多岐にわたる．

◆bユニバーサルデザイン（以下，UD）　　1985年，米国のノースカロライナ州立大学のロナルド・メイスらが提唱した，すべての人にとって，できる限り利用可能であるように，製品，建物，環境をデザインすることであり，障害を取り除くバリアフリーを包含し，発展させた考え方をいう．

　①UDの7つの原則　　表3・1に示す公平性，柔軟性，単純性と直感性，安全性，認知性，効率性，快適性の7つの原則は，できるだけ多くの人々の要求に対応する機能を，できるだけうまく組み込んで理想的なデザインを目指す指針である．

　②建築物のUD　　図3・12に示す「みんなのトイレ」は，高齢者や障害者だけでなく，だれもが利用できる．また，図3・13に示す広島電鉄の廿日市市役所前（平良）駅は，段差のない構造でのバス停と鉄道駅の一体化により，異なる交通機関の間の乗り継ぎの円滑化を図っている．

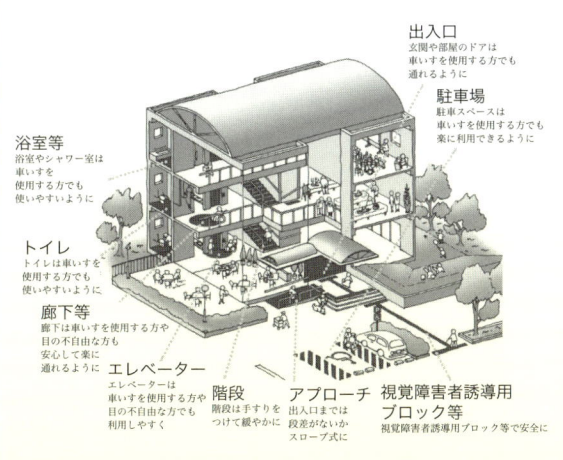

図3・11　バリアフリー化の例（出典：国土交通省住宅局「建築物におけるバリアフリー新法についてのパンフレット」）

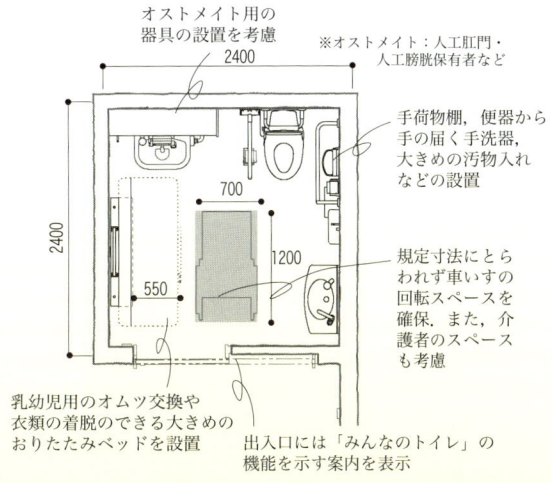

図3・12　「みんなのトイレ」の例（出典：東京都財務局「都立建築物のユニバーサルデザイン導入ガイド」）

表3・1　ユニバーサルデザインの7つの原則

1	公平性	誰にでも公平に利用できること
2	柔軟性	使う上で自由度が高いこと
3	単純性・直感性	使い方が簡単ですぐわかること
4	安全性	うっかりミスや危険につながらないデザインであること
5	認知性	必要な情報がすぐに理解できること
6	効率性	無理な姿勢をとることなく，少ない力でも楽に使用できること
7	快適性	アクセスしやすいスペースと大きさを確保すること

図3・13　ユニバーサルデザインの例／広島電鉄の廿日市市役所前（平良）駅（広島，2006，写真提供：広島電鉄）

3 物品の寸法

　建築物内の各室や屋外空間には，家具・電気製品・設備などの物品が配置される．各空間の利便性や快適性などの機能が十分に発揮できるようにするためには，物品の寸法を知ることが必要不可欠である．

1）屋内空間の物品

　屋内空間に配置される物品は，各室ごとに異なるので，スペース別に記述する．

◆a リビング，ダイニング　　リビングルームやダイニングルームで行われる休息や飲食などの行為に対応して，図3・14に示すようなソファ，テーブル，テレビ，本棚などさまざまな物品が配置される．これらは，家族の団らん・くつろぎやコミュニケーションには欠かせないものである．

◆b キッチン，サニタリー　　キッチンやサニタリー[*1]は，主に家事作業のための空間であるので，特に機能性が求められる．これらの機器や電気製品などは，人体寸法との関連が深い（図3・15）．

◆c 寝室，子ども室　　寝室や子ども室の個人的空間では，就寝，更衣，学習，収納などに必要な家具を配置する（図3・16）．

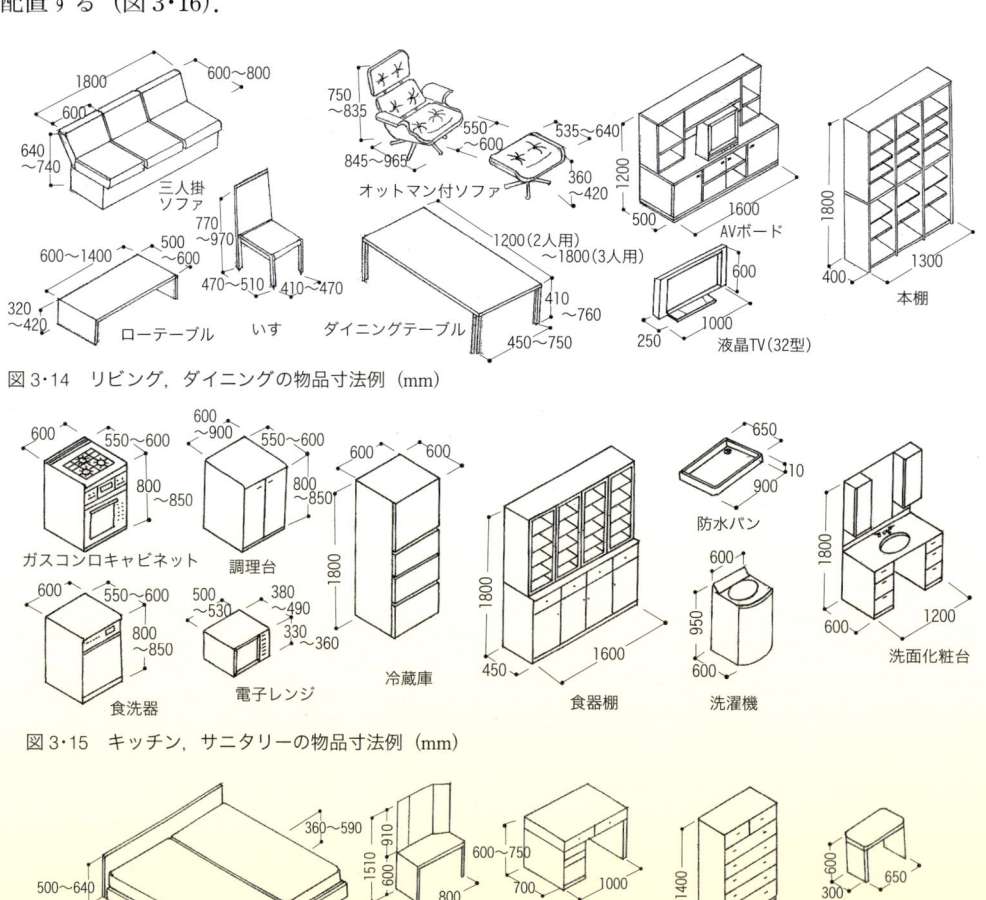

図3・14　リビング，ダイニングの物品寸法例（mm）

図3・15　キッチン，サニタリーの物品寸法例（mm）

	W	L
シングル	910～1000	1925～1975
セミダブル	1210～1250	〃
ダブル	1410～1450	〃
（マットレス JIS呼び寸法より）		

図3・16　寝室，子ども室の物品寸法例（mm）

[*1]「衛生的な」という意味で，浴室・トイレ・洗面所などの水廻りをさす．

2) 屋外空間の物品

屋外空間には，乗り物やガーデンファニチャーなどが置かれる．

◆ a 乗り物　　住宅内にガレージを計画する際，図3・17に示すような乗り物自体の寸法，乗り降りのスペースや周囲の余裕，シャッター，ドアの開閉なども考慮しておく．自転車とバイクの出し入れの幅は，それぞれ600mm，900mm以上必要である．

◆ b ガーデンファニチャー　　洗濯物の物干しやガーデニング，バーベキューなどに使用するガーデンファニチャーなどの寸法を図3・18に示す．

3) 物品の置き場所や搬入経路

各空間を設計する場合，物品の寸法および使用形態を考慮して，室の形状・大きさ，開口部の位置，コンセント，スイッチの位置などを決定する．また，大きな家具や荷物が出入りする可能性がある場合は，出入口や階段部分などの搬入経路の寸法にも注意が必要である．

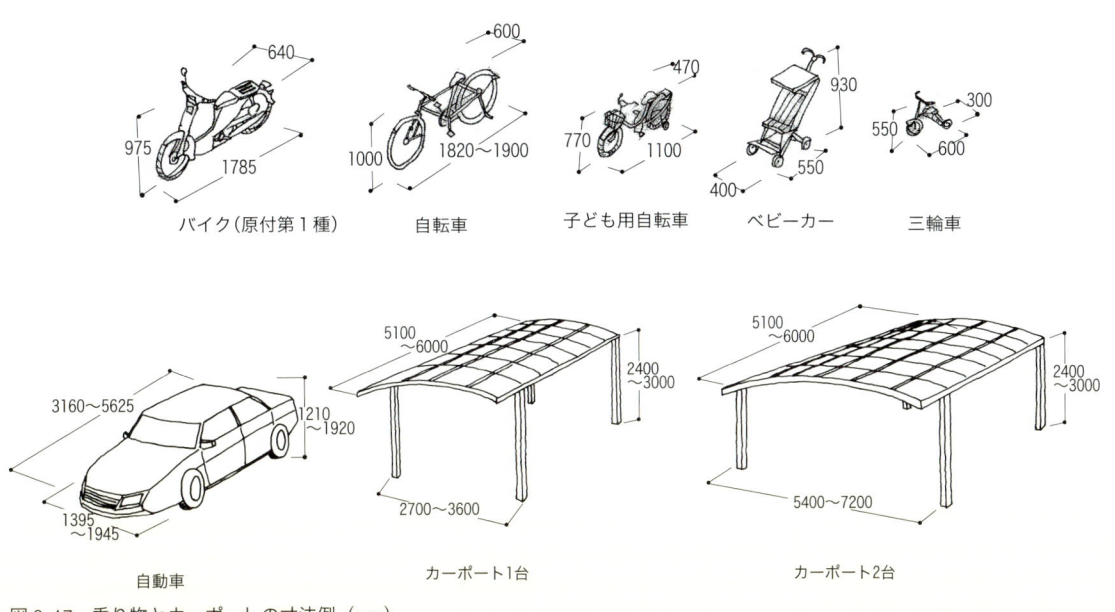

図3・17　乗り物とカーポートの寸法例（mm）

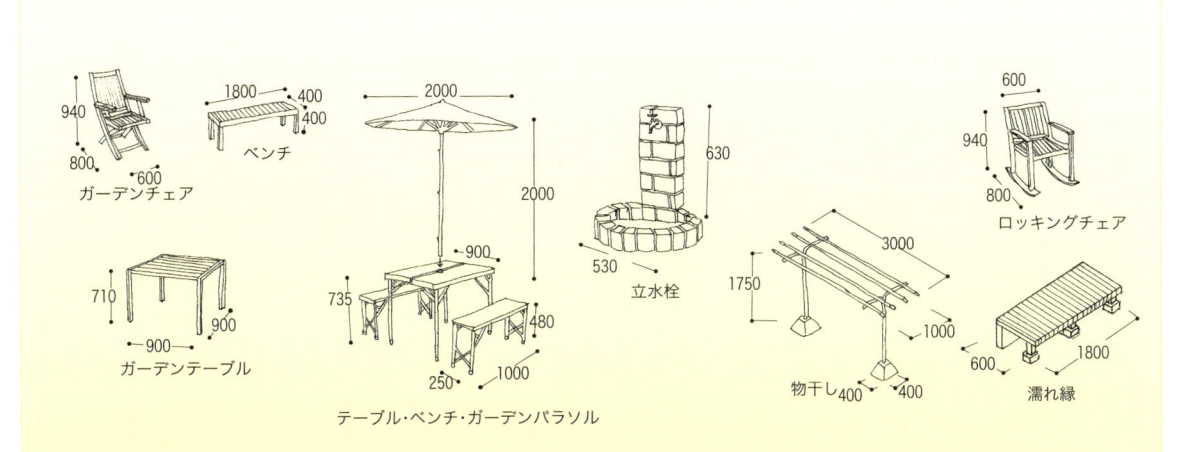

図3・18　ガーデンファニチャーなどの寸法例（mm）

3・2 規模の計画

規模を決定することは，建築計画の初期において，最も重要な作業の一つである．ここでいう規模とは，建築物全体や諸室の床面積，その内部に設ける施設・設備の数量などのことをいう．建築物や施設・設備の規模が大きすぎると使用されない部分が生じ，規模が小さすぎると利用者が収容できなかったり，長い待ち時間が生じたりする．

■1 利用規模の把握

不特定多数者が利用する施設を計画する場合，適切な規模を決定するためには，利用圏を把握し，そこから生じる利用人数とその変動を知らなければならない．

1）利用圏

施設を利用する人々の居住範囲を利用圏という．郵便局やコンビニエンスストアのような実利目的の施設の場合は，利用者が最短距離の施設を選択することが多く，利用圏は，図3・19（a）のようなボロノイ多角形[*1]となる．利用圏は，施設の特殊性が増すほど広域になり，交通条件によっても異なる．また，特殊な例として，公立学校や自治体のサービス施設のように，利用圏が行政的に区分されているものがある（図3・19（b），（c））．

2）利用人口

利用圏の人口密度により，利用人数の母数を知ることができる．ただし，人口の変動や施設を利用する年齢層の人口の変動についても十分に検討する必要がある．特に，大規模な住宅団地を含む地域の場合は，一般の既成住宅地と比べて，図3・20に示すように年齢構成の経年変化が大きくなる．

3）距離と利用率

一般に，施設利用率は，距離の増大によって指数的に減衰する（図3・21）．

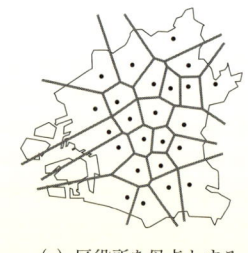

(a) 区役所を母点とするボロノイ多角形　　(b) 大阪市の区割りと区役所の位置　　(c) (a)と(b)の異なる地域を網掛けしたもの

図3・19　ボロノイ多角形と行政的区分

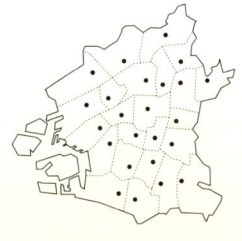

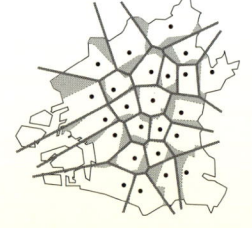

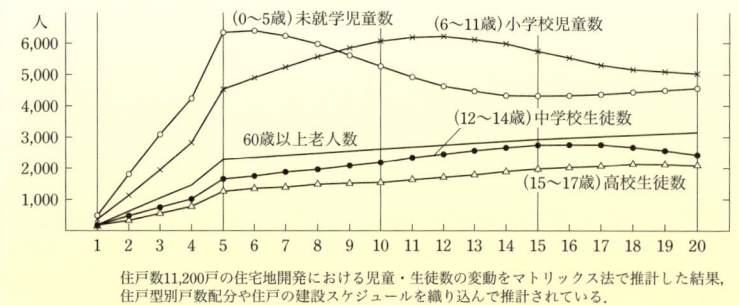

図3・20　児童・生徒数変動推計の例（東京・練馬／光ヶ丘団地）（出典：東京都立大学上野研究室「グランドハイツ跡地における人口推移調査」住宅・都市整備公団，1986）
住戸数11,200戸の住宅地開発における児童・生徒数の変動をマトリックス法で推計した結果，住戸型別戸数配分や住戸の建設スケジュールを織り込んで推計されている．

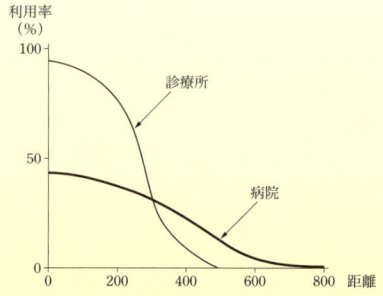

図3・21　距離と利用率（出典：建築計画教材研究会編著『建築計画を学ぶ』p.110，理工図書）

[*1] 同一距離空間上の他の点が，どの母点に近いかによって領域分けされた図のこと．

2 利用者数の把握

1）時系列的変動
施設の利用者数は，図3・22に示すように，一般に季節，週，時刻によって変動する．この変動のピークに対して施設規模を決定すれば，十分に利用者の要求を満足することができる．

2）利用者数の頻度
スーパーマーケットのレジ，駅の券売機，事務所の便所などの利用者数は，ポアソン分布によって表される．ポアソン分布は，平均利用者数がmのとき，利用者数がxとなる頻度を$f(x)$とすると，図3・23のように表される．

3 規模算定の方法

規模を算定する方法には，あふれ率法，待ち行列理論による方法，モンテカルロシミュレーション法などがある．

1）あふれ率法（α法）
施設利用がポアソン分布のとき，施設数の多寡に応じたあふれが生じ，待ちが発生する．平均利用者数，施設数，あふれ率の関係は，図3・24のようになる．あふれ率法では，一般に，あふれ率が0.01〜0.001となるように施設数を決定する．

2）待ち行列理論による方法
待ち行列理論による方法とは，平均利用者数，平均サービス時間，施設数などから，平均待ち行列長さや平均待ち時間を求め，これらが一定数値以下となるように施設数を決定する方法である．

3）モンテカルロシミュレーション法
モンテカルロシミュレーション法とは，利用者数やサービス時間が確率的に変動する場合，変動を乱数によって決め，待ち行列の状況をシミュレートする方法である．

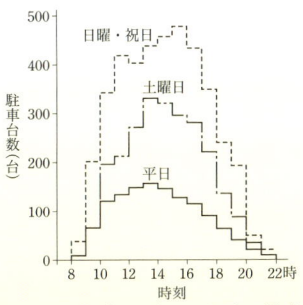

(a) ショッピングセンターにおける駐車台数の時刻変動
(出典:岡田光正『建築人間工学 空間デザインの原点』理工学社，1993)

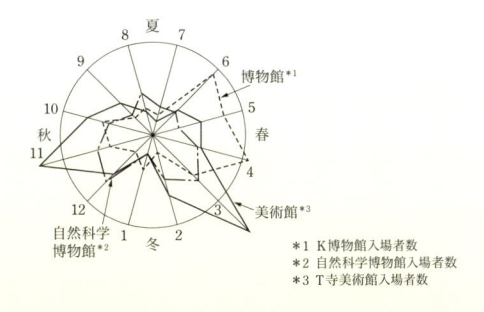

(b) 社会教育施設における季節変動 (出典:吉武泰水編・岡田光正著『建築計画12 施設規模』p.166, 丸善)

図3・22 利用者数の把握

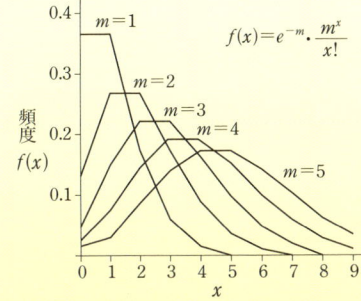

$$f(x)=e^{-m}\cdot\frac{m^x}{x!}$$

図3・23 ポアソン分布

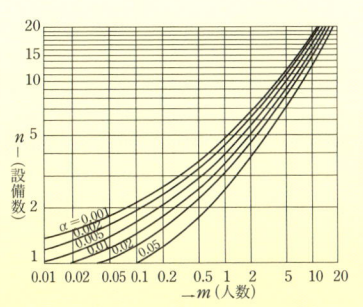

図3・24 施設数の設定とあふれ（損失）(出典:吉武泰水『建築計画の研究』鹿島出版会)

4 適切な施設・設備数

建築物の内部のいろいろな施設や設備の規模を，その建築物全体の規模に見合うように適正に決定することが重要である．ここでいう施設・設備とは，例えば事務所におけるトイレの便器・手洗器の個数やエレベーター(EV)の台数，病院外来の診察室数といったものを指す．建築物全体が円滑に機能していくためには，全体の規模だけでなく，その構成要素が適正な規模に計画されていなければならない．

1) 図表によるトイレの便器や手洗器の設備数の算定例

ここでは例として，オフィスにおけるトイレの便器や手洗器の設備数の算定方法をとりあげる．これらの設備は，利用者が不便を感じないような個数としなければならない．

図3・25は，トイレを同時に利用する人数（男女別）のその階の総人数に対する比を確率的に算出したもので，利用する人数に応じた必要な設備数を読みとることができる．

一般に，オフィスの大便器の個数は従業員15〜20人あたり1個を，小便器の個数は大便器の約1.3倍，手洗器数は大便器と同程度を目安とし，商業施設の店舗部分は特に人の出入りが多いので，個数を増やしておくようにする．

2) 輸送能力による EV 台数の算定

EV台数の計画においては，一般に，建築物の規模や性質からその利用者数や集中率などを推定し，必要とする輸送量や待ち時間を満足しコストが最小となるEV台数を設定する．

オフィスにおけるEV設備の規模は，朝の昇りラッシュ（ピーク）時において，上下の1往復時間

基準階のオフィス面積の床面積が1800m²の場合の，その階の便器，洗面器，手洗器の個数を，表を用いて算定しなさい．（ただし，1人あたりのオフィスの床面積を9m²，オフィスの男女比は1:1とし，外来者を男女とも10%割増しする．）

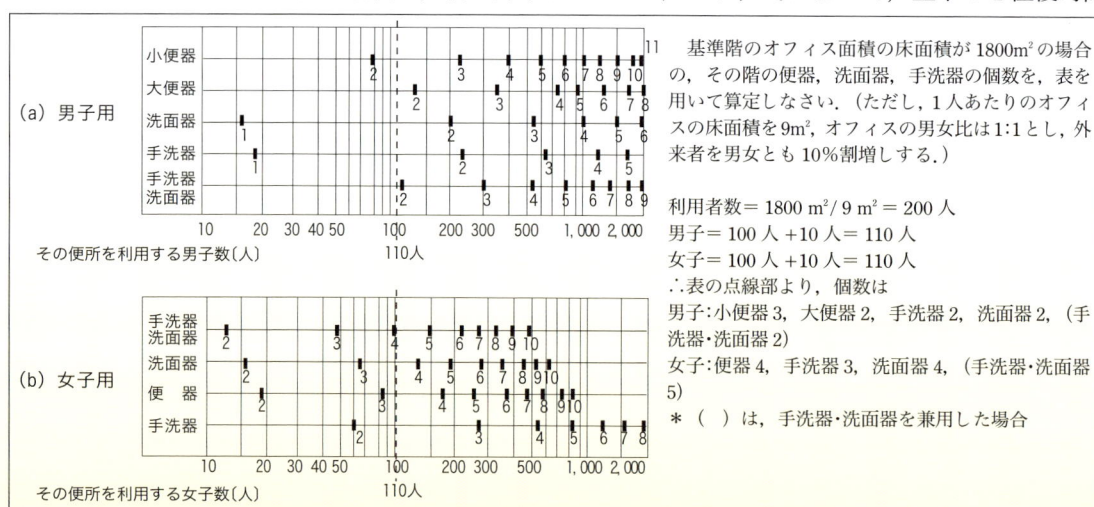

利用者数＝1800 m²/ 9 m²＝200人
男子＝100人＋10人＝110人
女子＝100人＋10人＝110人
∴表の点線部より，個数は
男子：小便器3，大便器2，手洗器2，洗面器2，（手洗器・洗面器2）
女子：便器4，手洗器3，洗面器4，（手洗器・洗面器5）
*（ ）は，手洗器・洗面器を兼用した場合

図3・25　便器・洗面器・手洗器の個数の算定例　(図の出典：『建築設計資料集成3』p.102 ⑯図, 1964)

地上10階建て，階高3.4m，有効面積1170m²/階のオフィスにおいて，定員20名，速度150 m/minのEV（2枚戸中央開き）を4台設ける場合，適否を検討しなさい．
（ただし，1人あたりオフィスの床面積を9m²，付加時間：$A = 80$s とする．）

利用者数：$P = 8 \times \dfrac{1170}{9} = 1040$ 人
（∵3階以上を利用階とすると，$10 - 2 = 8$)
乗車人数：$r = 20 \times 0.8 ≒ 16$人
停止階数：$n = 10 - 2 = 8$階
昇降行程：$S = 3.4 \times 9 = 30.6$m
速度：$V = \dfrac{150}{60} = 2.5$m/s

EV往復時間：$R = \dfrac{2S}{V} + A = \dfrac{2 \times 30.6}{2.5} + 80 = 104.48$s

さらに5分間の輸送力：$C = r \times \dfrac{300}{R}$

$= 16 \times \dfrac{300}{104.48} ≒ 45$人/台

∴5分間の輸送能力：$U =$（EV台数）$\times \dfrac{C}{P} \times 100\%$

$= 4 \times \dfrac{45}{1040} \times 100 ≒ 17.3\% > 15\%$

平均運転時間：$I = \dfrac{104.48}{4} = 26.12 < 30$s

したがって，このオフィスにおけるEVの設置台数は，適当である．

図3・26　EV台数の算定例

(1周時間)・5分間輸送力・平均運転時間を計算し，5分間の輸送力が利用者数の15％以上となり，平均運転時間が30秒以下となるように選択する．その計算例を図3・26に示す．

なお，実際の運用算定にあたっては，定格速度を上げたり，ピーク時には2階毎に停止させるなど，さまざまな検討を加えて，適切な台数が計画される．

3) モンテカルロシミュレーション法による診察室数の算定

モンテカルロシミュレーション法の例として，大規模病院外来部の診察室数の算定をとりあげる．シミュレーションのモデルをフローチャートで表すと図3・27（a）のようになる．

◆a 患者の到着　　患者の到着はポアソン分布とし，毎分について乱数を選んで，到着人数を決定する．平均到着数 $m = 1$ とすると，到着数の確率と乱数は図3・27（b）のようになる．

◆b 患者の診療時間　　所要の診察時間は，初診か再診かによって異なるので，乱数を選んで，各患者の属性を決める（初診患者の割合は，10〜20％程度である）．所要の診察時間は正規分布をなすものとし，各患者について乱数を選んで，所要時間を決める．

◆c 患者の動き　　患者は到着順に診察室に入り，診察時間だけ占有する．診察室がすべてふさがっている場合は，患者は待合室で待機する．

◆d 診察室数　　以上のシミュレーションを，毎分ごとに繰り返すことにより，病院外来部における患者の動きを予測することができる（図3・27（c））．これに基づいて，必要な診察室数を決定する．

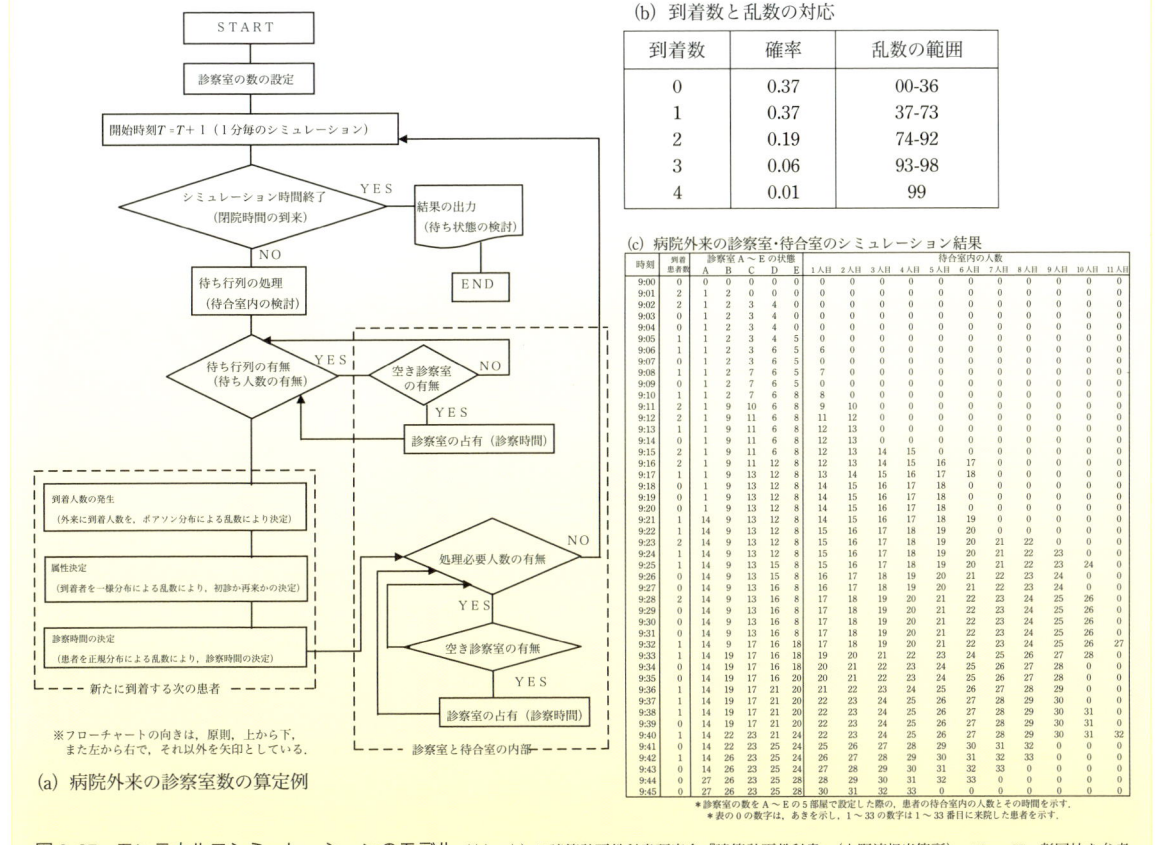

図3・27　モンテカルロシミュレーションのモデル（(a), (c)は建築計画教科書研究会『建築計画教科書』（上野淳担当箇所）p.76, p.77, 彰国社を参考に作成した．）

5 適切な面積・高さ

1) 面積原単位

床面積を決める第一段階として，利用要求を予測し，どれだけの使用人数を予定するべきか，物品ならばどれくらいの数量を収容すべきかを求める．この利用量に面積原単位を乗じることによって，必要な床面積を求めることができる．図3・28はさまざまな建築物について，面積原単位をまとめたものであり，基本計画段階でおよその目安を知ることができる．例えば，映画館や劇場の客席の所要面積は0.6m² 程度であり，学校の教室やレストランの所要面積は，1.2〜1.5m² となっている．面積原単位には幅があり，施設や目的によって判断する．

2) オフィスビルの寸法

オフィスビルの一般階（基準階(きじゅんかい)）は，オフィス空間を均一とするため，同じ階高(かいだか)とする．

◆ a 面積　　照明や空調，電話や情報端末，スプリンクラーなどの設備機器の配置により，図3・29のように3.0〜3.6m のモデュールを間仕切りの最小単位とし，計画全般の基準寸法としていく．

◆ b 高さ　　基準階階高は，天井高と天井のふところ及びOAフロアの高さで決定される．基準階のオフィスの天井高は2.5〜2.8m 程度，天井のふところは梁背(はりせい)や空調設備の配管上1.0〜1.2m 程度であり，階高は3.5〜4.0m 程度となる（図3・30）．

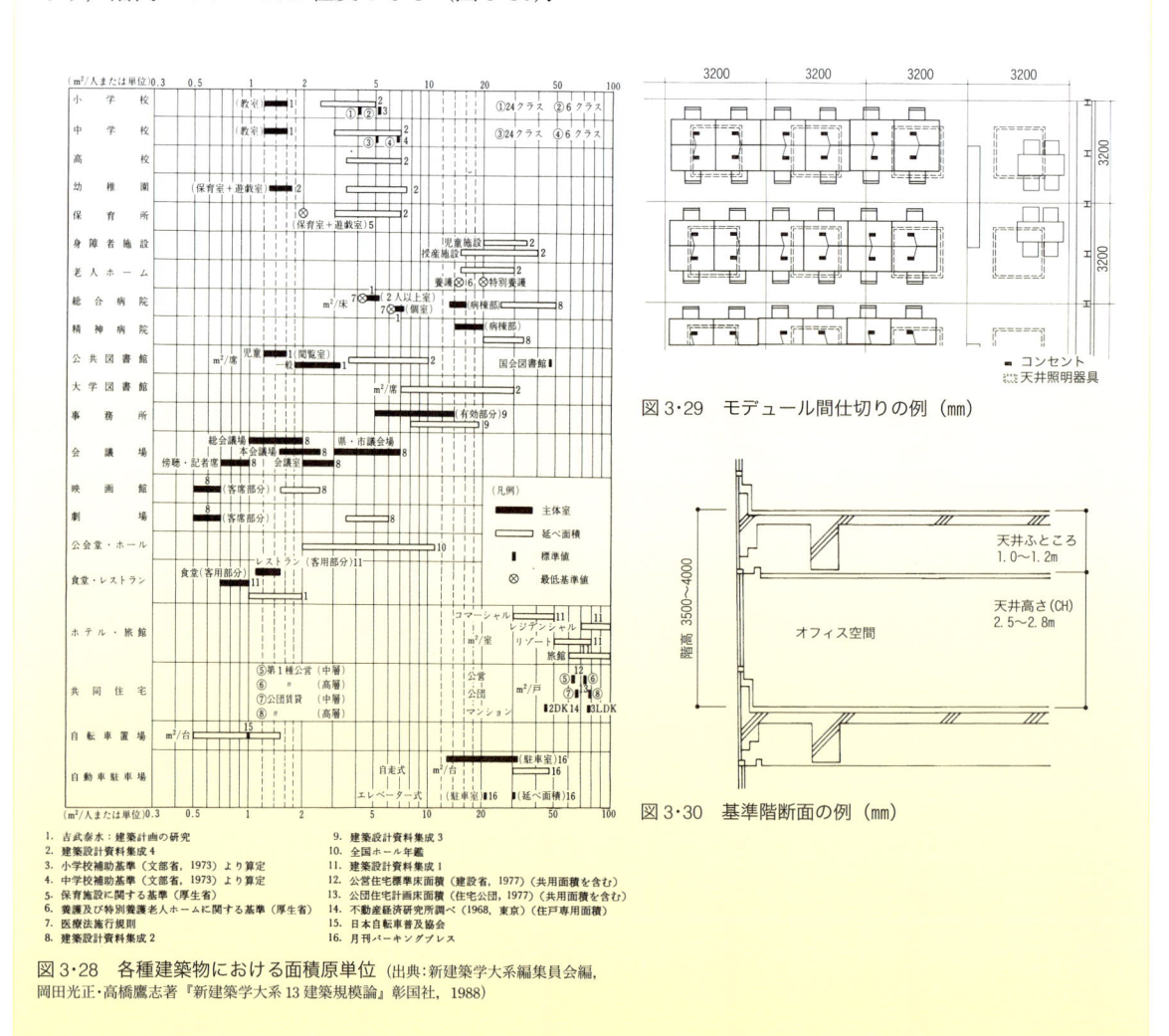

図3・28　各種建築物における面積原単位　（出典：新建築学大系編集委員会編，岡田光正・高橋鷹志著『新建築学大系13 建築規模論』彰国社，1988）

図3・29　モデュール間仕切りの例（mm）

図3・30　基準階断面の例（mm）

2）駐車場の広さ

駐車場は，都市の円滑な活動になくてはならない施設であり，大規模建築物には，駐車場法やそれに基づく地方自治体の条例により駐車場の設置が義務づけられている．

◆a 駐車方式と寸法　　駐車方式には，図3・31に示すように，直角駐車，斜め駐車（60°，45°），平行駐車がある．

◆b 車路の幅員と梁下の高さ　　駐車場法により，車路の幅員は一方通行で3.5m以上，両方向5.5m以上，駐車場内の梁下の最小の高さなどは，図3・32に示すように定められている．

3）スポーツ施設の広さ

スポーツ施設は，屋内と屋外とに分けられるが，ここでは屋内の体育室の一般的な広さと天井高（上方の障害物までの高さ）について記述する（図3・33）．

◆a 体育室の広さ　　バスケットボールの体育室の広さは，他の競技の所要面積を包括するので，通常，バスケットボールコートがとれる広さを基準としている．また，バレーボールは安全帯の寸法を広くとるので注意が必要である．

◆b 天井高　　競技種目と使用内容によって異なるが，必要な天井高はバレーボールが最も高く，12.5mである．

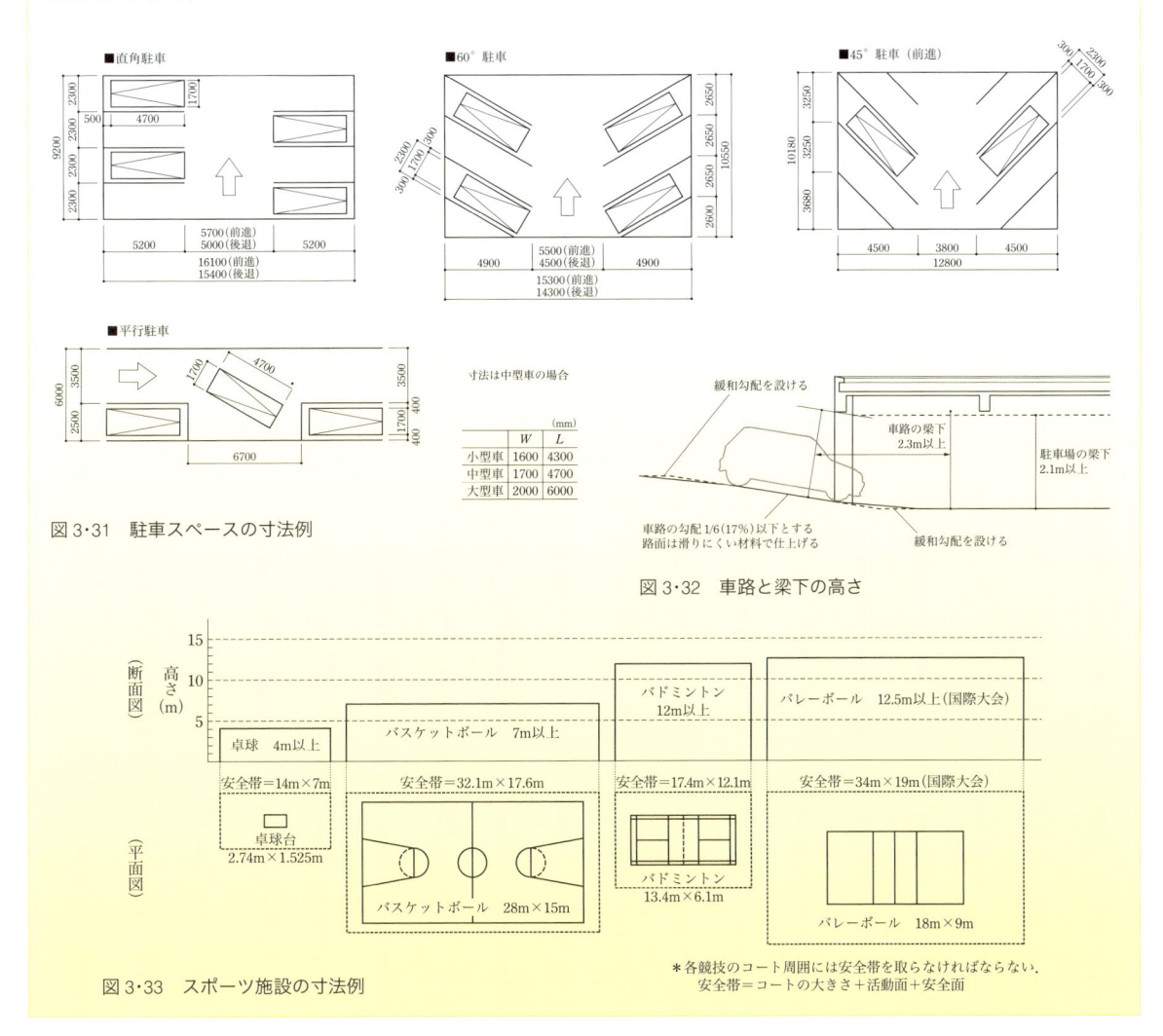

図3・31　駐車スペースの寸法例

図3・32　車路と梁下の高さ

図3・33　スポーツ施設の寸法例

＊各競技のコート周囲には安全帯を取らなければならない．
安全帯＝コートの大きさ＋活動面＋安全面

3・3 空間の計画

　建築物は，それぞれの用途に必要な機能をもった空間から構成されているが，これらの空間をどのように組み合わせ，配列するかによって，建築物の形態や機能性は大きく違ってくる．この節では，合理的で利便性の高い建築物を計画するために必要な手法や，検討すべき事項について学ぶ．

■ 分割と連結

　建築物の空間構成の手法は，それぞれの条件や目的を満たすために色々なものがあるが，その特徴から大別すれば「分割型」と「連結型」に分類できる．また，この手法の分類は概念的なものであり，実際の計画，設計ではお互いの手法を複合して用いることが多い．

1）分割の手法

　分割とは，床，壁，天井によってつくられた，ひとつの大きな空間を，図3・34に示すように，機能や単位空間に応じて細分化していく手法である．この分割の手法は，壁によって空間を間仕切って分割するだけではなく，図3・35に示す住宅のように，空間を平面形状の変化，床高の変化から分割したり，吹き抜けによってつなげられた2層の空間を，利用の異なりから分割することで，開放的な広がりのある空間とする方法もある．分割の手法は，集合住宅ではごく一般的に用いられるが，どうしても空間構成が画一的になりやすいので，吹抜けや，スキップフロア[*1]，メゾネット[*2]などを取り入れて，空間を立体的に分割し，変化をつける工夫も行われている（図3・36）．

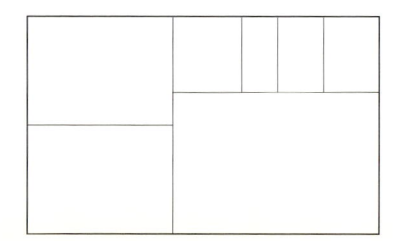

図3・34　分割の手法

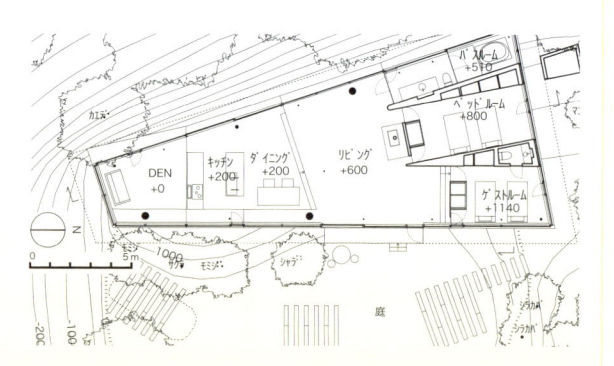

(a)　平面形状，床の高低差からの分割の例／鶴山荘（アトリエ・ワン，長野，2007）

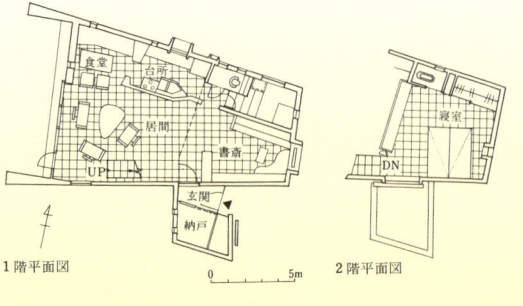

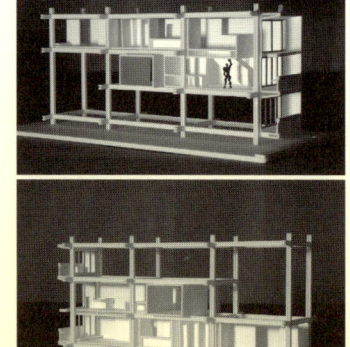

　左の写真は，集合住宅のひとつのユニットを示している．2層目の廊下を中心に互い違いに，メゾネット形式の住戸を組み合わせ，3層を2住戸に分割している．居間の部分の吹抜けによって空間に広がりを持たせている．

図3・36　3層を2住戸で構成するメゾネット形式の集合住宅／ユニテ・ダビタシオン（コルビュジエ，フランス・マルセイユ，1952，模型提供：重山徳浩）

(b)　利用の異なりから分割した例／ヴィラ・クウクウ（吉阪隆正＋U研究室，東京，1957，出典：『建築学大系28住宅の設計』彰国社，p.239）

図3・35　分割型の構成の例

＊1　連続する床に段差をつけることにより，均質な空間に変化を与える形式．
＊2　集合住宅で各住戸が2層以上で構成される形式．

2）連結の手法

　連結とは，機能をもった独立した単位空間を作り，これらを，廊下や階段などの交通空間によってつなげ，まとまりのある建築物に構成していく手法である（図3・37）．この連結の作業を行う際には，その空間の性質，敷地のもつ条件，動線などをうまくコントロールすることが重要である．その方法としては，連結部分に吹抜けや天窓，床にレベル差をつけるなどがあり，この演出とも呼べる手法によって，異なった機能をもった空間が，うまく融合して統一性をもち，かつ，変化に富む豊かな空間構成が生まれる．図3・38はこの演出の手法を用いた例であり，平面的には，独立した各室を直線的な廊下によってつないだ単純なものであるが，この敷地のもつ高低差を，連結する廊下や階段によって処理し，空間に動きを与えている．そして，そのところどころに，廊下に面した中庭を設け，連結の空間を内部と外部，双方をつなぐ広がりと変化に富んだ空間にしている．

　この連結の手法は，図3・39に示すように，美術館や病院，学校などによく用いられるが，平面的に凹凸の多いプランとなり，動線が長くなったり，コスト面で不利になるので注意が必要である．

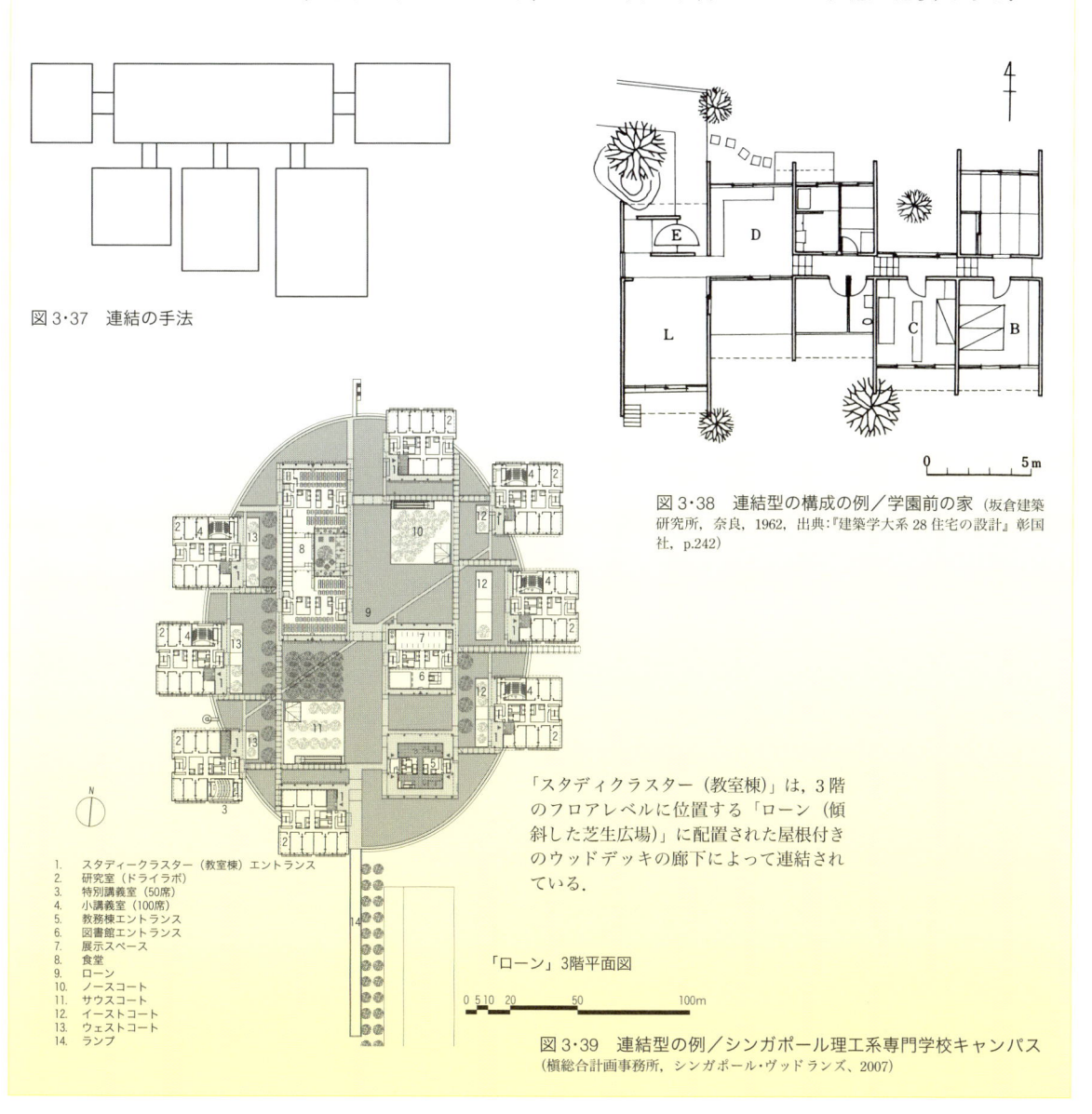

図3・37　連結の手法

図3・38　連結型の構成の例／学園前の家（坂倉建築研究所，奈良，1962，出典：『建築学大系28 住宅の設計』彰国社，p.242）

1. スタディークラスター（教室棟）エントランス
2. 研究室（ドライラボ）
3. 特別講義室（50席）
4. 小講義室（100席）
5. 教務棟エントランス
6. 図書館エントランス
7. 展示スペース
8. 食堂
9. ローン
10. ノースコート
11. サウスコート
12. イーストコート
13. ウェストコート
14. ランプ

「スタディクラスター（教室棟）」は，3階のフロアレベルに位置する「ローン（傾斜した芝生広場）」に配置された屋根付きのウッドデッキの廊下によって連結されている．

「ローン」3階平面図

図3・39　連結型の例／シンガポール理工系専門学校キャンパス（槇総合計画事務所，シンガポール・ヴッドランズ、2007）

❷ グルーピングとゾーニング

建築物を計画する際，必要とされる建築空間を合理的かつ，有機的なものにするためには，その機能・用途の違いから空間を集約し，分けるといった作業が必要になってくる．グルーピングやゾーニングは，それらを具体的に検討するための手法である．

1）グルーピング

グルーピングとは，表3・2に示すように，建築物を構成する単位空間をその諸室の性格・機能から分類し，計画においてまとまったグループとして処理していく方法をいう．

2）ゾーニング

ゾーニングとは，図3・40に示すように，建築空間をその性質や用途により区分し，それらが合理的につながるように，構成していく作業である．その区分には次のような種類がある．

①機能や用途によるゾーニング（図3・41）．
②敷地の大きさ，高低差などの敷地条件によるゾーニング（図3・42）．
③建築物の空間の形態によるゾーニング（図3・43）．
④空気調和など設備面の条件によるゾーニング（図3・44）．

表3・2　グルーピングの種類

区分	例
利用の主体	・小学校における低学年と高学年 ・病院における入院患者と外来患者 ・図書館における成人と児童
行われる行為や機能	・商業施設における扱い商品 　（食料品，衣料品，レストランなど） ・シティホテルにおける利用の形態 　（客室，宴会部門，店舗など）
利用の時間	・複合ビルにおける利用の時間帯 　（オフィスと飲食店など）

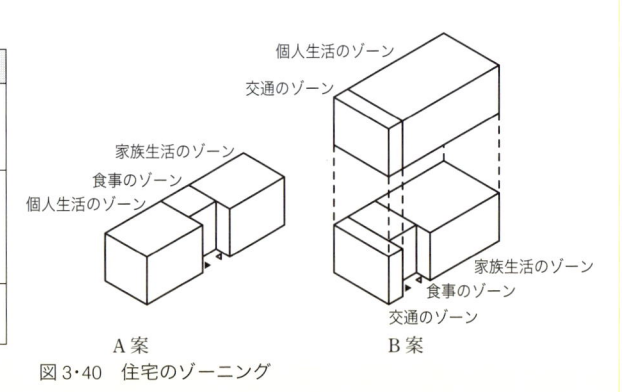

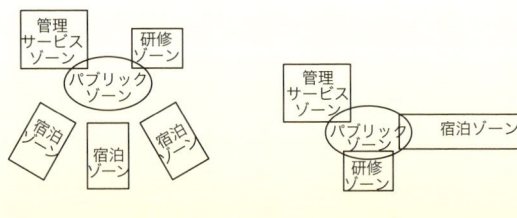

図3・40　住宅のゾーニング

図3・41　機能・用途によるゾーニング（野外センターの場合）

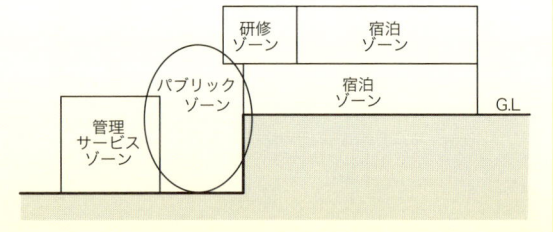

図3・42　敷地の条件によるゾーニング（野外センターの場合）

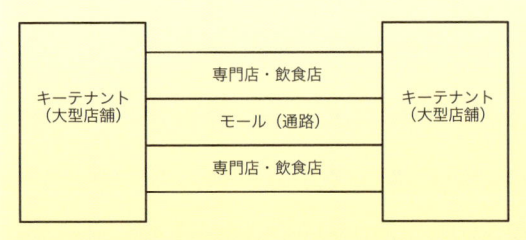

図3・43　空間の形態によるゾーニング（ショッピングセンターの場合）

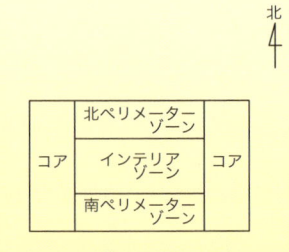

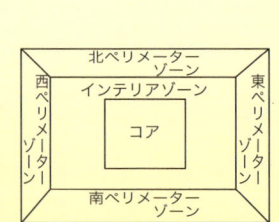

図3・44　空気調和設備によるゾーニング（オフィスビルの場合）

❸ グリッドプランニング

グリッドプランニングとは，モジュールにもとづく基準寸法から構成されたグリッド（格子）を設定し，それを目安に，空間の大きさ，つながりを把握しながらプランニングを進めて行く手法である．

1) 910mmをモジュールにしたグリッドプランニング

日本の在来構法では，古くから3尺＝半間＝910mmをモジュールとしたグリッドプランが使われてきた．柱の間隔は，原則としてその倍数の間隔で配置され，間柱やその他，微妙な空間の調整には，その1/2である455mmや，1/3の303mm，2/3の606mmの寸法も使用される（図3・45）．

2) 1mをモジュールにしたグリッドプランニング

鉄筋コンクリート構造や鋼構造などでは，図3・46に示すように，1m（1000mm）をモジュールとし，7m×7m程度の柱の間隔でグリッドプランを設定するのが一般的である．このモジュールは，構造的，経済的に無駄がなく，駐車場，設備機器の設置などからみても収まりのよい大きさである（図3・47）．

3) グリッドプランニングの種類

基本となる形は，正方形の直交型グリッドであるが，三角グリッドや，六角グリッドも使われることがある（図3・48）．

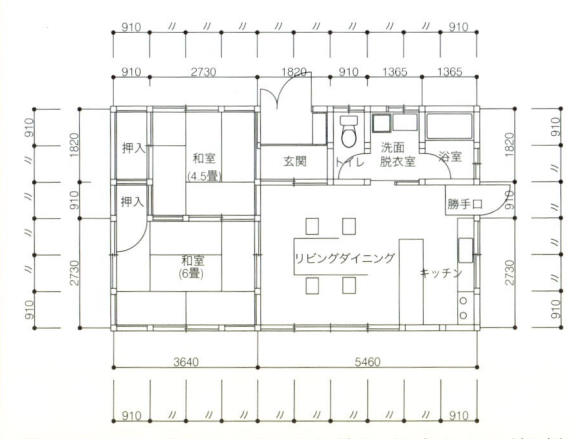

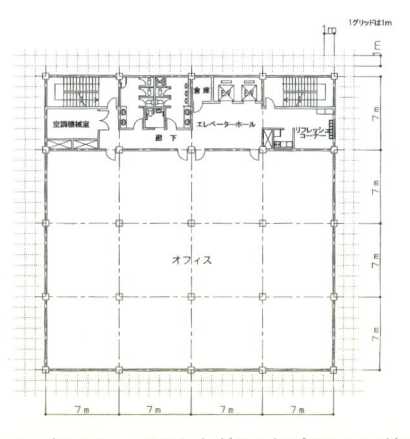

図3・45　910mmをモジュールにしたグリッドプランニングの例（住宅）

図3・46　1mをモジュールにしたグリッドプランニングの例（オフィスビル）

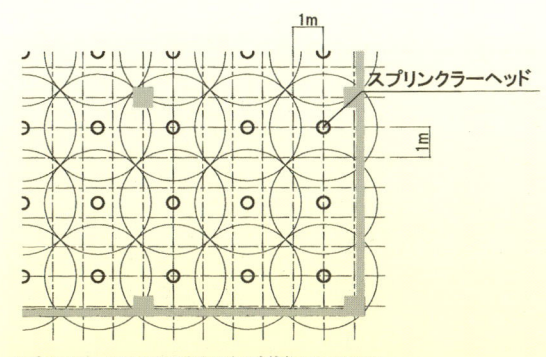

図3・47　スプリンクラーの配置例（メーターモジュールを採用）

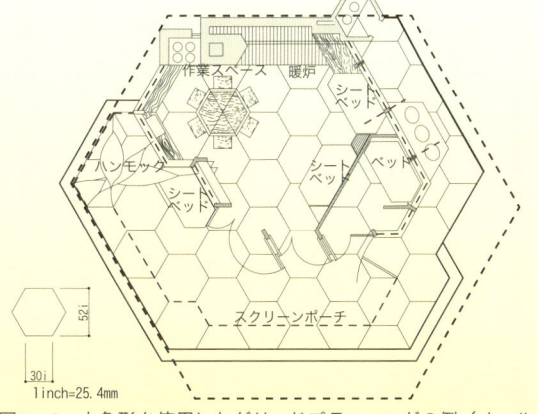

図3・48　六角形を使用したグリッドプランニングの例／オールドブラス・コテージ（ライト，アメリカ，1938）

4 動線の計画

 動線とは，建築空間において，人または，物の動きを線で表したものをいい，その目的や頻度，動きの距離などを考慮し，合理的に計画することを動線計画という．この節では，動線計画の原則やその検討の方法について学ぶ．

1) 動線計画の原則

 動線計画にあたって考慮する原則には，次のようなものがある（図3・49）．
 ①動線はできるだけ短く，単純明快にする．特に，頻度の高い動線は短く，直線的にする．
 ②人や物などの種類の異なる動線は，交錯しないようにする．
 ③人や物などの交通量を考慮し，集中するところは大きくゆとりをもたせる．
 ④避難のための，2方向の動線を確保する．

 ただし，空間の演出を優先した動線を計画する場合は，安全・防災上の事項を除き，この原則は絶対的なものではない．

2) 動線の検討

 動線計画を行う際，よりその分析・検討を明確にするため，図3・50に示すように，異なる動線や通行頻度を線種と太さであらわし，移動距離や方向を線の長さと矢印を使って平面図上に書き示していく，これを動線図という．この図の作成によって，図3・51に示すように，その建築物の平面計画から予想される具体的な動線上の問題点が明確になり，空間の利便性，安全性を高める再検討・調整を行うことができる．

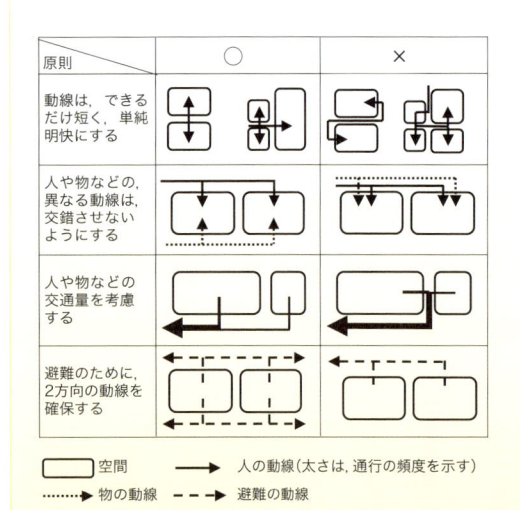

図3・49 動線計画の原則

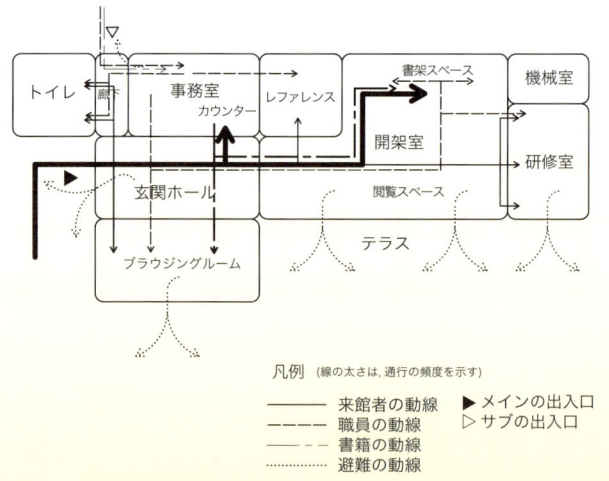

図3・50 図書館の動線計画の例

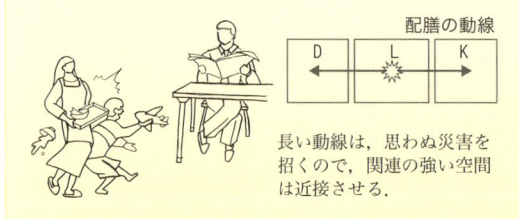

(a) 動線は短くする
(b) 異なる動線は交差させない

図3・51 動線図から予測される問題点 （イラスト：門脇裕之）

5 コアシステム

コアシステムとは，廊下，階段，エレベーターなどの交通空間，トイレ，洗面所などの設備空間を集約化し，建築物のコア（核）として集中的に配置する形式をいう．住宅をはじめ，さまざまな建築物に用いられるが，そのシステムの性質から，特にオフィスビルにおいてよく用いられる．

1) 住宅のコア

住宅におけるコアシステムは，トイレ，洗面室，浴室，キッチンなど水廻りの部分をコアとして集約する．図3・52はその代表的な例であり，特徴は次のとおりである．

① キッチン，浴室がコアとして中央に配置され，それが間仕切りの役目を果たす．
② 住居内の家事・衛生などの動線がコアに集まるので，居室は均質で自由な空間となっている．
③ 居室はすべて外部とオープンテラスに面して配置され，室内外の環境が一体化され，開放的空間を実現している．

2) オフィスビルのコア

オフィスビルにおけるコアシステムは，基準階において，共用空間を集約的に配置することにより，執務空間の融通性を高めることを目的としている．その利点は，レンタブル比[*1]を向上させ，耐震壁をコア部分にまとめて設けることにより，執務空間を広く開放的で，フレキシブルな空間とすることができ，採光も含めて執務環境を向上させ，外観のデザインが容易になることである（図3・53）．

コアシステムは，建築物の規模，敷地の形状などによって適したものが選ばれるが，その配置によって図3・54に示すようなタイプに分類される．

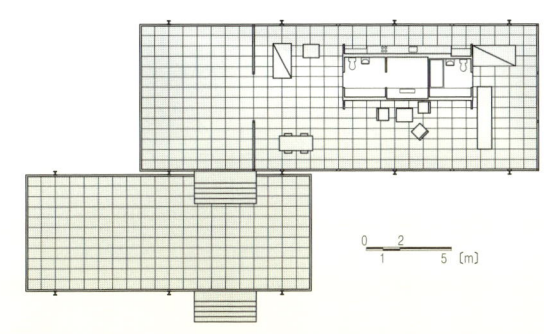

図3・52 住宅のコアの例／ファンズワース邸（ミース，アメリカ・シカゴ，1951）

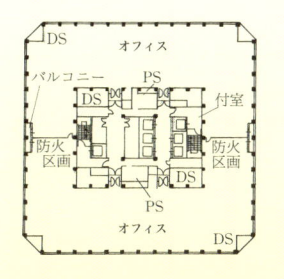

(a) センターコア 基準階平面図（図面提供：東畑建築事務所）
(b) 偏心コア 基準階平面図／海岸ビル（図面提供：竹中工務店） 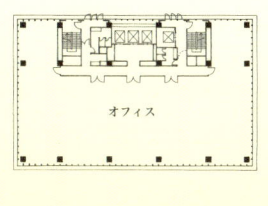

図3・53 コアシステムの実例（出典：『初めての建築計画』学芸出版社, p.107, p.133）

形式	概要	特徴
センターコア	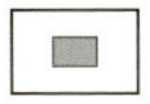 ・コアを平面の中央に配置する形式 ・高層用に適している	・床面積が大きい場合によく用いられる ・レンタブル比が高い ・建築物の偏心がなく構造計画上望ましい ・採光計画上有利である ・2方向避難の明快さに欠ける
オープンコア	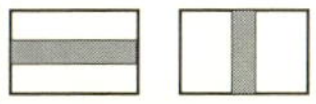 ・コアを平面の中央全体に配置した形式 ・高層用に適している	・オフィス部分をコアによって分解してしまうので，ある程度以上の基準階の広さが必要である ・建物の偏心がなく構造計画上望ましい ・2方向避難が明快である
偏心コア	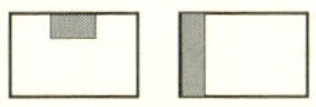 ・コアを平面の片方に寄せて配置した形式 ・低層・中層に適している	・床面積があまり大きくない場合によく用いられる ・建築物が偏心しているので高層用には適さず，構造計画上の対処が必要である ・2方向避難の明快さにかける
ダブルコア	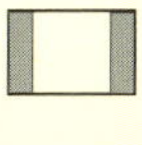 ・コアをオフィスの両側に配置した形式 ・中層・高層用に適している	・一つの大空間の確保ができるが，フロアを分割する場合廊下が必要となり，レンタブル比が下がるので，あまり広い基準階には適さない ・採光計画上有利である ・構造・設備計画上有利である ・2方向避難が明快である
分離コア	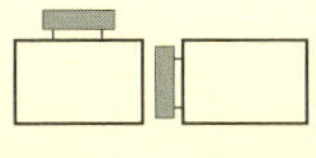 ・コアをオフィスから独立させて配置した形式 ・中層・高層用に適している	・オフィスの独立性に優れている ・コアを必要に応じた形で計画できる ・2方向避難がとりにくい

図3・54 コアシステムの種類と特徴（出典：『初めての建築計画』学芸出版社, p.107）

[*1] レンタブル比＝貸室面積の合計÷延べ床面積×100%，オフィスビルにおいてオフィス空間の面積効率の目安となる数値．

3・4 デザインの要素

■1 比例
比例は，建築美を生み出す大きな要素のひとつである．形態の部分と部分，または部分と全体との間に比例関係を与えることは，建築をデザインすることの基本である．

1) 比例の種類
比例には，整数比，ルート比，黄金比のほか，自然や人体の寸法に基づくものがある．

◆a 整数比　　1:2, 1:3, 1:4 のような整数の組合わせの比例．図3・55 のような直角三角形の整数比は無限にある．建材などには，3×6（尺），2×8（尺）などの整数比が用いられている．

◆b ルート比　　$1:\sqrt{2}, 1:\sqrt{3}, 1:\sqrt{5}$ などの組合わせの比例．図3・56 のように辺が1の正方形の対角線は$\sqrt{2}$となり，順次$\sqrt{3}$，$\sqrt{4}$，$\sqrt{5}$の対角線を求めることができる．

◆c 黄金比　　約 1:1.618 の比率を黄金比という（図3・57）．その神秘さや安定感などから，ギリシア時代から造形美を得るために，よく用いられてきた．

◆d フィボナッチ数列　　1, 2, 3, 5, 8, 13, 21, 34……のような連続した2項の和が次項の値になるという比例関係をいう．連続した2項の比は黄金比の1:1.618 に近づくところから，神秘性をもつと考えられてきた．

◆e 自然寸法　　自然界に存在するあらゆる生物に比例関係は存在する．図3・58 のような巻貝・樹木の枝の張り方，葉の葉脈の長さなどさまざまである．

◆f 人体寸法　　人体の寸法に比例関係がある．古代エジプト時代において，人体の各部分の寸法が単位の基準として使用され，レオナルド・ダ・ヴィンチは人体寸法を元に図3・59 のような比例図を作成した．

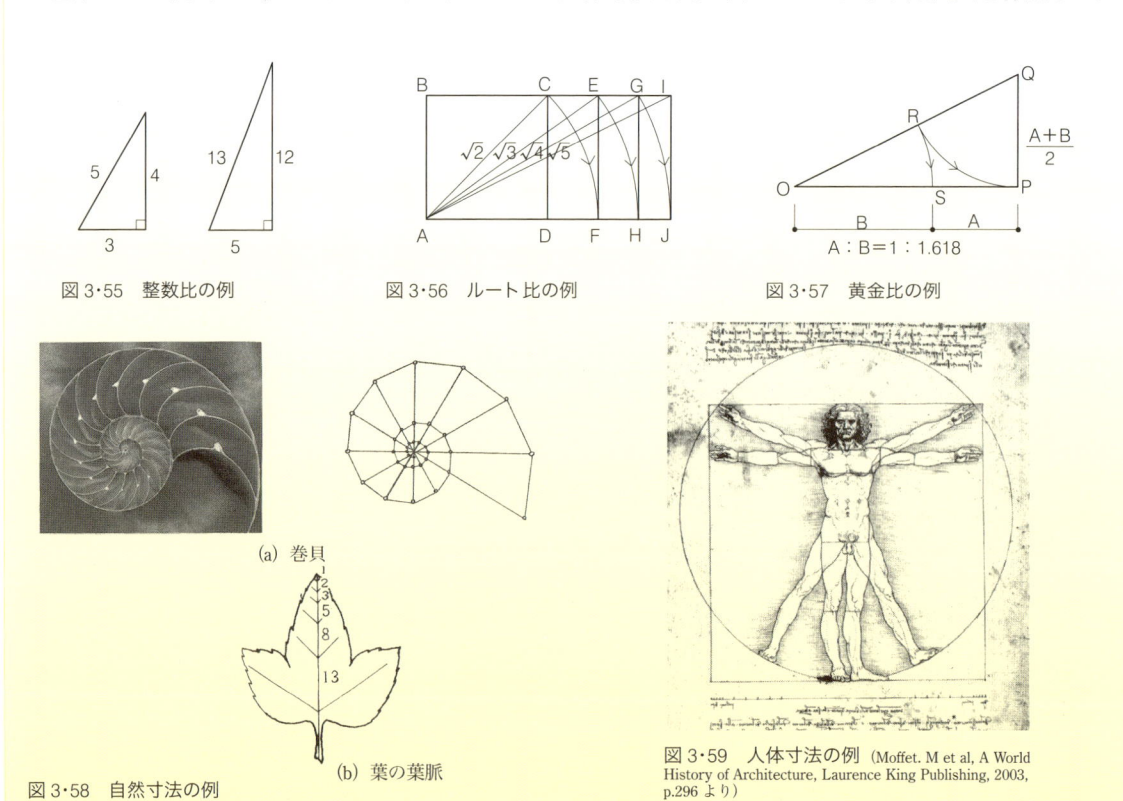

図3・55　整数比の例

図3・56　ルート比の例

図3・57　黄金比の例

図3・58　自然寸法の例
(a) 巻貝
(b) 葉の葉脈

図3・59　人体寸法の例 (Moffet. M et al, A World History of Architecture, Laurence King Publishing, 2003, p.296 より)

2）比例の応用

古代から用いられてきた比例の考え方を体系的にまとめ，その理論を建築物に応用したものを次に示す．

◆a 黄金矩形　　縦横の比が黄金比となる長方形を黄金矩形といい，視覚的に最も安定した長方形といわれる．黄金矩形を黄金比で分割すると正方形と黄金矩形になる．エジプトのピラミッドやギリシアのパルテノン神殿をはじめ，西洋のさまざまな建築物に用いられている（図3・60）．

◆b オーダー　　ギリシア建築における円柱とエンタブラチュアの比例関係を基とした構成原理をいう．ドリス式，イオニア式，コリント式などの種類がある（図3・61）．

◆c 木割り　　木造建築における柱，組物などの部材の大きさや割付をいう．時代ごとに図3・2（p.50参照）のように柱間，柱の太さを基準に各部の寸法を割り出す部材寸法の大系がつくられてきた．

◆d モデュロール　　コルビュジエによって提案された，空間デザインのための基準尺度．図3・4（p.51参照）のように人体寸法を基本にした，黄金比による等比数列で，赤と青の2つの数列があり，青が赤の2倍になっている．フランスのマルセイユに建てられた集合住宅のユニテ・ダビタシオンは，モデュロールをもとに設計されている．

◆e ルート矩形　　法隆寺の五重塔や金堂は，$1:\sqrt{2}$ の比率をもつ矩形によって構成されている．また，五重塔や金堂，それらを取り囲む回廊の縦，横の比率にも $1:\sqrt{2}$ の比率が用いられている（図3・62）．

図3・60　パルテノン神殿の例

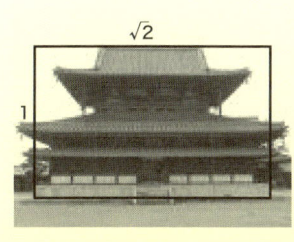

(a) 金堂　(b) 回廊

図3・62　法隆寺の例

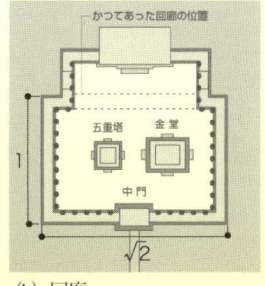

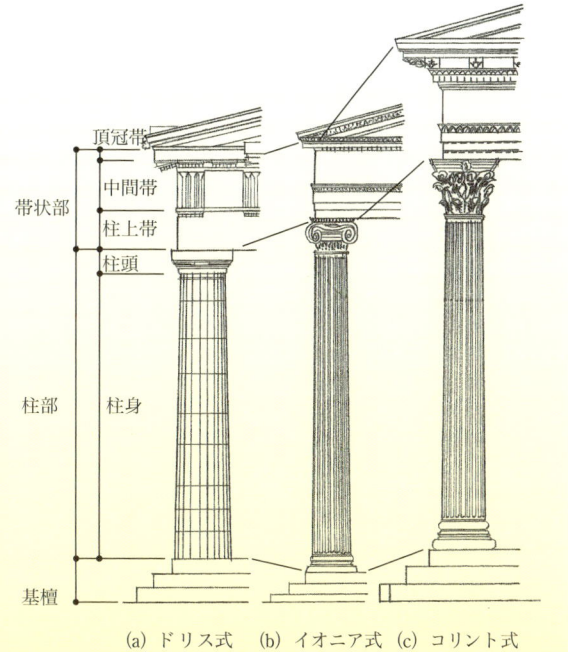

(a) ドリス式　(b) イオニア式　(c) コリント式

図3・61　オーダーの例

2 幾何学形態

建築の歴史において古くから，単純な幾何学形態が繰り返し用いられてきた．形態を創造するとき，平面形としての三角形，正方形，ある種の長方形，円形など，立体形としての立方体，四角錐，円錐，球体，ヴォールト，ドームなどの幾何学的な形状は，均整やリズムや象徴などを表現することができる．建築物の応用には，基本形態を単独に用いたものと，組み合わせたものがある．

1）平面形

平面形は平面・立面上の要素として用いられてきた．次に基本形態の特徴を示す．

◆a 三角形　　最も少ない辺の組み合わせで，単純であるが安定した形として建築物の平面形やファサードなどに用いられる（図3·63）．

◆b 正方形　　直角が視覚的に安定し，四辺が同じ長さのなで平面形の基本の形として，建築物のファサードや窓などの開口部に使用される（図3·64）．

◆c 長方形　　黄金矩形，ルート長方形などがある．視覚的に安定した形として，建築物の平面形やファサード，窓・出入口などの開口部に用いられている（図3·65）．

◆d 正多角形　　求心性が高く，安定した形として用いられる（図3·66）．

◆e 円形　　完全な形の代表として，絶対的なものや宇宙をあらわす場合に用いられる（図3·67）．

図3·63　三角形／中国銀行ビル（ペイ，中国・香港，1990）

図3·64　正方形／鹿島本社ビル（鹿島，東京，2007）

図3·65　長方形／サヴォア邸（コルビュジエ，フランス・ポワシー，1935）

図3·66　正多角形／グッゲンハイム美術館（ライト，アメリカ・ニューヨーク，1959）

図3·67　円形／インド経営大学（カーン，インド・アメダバード，1974）

2）立体形

　コルビュジエは建築物の初源的な形として，立方体，円錐，球体，円柱，角錐をあげている．それらは，明確であいまいさを持たないがゆえに，「最も美しい形」であるとも言っている．建築の歴史においても古くから，単純な幾何学形態が繰り返し用いられてきた．

◆a 正四角錐　　一辺230m，高さ147m，仰角52°のクフ王のピラミッド．各辺が正確に東西南北の方角を示している．砂漠の中にあってその存在を示す建造記念物としての形を有する．現代では，ルーブル美術館の中庭のペイ設計のガラスのピラミッドがある（図3・68）．

◆b 立方体　　立体図形で均整のとれた完全な形として立方体が存在する．毛綱毅曠の反住器は，立方体の入れ子で構成された住宅である（図3・69）．

◆c 円筒　　ローマのパンテオン神殿は円堂形式の建築物で，壮大で独創的なモニュメントである（3章扉参照）．現代では，アスプルンドが設計した書棚に囲まれた円筒形の吹抜け空間を中央部にもつストックホルム図書館がある（図3・70）．

◆d 球体　　フランス革命前後に計画されたニュートン記念館は，直径135メートルの巨大な球形のシンボリックな建築．当時としては現実化しうる案ではなかったが，鮮烈なイメージとしてニュートンという物理学者を象徴している（図3・71）．

◆e 直方体　　磯崎新の設計した北九州市立美術館は「丘の上の双眼鏡」と呼ばれ，来館者に驚きと期待を与える，直方体の完結した形態である（図3・72）．

◆f 幾何学形態の複合　　幾何学形態を組み合せデザインする方法である．高松伸の境港フェリーターミナルや仁摩サンドミュージアムなどの建築物がある（図3・73）．

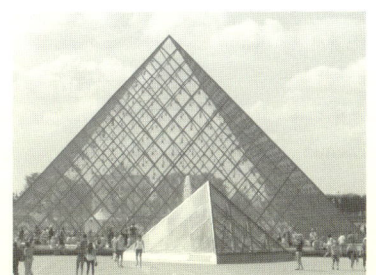

図3・68　正四角錐／ガラスのピラミッド
（ペイ，フランス・パリ，1989）

図3・69　立方体／反住器（毛綱毅曠，北海道，1992）

図3・70　円筒形／ストックホルム図書館
（アスプルンド，スウェーデン・ストックホルム，1928，写真提供・末包伸吾）

図3・71　球体／ニュートン記念堂計画案
（ブレ，フランス，1784）

図3・72　直方体／北九州市立美術館（磯崎新，福岡，1974）

図3・73　幾何学形態の複合／境港フェリーターミナル（高松伸，島根，1995）

3 対称と非対称

対称性は，古代より極めて重要な形態構成のひとつである．対称とは，1つの軸線または基準点について相対する形態が同一となるもので，宗教建築や記念建造物などの形態構成に多用されている．

1）対称の種類

この形態構成は，統一的で単純な秩序立てが容易で，安定感を感じさせたり，静的な印象を与えることができる．

◆a 線対称　対称軸と呼ばれる直線を境に図形を2つの部分に分け，一方を折り返すともう一方に重なる性質のことである．左右対称となるので多用されている（図3・74）．

◆b 点対称　1つの点を中心に，一定の角度で回転したときに，元の図形に重なる性質のことであり，放射対称ともいう．点対称の点は，重心と重なる（図3・75）．

◆c 面対称　1つの空間図形を，1つの平面で切ったとき，この図形上の向かいあっている2点を結ぶ線分が，どれもその平面によって垂直に二等分されるならば，このような空間図形は，その平面について面対称であるといい，この面を対称面という（図3・76）．

2）非対称

非対称（アシンメトリー）は，異なる複数の形態を自由な方向に配置する構成方法で，変化に富んだ動的な構成美を生み出す．均衡に配慮しなければ，安定感を損なうことになる．

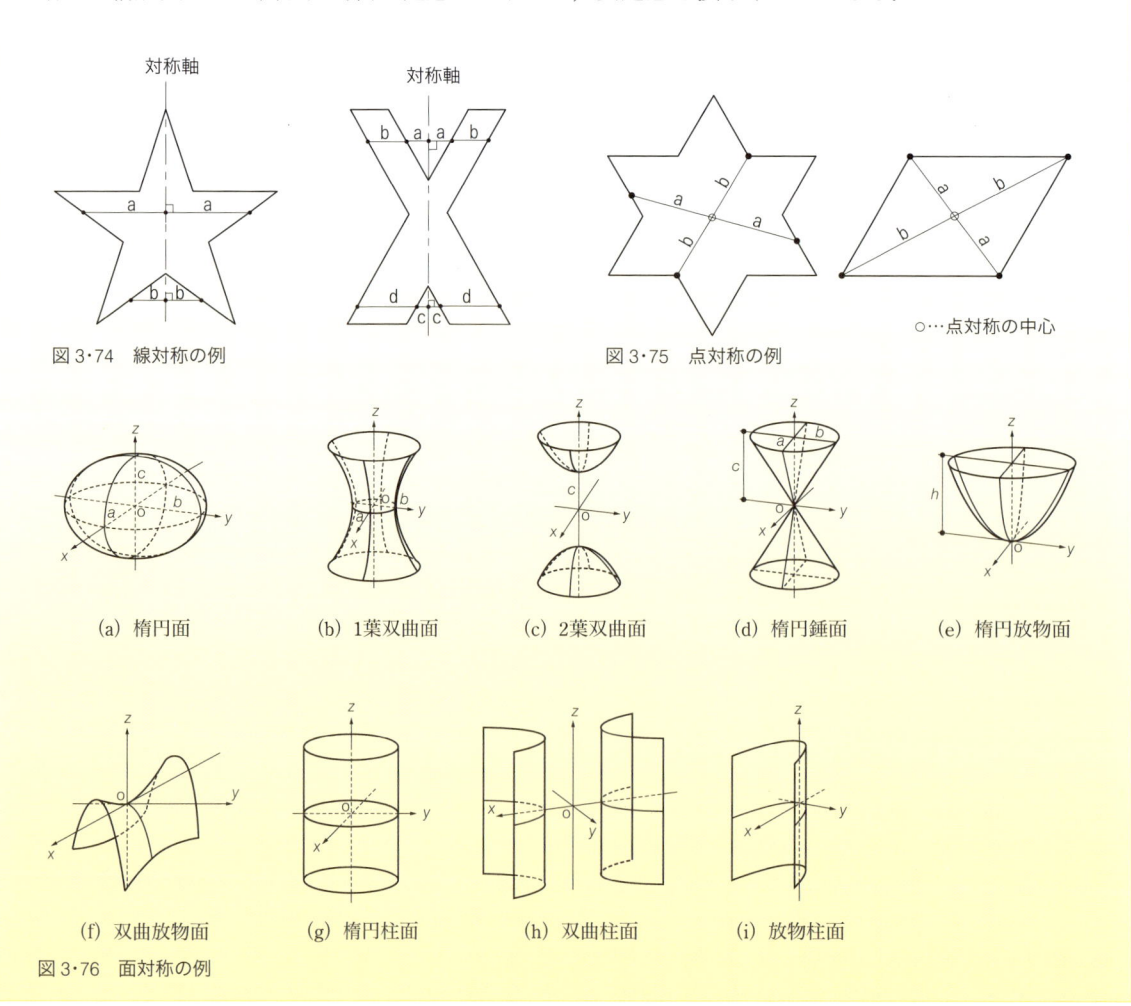

図3・74　線対称の例

図3・75　点対称の例
○…点対称の中心

(a) 楕円面
(b) 1葉双曲面
(c) 2葉双曲面
(d) 楕円錘面
(e) 楕円放物面

(f) 双曲放物面
(g) 楕円柱面
(h) 双曲柱面
(i) 放物柱面

図3・76　面対称の例

3）対称・非対称の応用

　古代より人間は，建築物や美術品に安定感や重厚感，さらには躍動感や動的な印象を与えるために，対称・非対称の考え方を用いてきた．次にその例を示す．

◆a パルテノン神殿　　古代ギリシアの神殿は，パルテノン神殿を代表として，広大な敷地の中に建てられることが多く，その構成を秩序づけるために左右対称とされることが多い（図3・77）．

◆b サンピエトロ大聖堂　　キリスト教の大本山であるサンピエトロ大聖堂は，教会堂とともにそれをつなぐ台形広場と楕円形広場についても左右対称である（図3・78）．

◆c ポートランドビル　　グレイブスが設計したポートランドビルは，伝統的な左右対称を復活させるという，ポストモダンの考え方が顕著に表現されている（図3・79）．

◆d パリの街区　　凱旋門を中心として放射状に延びる点対称プランで構成されている（図3・80）．

◆e ピラミッド　　クフ王のピラミッドは，底辺が各辺230m，高さ146mの正四角錐で，頂点から鉛直方向に対称面を通る面対称の形状をもつエジプト中期のモニュメントである（図3・81）．

◆f ロンシャンの教会　　コルビュジエが設計したロンシャンの教会は，彫塑的な固まりをイメージした非対称の建築物である（図3・82）．

図3・77　パルテノン神殿（ギリシア・アテネ，AD432）

図3・78　サンピエトロ大聖堂（バチカン市国，1667）

図3・79　ポートランドビル（グレイブス，アメリカ・ポートランド，1980，出典：Karen V. Wheeler, et. Al. ed., Michael Graves Buildings and Projects 1966-1981, Rizzoli, 1982, p.195）

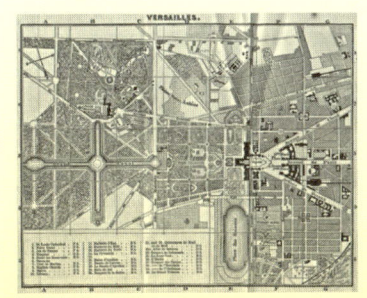

図3・80　パリの街区

図3・81　ピラミッド／クフ王のピラミッド（エジプト・ギゼ，BC2520）

図3・82　ロンシャンの教会（コルビュジエ，フランス・ロンシャン，1954）

4 知覚

人間の知覚には，視覚，聴覚，嗅覚，触覚，味覚に代表される五感や，平衡感覚，温度感覚などがある．人間は，これらによる多くの情報を総合的に判断して形態を認識し，空間をとらえている．

1）形態知覚

人間が，形態を知覚する上で，視覚は大きな働きをしている．

◆a 図と地　　目に見えるものは，明瞭に形が認識される部分（図：figure）と背景に沈んだ部分（地：ground）との組み合わせで構成されることが多い．一般に図となる部分は，引き締まった印象を与え，浮き出してくるように見える．反対に地となる部分は形がはっきり認識されない（図3・83）．

◆b 奥行きと立体感　　建築物においては，壁と床，壁と天井，間口と奥行といった相対的な部分の組み合わせが重要となるので，空間構成は立体的に考える必要がある（図3・84）．

◆c テクスチュア（材質感）　　建築物を構成する材料の表面上の感触を，視覚的な感覚でとらえた「ざらざら」「ごつごつ」といった材質感をいう．ファサード[*1]やインテリアの表情を決める大切な要素であり，材料の質感を設計に生かすと，変化にとんだ壁面を作ることができる（図3・85）．

図3・83　図と地の例

図3・84　奥行きと立体感／東京フォーラム（ヴィニオリ，東京，1997）

図3・85　テクスチュア／夏の家（アアルト，フィンランド・ヘルシンキ，1954）

[*1] 建築物の正面，またはそのデザインのこと．

2）空間の知覚

人間は，次に示すようなさまざまな空間要素をとらえ，空間を認識している．

◆ a リズム　　形態の部分と部分の間に，視覚的に強い力と弱い力が規則的に連続するときに見られる．リズムには，反復，グラデーション，アクセントなどがある（図3・86）．

◆ b 緊張　　形や色・量の間にある視覚的な緊張感を構成する手法で，サスペンション構造[*1]は緊張をあらわした例である（図3・87）．

◆ c 陰影　　立体は，光と陰影のコントラストによって強調されて知覚される．光と陰影は，建築物をより立体的に表現することができ，また建築物に深みを与える（図3・88）．

◆ d ヴィスタ　　一般に，見通しや眺望のことをいう．ヴィスタの消点[*2]の位置には彫刻や噴水や記念建造物などを置き，そこに視線を集中させ，遠近感を強調する（図3・89）．

◆ e ランドマークとアイストップ　　ランドマークは，特定の地点を象徴するシンボルであり，見る人にとっては，空間を知覚する手がかりとなる（図3・90）．アイストップは，視線をひきつけるような際立ったもののことをいう．

◆ f 錯視　　人間の目は，先入観によって，物の形や色を実際と異なって認識する場合がある．この性質を利用して，遠近感や形態知覚に影響を与えるデザインを行うことができる．サーリネンの設計したゲートウェイアーチの横幅と高さは等しいが，高さの方が横幅より大きく見える（図3・91）．

図3・86　リズム／アクバルタワー（ヌーヴェル，スペイン・バルセロナ，2004）

図3・87　緊張／熊本北警察署（篠原一男，熊本，1980）

図3・88　陰影／最高裁判所（コルビュジエ，インド・チャンディガール，1960）

図3・89　ヴィスタ／ヴェルサイユ宮殿（フランス・ヴェルサイユ，1789）

図3・90　ランドマーク／エッフェル塔（エッフェル，フランス・パリ，1889）

図3・91　錯視／ゲートウェイアーチ（サーリネン，アメリカ・セントルイス，1965）

*1　片持ち梁構造のこと．
*2　すべての奥行の線が一ヶ所に集まるように見える点のこと．

5 色彩

建築物の色は，芸術性や利用者の快適性だけでなく，機能性や安全性などの面を考慮し，建築物の用途・目的・場所などによって使い分けなければならない．さらに，インテリアや周辺環境と合わせるなど，全体に調和のとれた美しさが求められる．

1）色の基本

色をあらわす体系を表色系という．一般的には図3・92のようなマンセル表色系が用いられ，日本工業規格[*1]に採用されている．マンセル表色系では，色を色相・明度・彩度で表す（図3・93）．

- ◆a 色相（Hue）　　赤・青・黄などの色味・色合いを表し，無彩色と有彩色に分けられる．
- ◆b 明度（Value）　　色の明るさの度合いをいう．
- ◆c 彩度（Chroma）　　色味の強さの度合いをいう．

2）色彩効果

色は，使い方によって見る人に寒暖や軽重，調和や強調などの感情を起こさせる．これを応用すれば，すぐれた色彩効果を発揮できる．

- ◆a 暖色と寒色　　色には，それを見たとき暖かい感情を与えられる暖色と涼しい感情を与えられる寒色とがある．中間の色は，中性色という．
- ◆b 膨張色と収縮色　　色によっては，見かけの大きさが実際の大きさと異なって見える色がある．大きく見える色を膨張色といい，小さく見える色を収縮色という．明度，彩度とも高いほど膨張して見える．
- ◆c 色相対比　　隣接する色の補色[*2]となる色相にて近づいて見える現象のこと．
- ◆d 明度対比　　隣接する色との明度差が大きくなるように見える現象のこと（図3・94）．
- ◆e 彩度対比　　隣接する色の彩度より離れる方向に見える現象のこと．

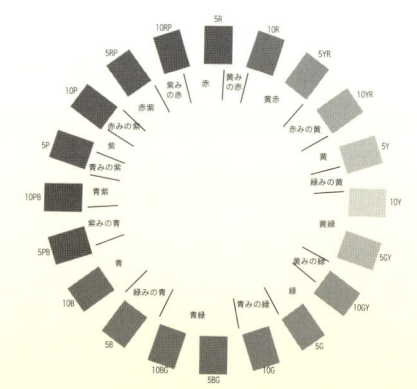

図3・92　マンセル表色系の例

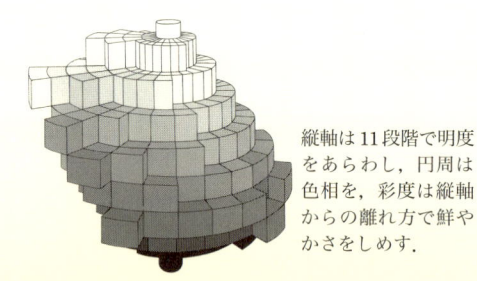

図3・93　色立体の例

縦軸は11段階で明度をあらわし，円周は色相を，彩度は縦軸からの離れ方で鮮やかさをしめす．

図3・94　明度対比の例

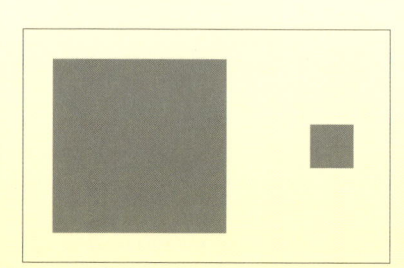

図3・95　面積効果の例

* 1　日本の鉱工業品および建築物などに関し，工業標準化のための基準を示す国家規格．略してJISともいう．
* 2　色相環で正反対に位置する関係の色の組み合わせのこと．

◆f 面積効果　面積により，その色の効果が異なって見える現象のこと．物理的には同じ色でも，面積が大きくなると明度も彩度も共に一段階高く見える現象をいう（図3・95）．

3）色彩計画

色が人間にあたえるさまざまな心理的影響や視覚的効果などを考慮し，建築物の各部分に使用することによって，いろいろな効果を得ることができる．

◆a 芸術性　建築物は，それ自体ひとつの芸術作品である．空間の造形的，デザイン的な質を高めるための配色を行うことによって，相乗効果をあげるよう検討する（図3・96）．

◆b 快適性　色彩は，仕事，休息，娯楽など生活と深く結びつき，さまざまな影響を与えるため，人々が快適に使用することができるように心理的および造形的な面から検討する（図3・97）．

◆c 機能性　動線計画，作業能率，販売効果，治療効果など建築物の各々の目的に応じた色彩効果を検討し，機能性を向上させるために効果的に色彩を使用する（図3・98）．

◆d 社会性　景観の上から周辺環境や隣接建築物との調和をはかり，美観を損なわないようにすると共に，多くの人に受け入れられるように造形的な面と合わせて検討する（図3・99）．

◆e 安全性　安全指示や注意喚起の色に使われる，赤は危険，黄色と黒色は注意，白と緑は避難の標識などに使用する安全色がある（図3・100）．

図3・96　芸術性／グッゲンハイム美術館（ゲーリー，スペイン・ビルバオ，1998）

図3・97　快適性／小鳥トンネル（国土交通省・高山国道事務所，岐阜，2004）

図3・98　機能性／東京フォーラムの案内板（ヴィニオリ，東京，1997）

図3・99　社会性／地中海の民家（ギリシア・サントリーニ島）

図3・100　安全性／避難の標識

3・5　空間構成のエレメント

建築物の各室の空間を構成する要素として，天井・柱・壁・床・開口部・階段・スロープ・吹抜けなどがある．それぞれの要素の特徴をよく把握し，適切な選択を行い，それぞれを組み合わせることによって快適な空間を創造することができる．

❶ 天井

天井は，内部空間の構成に不可欠な要素のひとつである．天井は，鉛直方向の空間の上部を限定するものであるが，水平方向の空間の広がりをも限定する．天井高さは，室の用途や集まる人数，広さなどを考慮して決定する．感覚的には低いほど落ち着くが，逆に天井が高い場合は，開放的で自由な空間構成が可能である．

1）天井の種類

天井は，設置する目的，場所，格式などによって，いろいろな種類がある．その要求にみあった天井を計画しなければならない．

- ◆a フラット天井　　平坦な天井であるが，天井高さにより，奥行感や広がりを感じさせる（図3・101）．
- ◆b 勾配天井　　天井を傾斜させることにより，内部空間に動きや方向性が生まれる（図3・102）．
- ◆c 凹凸天井　　天井に凹凸を持たせると，内部空間にドラマチックな変化が生じる（図3・103）．
- ◆d 曲面天井　　天井部分を曲面に仕上げたもの．内部空間に変化をもたらし，天井部分の高さが高くなるので，ゆったりとした雰囲気になる（図3・104）．
- ◆e ドーム・ヴォールト　　球体は中心性を，円筒形はある方向への力を感じさせる（図3・105）．

図3・101　フラット天井の例

図3・102　勾配天井の例

図3・103　凹凸天井の例

図3・104　曲面天井の例

図3・105　ドーム・ヴォールト天井の例

2）天井の実例

　天井の設置場所に応じた構造と材料を使用し，ふさわしいデザインと機能を有したものを計画する．

◆a 茶室の天井　　茶室という極小空間をおおう天井は，位置，形状，高さ，材質など，さまざまな変化にとんだ形をもっている（図3・106）．

◆b 格天井（ごうてんじょう）　　格子状に格縁を組み上げ，鏡板に彩色などを施した天井．書院や寺院などの格式のある天井に用いられる（図3・107）．

◆c 化粧屋根裏　　天井板を張らないことによって，構造的な力強さや構造体のリズミカルな構成などを表出させ，室全体としてダイナミックな内部空間を表現できる（図3・108）．

◆d ひかり天井　　天井部分全面を明るく発光させ，発光面の輝度を低くし，照度を高めた天井をいう（図3・109）．

◆e ガラス張り天井　　開放感があり自然を身近に感じることができる天井であるが，ガラスの掃除，酷暑への対策，防水の確保，結露対策などが必要になる（図3・110）．

図3・106　茶室の天井の例

図3・107　格天井の例

図3・108　化粧屋根裏の例

図3・109　ひかり天井の例／キアズマ（ホール，フィンランド・ヘルシンキ，1998）

図3・110　ガラス張り天井の例／ガラスのピラミッド（ペイ，フランス・パリ，1989）

2 柱と壁

　柱と壁は建築物の鉛直的な要素であり，荷重を地面に伝達するなど構造的な要素である．特に大黒柱や床柱は精神的な拠りどころとして設けられる．外壁は風・雨や外敵の侵入を防ぐためのもので，構造的にも高い耐力が求められる．それに対して，間仕切壁は室の使用目的に応じて区切るためのもので，内部空間を音や視線などから遮断する機能が要求される．

1）柱の種類

　荷重を支える，開放感を与える，配列の方法により場を作る，象徴としての役割をもつなど，柱に求められる機能はさまざまである．

◆a 支柱　　荷重を支える役割を持つ柱．通し柱や大黒柱に代表される，安全性や中心性を象徴する柱である（図3・111）．

◆b 列柱　　一方向に柱が配置されると，方向性を示す役割をもつ．ピロティ空間の柱やアプローチ・回廊空間の柱がその典型である（図3・112）．

◆c 飾り柱　　荷重を受けていない装飾的な柱．中心性や精神的な存在をあらわす象徴的な柱である（図3・113）．

2）壁の種類

　壁の種類は，多様であるが，囲おうとする場所の広さ，区切ろうとする空間の大きさによって，いくつかの段階に分類できる．壁は，内部空間を成立させる重要な装置である．

◆a 外壁　　風雨や外敵の侵入を防ぐためのもので，高い遮断能力を要求される．さらに，耐力壁とカーテンウォールなどに区分され，RC造，鋼構造，コンクリートブロック造，木構造などに分類される．

◆b 間仕切り壁　　間仕切壁は，外壁に対して内壁とも呼ばれる．建築物の内部空間を仕切る壁で，視線を遮り，室の独立性を保ち，遮音・防火用にも用いられる（図3・114）．

図3・111　支柱の例（airdesign, 山梨, 2006）

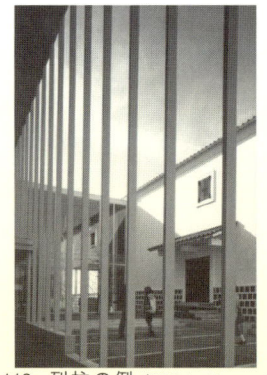

図3・112　列柱の例（THT Architects, 石川, 2000）

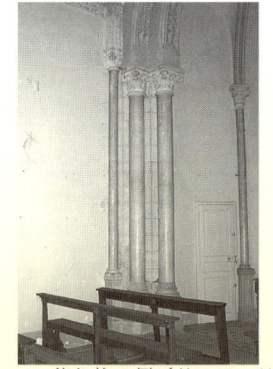

図3・113　飾り柱の例／サンモーリス城（フランス・リヨン）

図3・114　間仕切り壁の例（ミース, スペイン・バルセロナ, 1929）

図3・115　スクリーンの例

◆ c スクリーン　　間仕切壁よりも遮音・防火性の必要がない視覚的な仕切りとして設けるもので，ガラスや格子，衝立，屏風などの簡易な仕切りをいう（図3・115）．

3）柱と壁の応用

柱と壁は鉛直性や水平性を強調したり，空間を分断することにより，空間の秩序を構成する要素として用いられている．

◆ a 鉛直性を強調する柱　　ゴシック建築の教会堂の柱は，その高さが高くなればなるほど上部への鉛直性を強調する形で設けられた（図3・116）．

◆ b 列柱　　柱を連続して設けることにより，構造的な力強さやリズム感などが強調され，方向性が生まれる（図3・117）．

◆ c 水平性を強調する壁　　ミースのバルセロナ・パビリオンは，外部から内部へ導くような形で，水平方向に伸びる壁が設けられている．壁が空間を分節し，それに沿った方向性がつくりだされる（図3・118）．

◆ d わん曲した壁　　真直ぐな壁を曲面にすることにより，柔らかな印象や方向性を与えるとともに，非日常的な空間が生まれる（図3・119）．

◆ e マッシブな壁　　壁面に対して，窓が小さくなるほど壁は面としてのマッシブ（かたまり）な印象が強くなる．コルビュジエのロンシャンの教会の壁は，形と寸法の違う開口を配列して圧倒的な存在感を喚起している（図3・120）．

◆ f カーテンウォール　　荷重を伝達することから開放された壁は，軽快さ，浮遊感などを表現する（図3・121）．

図3・116　鉛直性を強調する柱／ケルン大聖堂（ドイツ・ケルン，1880）

図3・117　列柱／サンピエトロ大聖堂（バチカン市国，1667）

図3・118　水平性を強調する壁／バルセロナ・パビリオン（ミース，スペイン・バルセロナ，1929）

図3・119　わん曲した壁／キアズマ（ホール，フィンランド・ヘルシンキ，1990）

図3・120　マッシブな壁／ロンシャンの教会（コルビュジエ，フランス・ロンシャン，1954）

図3・121　カーテンウォール／バウハウスの校舎（グロピウス，ドイツ・デッサウ，1926）

3 床

　床は私たちが生活や仕事を行う上で，天井や壁とならぶ最も重要な空間要素である．また，床は空間を立体的に上下に仕切る機能を持っている．さらに，人や物を載せることから，土間，高床，基壇などさまざまな区分を空間にもたらせてきた．

1）床の種類

　床には人や物を支えるという機能のほか，快適な生活ができるように，断熱性能や保温性能が求められ，さらに，歩行に必要な弾力性，吸音性，耐磨耗性，耐衝撃性なども求められる．

◆a 土間床　　屋内において地面のまま，または三和土とした床をいう．現代では，石張り，タイル張り，コンクリート打ちなどの場合も，土間と称する（図3・122）．

◆b 高床　　外敵や洪水などから身を守るために，基礎や柱によって大地から持ち上げられた床．地面よりも高い位置に設けられることにより独立性をもつ（図3・123）．

◆c レベル差をもたせた床　　連続している空間に変化を与えるために設ける段差のある床で，段差や仕上げ材料の違いによって，差異や序列が空間にもたらされる（図3・124）．

◆d 内と外をつなげる床　　屋内の床は，掃き出し窓などを通してテラスやバルコニーにつながる．建築物の内部から外部につながる床を同じ材料で仕上げることにより，連続性を増すことができる．

◆e 水平でない床　　床の延長としてのスロープなどは，多様な空間を作り出す要素となる．また，傾斜した床，うねる床などが，非日常的な空間を構成するときに用いられることがある（図3・125）．

図3・122　土間床の例 (向山建築設計事務所，神奈川，2006，写真:石井雅義)

図3・123　高床の例 (写真提供:Mako)

図3・124　レベル差を持たせた床の例 (二宮博＋菱谷和子，東京，2003)

図3・125　水平でない床の例／横浜港大桟橋国際客船ターミナル (FOA，神奈川，2002)

2）床の応用

　床は建築物の内部だけにとどまらず，水平性を演出する装置として，建築物の外部へとつながる．建築物の内部から広がった床は，テラスや縁側，デッキとなり内と外との連続性を作り出すとともに外部空間の広がりを感じさせる．

- ◆ a 床ピット　　床の中央部や端部に設けられた一段低い床のこと（図3・126）．
- ◆ b スキップフロア　中2階を設ける空間構成のこと．連続する空間をスキップフロアにすると，ダイナミックな空間構成となる（図3・127）．
- ◆ c テラス　　室の外部に設けられたコンクリートなどでつくられた，地面より一段高い部分のこと．室の床の延長として，外部と内部をつなげる役割をもつ（図3・128）．
- ◆ d インナーテラス　　テラスを室内空間に設けることにより，内部空間と外部空間をつなげる中間領域的な性格をさらに強調した部分となる．インナーグリーンの栽培や日光浴などが行われる（図3・129）．
- ◆ e ウッドデッキ　　屋外に設けられた木製のデッキ（図3・130）．
- ◆ f 広縁・縁側・濡れ縁　　和風建築において，外部と内部の中間にあって，内外の融合または遮断の空間となるとともに緩衝装置ともなる（図3・131）．

図3・126　床ピットの例（青木建築設計事務所，宮崎，2006）

図3・127　スキップフロアの例（向山建築設計事務所，神奈川，2006，写真：石井雅義）

図3・128　テラスの例（写真提供：MIKI建築設計事務所）

図3・129　インナーテラスの例

図3・130　ウッドデッキの例（写真提供：WIZ ARCHITECTS）

図3・131　広縁の例

4 開口部

　内部空間と外部空間をつなぐ要素として，出入口や窓などの開口部がある．窓は，採光，通風や換気の機能をもつとともに，外部の景色や光を取り入れ，内部空間の雰囲気を演出する構成要素である．

1）開口部の開閉方式

　開口部の開閉方式には，以下に示すようなものがある．

◆a 開き戸　　出入口として最も一般的な形式の建具．開放形式によって，親子，自由，回転方式などがある（図3・132）．

◆b 引違い，片引き，引込み　　引違いは2枚以上の建具を水平に移動開閉する方式．片引きは壁の表面に沿って引きあける方式．引込みは壁の中に引き込んであける方式．ガラス戸，障子，襖などの種類がある（図3・133）．

◆c すべり出し・内倒し・突き出し　　すべり出しは回転と水平移動が複合された動きをする．内倒しは内側に建具を倒してあける方式．突き出しは上端を水平回転軸としてあける方式（図3・134）．

◆d 可変ルーバー　　水平な羽板を並べたもので，羽板の角度が可変である．羽板の数が多いものをジャロジー窓，羽板の数が少ないものをオーニング窓と呼ぶ（図3・135）．

2）窓の種類

　窓は，採光や換気，視覚的開放のために，建築物の内部から外界に向けて設けられる「穴」と考えられる（図3・136）．

◆a 側窓　　壁面に取り付ける窓．最も一般的な形式で，開放形式も，引違い，開き，折れ戸などさまざまである．

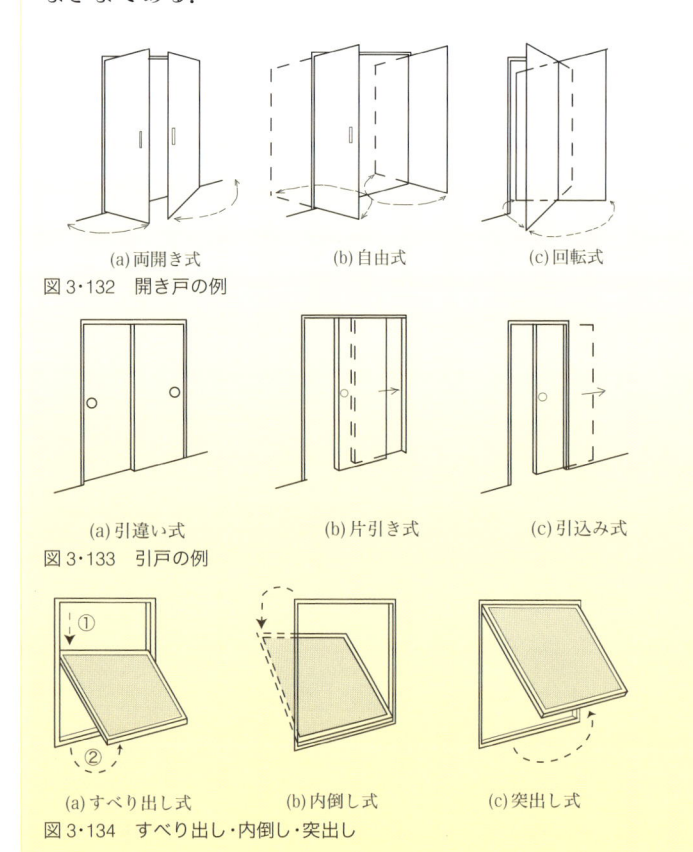

　　(a) 両開き式　　(b) 自由式　　(c) 回転式
図3・132　開き戸の例

　　(a) 引違い式　　(b) 片引き式　　(c) 引込み式
図3・133　引戸の例

　　(a) すべり出し式　　(b) 内倒し式　　(c) 突出し式
図3・134　すべり出し・内倒し・突出し

　　(a) ジャロジー窓　　(b) オーニング窓
図3・135　可変ルーバーの例

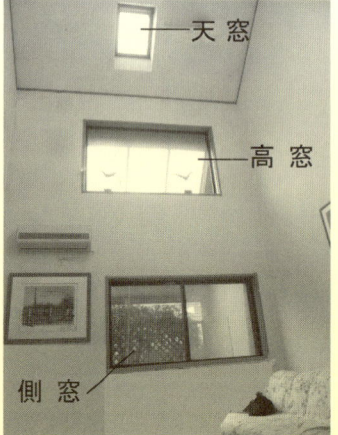

図3・136　窓の種類

◆b 天窓　　天井面に取り付ける窓．採光効果が側窓の3倍と高いため，壁面に開口部が設けられない場合，効果的である．
◆c 地窓　　床面近くの壁面に取り付ける窓．視線などプライバシーを守りたい場合や，意匠的に計画する場合に設ける．
◆d 高窓　　壁の上部天井面近くに設ける窓．側窓に比べて，採光効果が高いため，採光窓として設置される．

3）開口部の応用

　開口部は，その位置や形態さらに開閉の方法などによってさまざまな種類があり，建築物のファサードのデザインに大きな影響を与えるものである．
◆a 全面開口　　引込み戸や折れ戸などを使用し，戸を開け放ったときに外部と内部空間がひと続きとなり開放感がえられる（図3・137）．
◆b 縦長窓　　縦長に計画することによって，陽射しが室の奥まで入ってくるので，採光効果が高い．連続して設けると光と影が印象的な空間が生まれる（図3・138）．
◆c 水平連続窓　　壁の強い限定性を弱め，壁面の存在を薄い表皮としてしまう．コルビュジエが近代建築の5原則の中で提唱した（図3・139）．
◆d ピクチャーウインドウ　　採光，通気を目的とした窓ではなく，外部の景色，人の動きなどを鑑賞するために設ける窓（図3・140）．
◆e 出窓（ベイウィンドウ）　　壁から外部に突き出して設ける窓．床から一段上がって突き出すものをさす．

図3・137　全面開口の例

図3・138　縦長窓の例

図3・139　水平連続窓の例

図3・140　ピクチャーウインドウの例

5 階段・スロープ

階段・スロープは，レベル差のある空間をつなぐ装置であり，空間に立体感や上昇性，中心性を作り出すデザイン要素として重要な役割をもつ．さらに，上下階の移動のための手段としてだけではなく，人の動きを視覚化する装置としてとらえることができる．

1）階段の種類

階段には，直階段，かね折れ階段，折返し階段，らせん階段などがある（図3・141）．

◆a 直階段　　一方向に進む階段．階高によっては，危険防止のために途中に踊り場を設けなければならない．

◆b かね折れ階段　　進行方向が途中で90度に折れ曲がる階段．壁面に沿わせることにより，空間の変化を感じながら上昇を行う．

◆c 折返し階段　　進行方向が途中で180度折れ曲がる階段．周りの壁を省略することにより，上昇するごとに視界に変化が生まれる．

◆d らせん階段　　回転しながら，上昇していく階段．面積が少なく，効率的なので，サブの階段として多く使用される．空間のアクセントとなるが，安全性には気をつけなければならない．

◆e スロープ　　階段にかわる移動装置であり，建築基準法では勾配1/8以下となっている．車いすの使用を考慮した場合は，勾配1/12～1/15とすることが多い．上下階をスロープで移動するには長い距離が必要になり，現実的ではない．

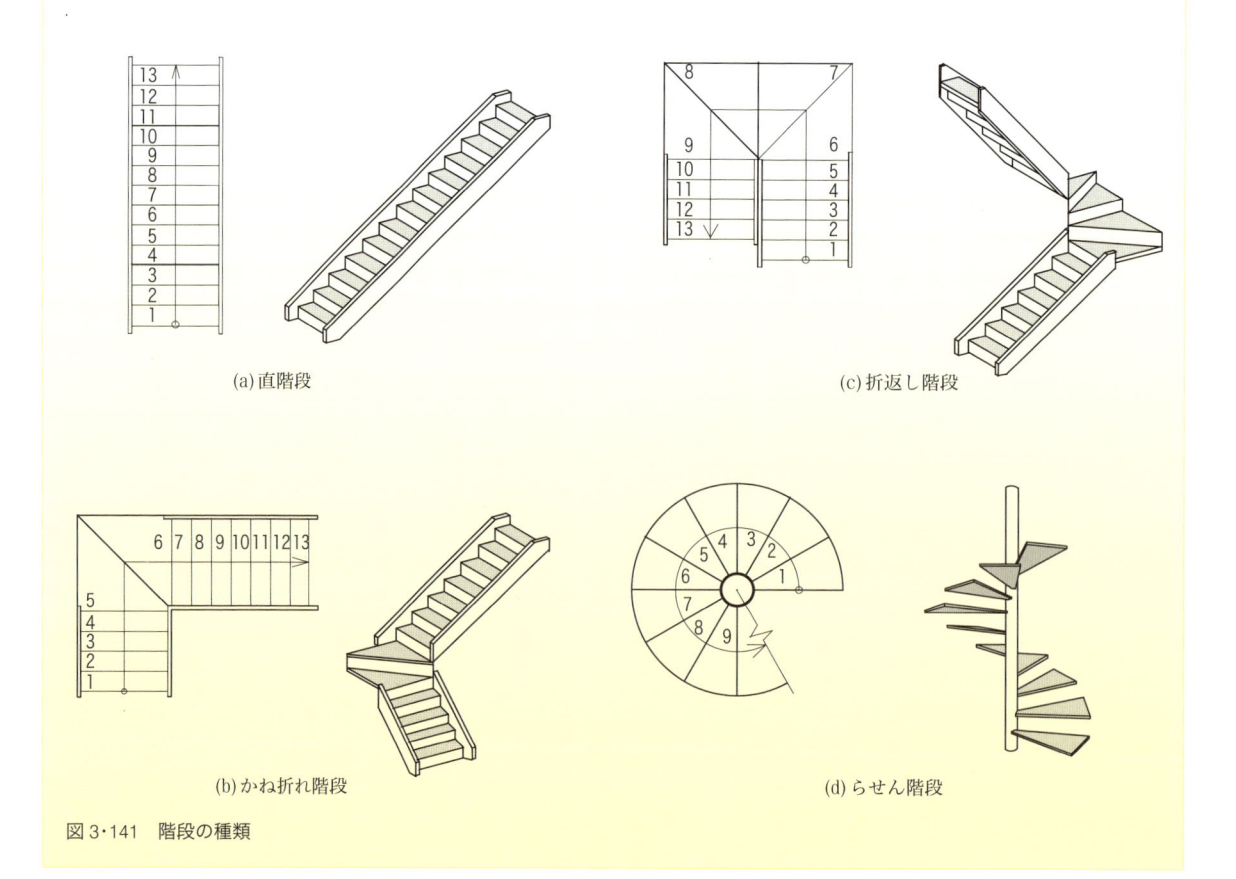

(a) 直階段

(c) 折返し階段

(b) かね折れ階段

(d) らせん階段

図3・141　階段の種類

2）階段・スロープの実例

建築物の中にあって，階段やスロープは，人間が上がり下りするところであるので，それ自体が広がりをもつ空間であり，装置の役割を果たす．

◆a 上昇性　上下階を移動する装置としての役割を強調して計画された階段．段板，手すり，踊場などの設置の仕方で，さらに上昇性が強調される（図3・142）．

◆b 中心性　平面計画における上下階の移動の中心の装置としての役割を果たすように計画された階段．コルビュジエはサヴォア邸の計画において，スロープを「建築的プロムナード」と称し，移動しながら空間を体験する装置として，プランニングの中心として設計した（図3・143）．

◆c 象徴性　階段やスロープは，離れて眺める装置のような役割をすることもある．人の動きや空間のつながりを視覚化して計画された階段として，パリのオペラ座の玄関部に設けられた階段が挙げられる．エントランスを入ると，舞台のようなドラマチックな大階段が観衆を迎える（図3・144）．

◆d 躍動性　階段やスロープは，動きを伴うダイナミックな空間構成の要素として計画される．ルーブル美術館のガラスのピラミッドの中には，躍動感にあふれた美しい姿のらせん階段がオブジェのように設置されている（図3・145）．

図3・142　上昇性／国会議事堂（臨時議院建設局，東京，1936）

図3・143　中心性／サヴォア邸（コルビュジエ，フランス・ポワシー，1935）

図3・144　象徴性／オペラ座（ガルニエ，フランス・パリ，1875）

図3・145　躍動性／ガラスのピラミッド（ペイ，フランス・パリ，1989）

6 吹抜け

　吹抜けとは，多層の空間をひとまとめにし，空間の広がり，連続性によって明るく開放的なスペースを構成する手法である．吹抜けによって，室相互が機能的にも空間的にもオーバーラップし，吹抜けの部分に面した廊下などが魅力的な空間となる．

　また，立体的に大きな広がりをもつ空間となる吹抜けを，どの部分に設けるかによって，建築物全体の採光・換気・空調計画などにも大きな影響を及ぼす．

　その種類について次に示す（図3・146）．

1）吹抜けの種類

　吹抜け位置によって，吹抜けと各室の関係や吹抜けの役割が異なる．

◆ a 室の前方に設ける　　眺望の開ける側や道路側などに吹抜けを計画すると，室の後ろから前方向への方向性が生じる．

◆ b 中央部に設ける　　各室が吹抜けに面し，中央に向かう方向性が生まれ，吹抜け空間に中心性が生じる．

◆ c 周辺部に設ける　　狭い空間に適する．空間の周囲に室同士の開放的なつながりができ，連続性が生じる．

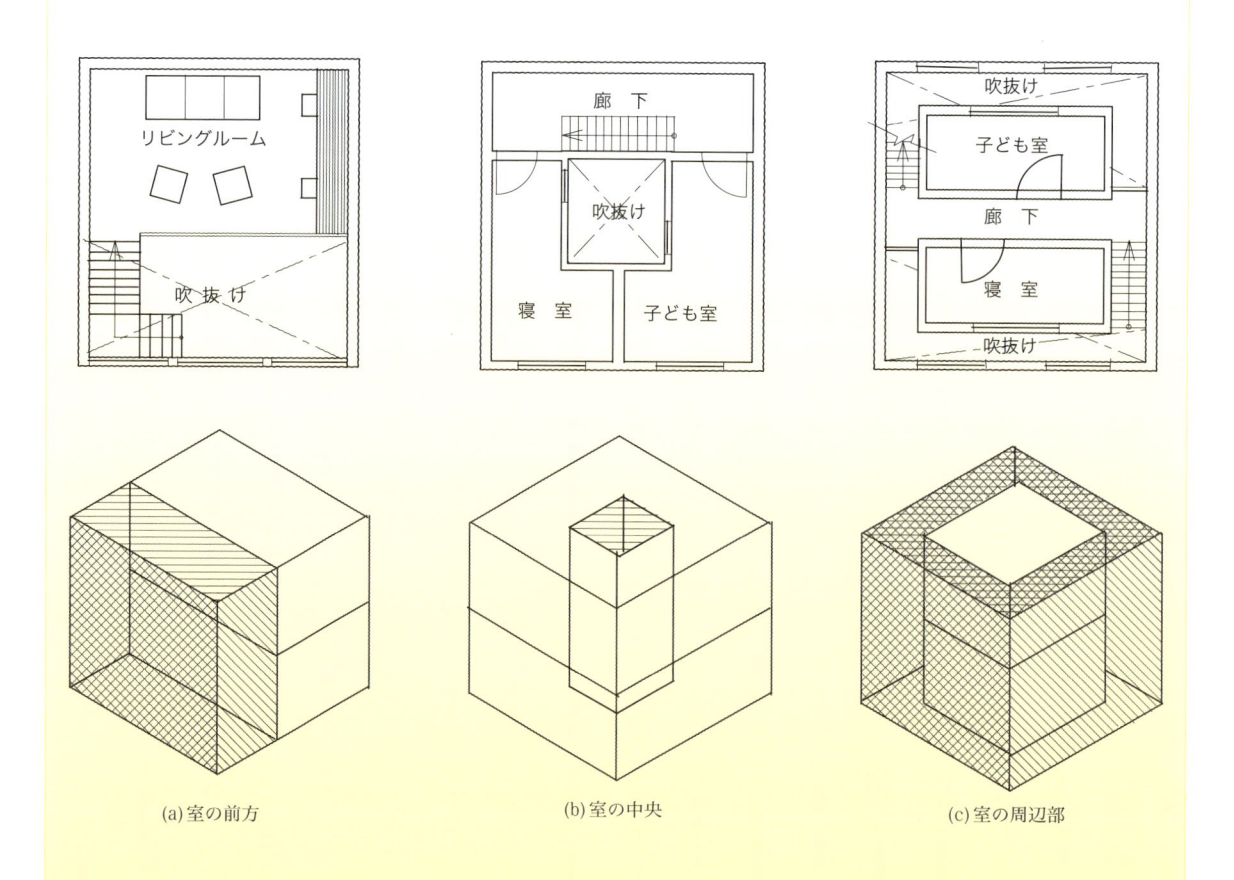

(a) 室の前方　　(b) 室の中央　　(c) 室の周辺部

図3・146　吹抜けの種類

2）吹抜けの実例

吹抜けによって上下階をひとまとめにしたダイナミックな空間構成としたり，トップライトからの光を各室に導入するための装置として吹抜けを利用するなど，魅力的な空間が形成される．

◆a 玄関・玄関ホールの吹抜け　　訪問客が最初に出会う場所として，印象的な空間が用意されているとそこに新鮮な感動や驚きが生まれる（図3・147）．

◆b 階段室まわりの吹抜け　　上下方向の移動の舞台装置としての階段を，さらに効果的に引き立たせる役割としての吹抜けである（図3・148）．

◆c リビングルームの吹抜け　　居間の空間の快適性やひろがりを生むためのものと，上階の諸室との連続性をもたせるための吹抜けがある．両方の目的を兼ねる場合もある（図3・149）．

◆d ライトコート　　光庭またはライトウエルともよばれ，空間内部に光を取り入れる装置として設けられる中庭（図3・150）．

◆e アトリウム　　本来，古代ローマ住宅の中庭を表わす言葉であるが，現在では，建築物に付属した巨大な吹抜け空間を総称する語として用いられている．内部では，植樹を施したり，展示物を飾ったりと，さまざまな利用方法が考えられる（図3・151）．

図3・147　玄関の吹抜け

図3・148　階段室の吹抜け

図3・149　リビングルームの吹抜け

図3・150　ライトコート／カサミラ（ガウディ，スペイン・バルセロナ，1907）

図3・151　アトリウム／博多リバレイン（日建設計，福岡，1999）

3・6 環境の計画

　人間が室内で快適かつ健康的に生活するためには，室内外の環境要素を適切に把握し，コントロールしなければならない．建築物の室内を快適な環境にする建築計画の基礎知識として，この節では空気・熱・光・音の性質を学ぶ．

１ 空気

　室内の空気汚染は，人々に不快を与えたり，健康を害したり，生命の危険を招く．快適な室内環境に不可欠な新鮮な空気は，換気によって得ることができる．この項では，空気汚染の知識と，心地よい住まいのための換気と通風計画の手法について学ぶ．

1） 室内の空気汚染

　室内で発生する主な汚染物質には，燃焼に伴うCOやCO$_2$，サニタリーやキッチンからの臭気や水蒸気のほかに，図3・152に示すように，新しい家具やカーテン・じゅうたん，建築建材や塗料，防虫剤・芳香剤などの薬品，タバコの煙などがある．

◆a 化学物質と建材　新しい家具・建材の接着剤に含まれるホルムアルデヒドや塗料に含まれるトルエンやキシレンなどの化学物質を揮発性有機化合物（VOC [*1]）と呼ぶ．表3・3に，その化学物質と含まれる建築材料を示す．

◆b シックハウス症候群　新築やリフォームされた住宅やマンションへの入居後に起こる，目やのどの痛み，頭痛や吐き気などの，不快な症状のことである．建材や家具，日用品から発散する化学物質などによって発症するもので，住宅の気密性が高くなったり，私たちのライフスタイルが変化し，換気が不足しがちになったことなどが原因の一部と考えられている（図3・153）．

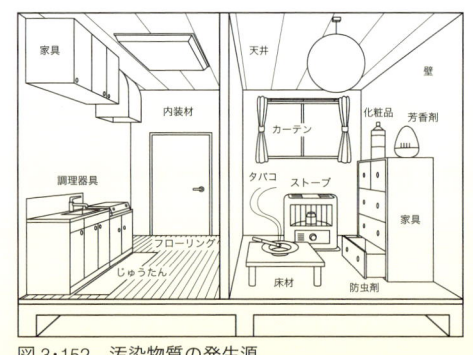

図3・152　汚染物質の発生源

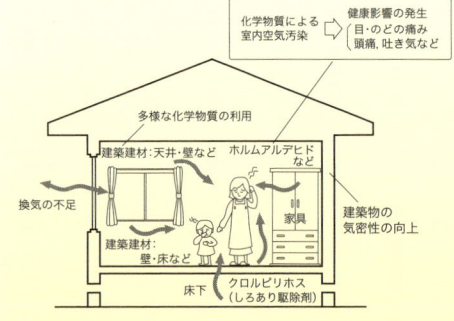

図3・153　シックハウス症候群

表3・3　化学物質の室内濃度指針値

	化学物質	厚生労働省が定めた指針値※	主な用途
厚生労働省が濃度指針値を定めた13物質	①ホルムアルデヒド	0.08ppm	合板・内装材・家具などの接着剤に用いられる合成樹脂，のりの防腐剤，繊維の縮み防止加工材など
	②アセトアルデヒド	0.03ppm	ホルムアルデヒド同様の接着剤，防腐剤など
	③トルエン	0.07ppm	内装材・家具の施工用接着剤，塗料からの拡散
	④キシレン	0.20ppm	
	⑤エチルベンゼン	0.88ppm	
	⑥スチレン（モノマー）	0.05ppm	ポリスチレン樹脂・合成ゴム・合成樹脂など
	⑦パラジクロロベンゼン	0.04ppm	防蟻剤など
	⑧テトラデカン	0.04ppm	衣類の防虫剤，トイレの芳香剤など
	⑨クロルピリホス	0.07ppb（小児0.007ppb）	塗料の溶剤，灯油など
	⑩ダイアジノン	0.02ppb	殺虫剤の有効成分など
	⑪フェノブカルブ	7.6ppb	殺虫剤など
	⑫フタル酸ジ-n-ブチル	0.02ppm	塗料・顔料・接着剤など
	⑬フタル酸ジ-2-エチルヘキシル	3.8ppb	壁紙，床材，各種フィルム，電線被膜など

※ 25℃の場合
ppm：100万分の1の濃度，ppb：10億分の1の濃度
①⑨は建築基準法の規制対象物質
①～⑥は住宅性能表示で濃度を測定できる6物質

[*1] Volatile Organic Compounds．トルエン，キシレンなどの有機化学物質の総称で，常温常圧で大気中に容易に揮発し，公害や健康被害などを引き起こす．

◆c 法律による規制　シックハウス症候群の原因となる化学物質の室内濃度を下げるために，建築物に使用する建材の規制や，換気設備の設置義務が建築基準法で定められている．対象は住宅，学校，オフィス，病院など，すべての建築物の居室[*1]である．

2）換気

換気の目的は，図3・154に示すように，室内で発生した熱や水分・有害物質・臭気などを室外に排出することである．窓の開閉だけでは，効率のよい換気はできない．建築物の換気は自然換気と機械換気に大別される．

◆a 自然換気　風力や室内外の温度差によって，室内の空気が入れかわることをいう．
　①風力換気　建築物外部の風の影響により，空気の出入りが生じる換気をいう（図3・155）．
　②重力換気　高温の空気は軽いので上昇し，低温の空気は重いので下降する．室内外の空気の重さの差を利用した換気をいい，温度差換気ともいう（図3・156）．

◆b 機械換気　換気扇や送風機などの機械を利用し，給気口や排気口などを組み合わせる換気方式である．3種類の換気方式の概要と用途を図3・157に示す．

◆c 換気回数と必要換気量　換気回数とは，室内の空気が単位時間内に入れかわる回数で，一般に時間あたりの回数で示される．必要換気量とは，汚染物質の濃度を基準値以下にするために必要な，単位時間あたりの換気量をいう．図3・158に示すように，住宅の場合，前記1）◆cの法律により，換気回数 0.5 回/h の 24 時間換気システムの設置が必要である．この換気回数と室の容積を乗じて，居室の必要換気量を求めることができる．

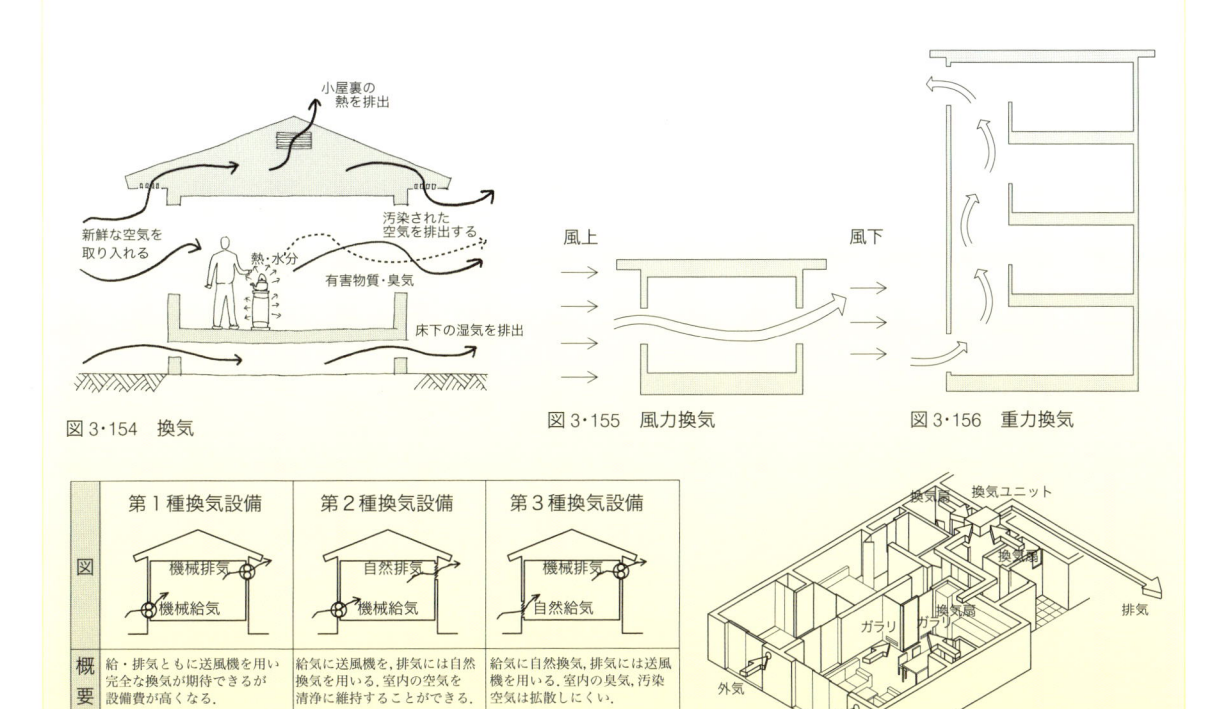

図3・154　換気

図3・155　風力換気

図3・156　重力換気

図	第1種換気設備	第2種換気設備	第3種換気設備
	機械排気／機械給気	自然排気／機械給気	機械排気／自然給気
概要	給・排気ともに送風機を用い完全な換気が期待できるが設備費が高くなる．	給気に送風機を，排気には自然換気を用いる．室内の空気を清浄に維持することができる．	給気に自然換気，排気には送風機を用いる．室内の臭気，汚染空気は拡散しにくい．
用途	映画館，劇場の大規模な空間，屋内駐車場，機械室など	半導体工場のクリーンルーム，手術室など	キッチン，トイレ，浴室，湯沸室，コピー室など

図3・157　機械換気

図3・158　集合住宅の24時間換気システムの例

*1　建築基準法に定められた，人が居住・執務・娯楽・集会の目的のため継続的に使用する室．

3）通風計画

　通風とは，風を通し新鮮な空気を室内に取り入れることである．高温多湿な日本の夏を涼しく過ごすためには，通風を利用するとよい．室内の通風をよくするためには，その地域の夏の風向を知り，開口部の位置と形状による通風の変化を理解することが大切である．

◆a 通風の変化　　開口部の位置や形状による流路と流量の変化は，次のようになる．

　①風上からの流入口の位置によって，室内の風の経路が変わる（図3・159(a)）．

　②建築物に庇があれば，室内を通過する高さの経路も異なり（図3・159(b)），また袖壁によっても流路が異なる（図3・159(c)）．

　③開口部の合計面積が同じでも，風の入口と出口の面積が異なれば，通風の量も異なる（図3・159(d)）．

◆b 通風をよくする方法

　①開口　　地域の夏の季節風の方向に対して大きくとり，風の入口と出口を意識する．

　②欄間　　天井と鴨居[*1]の間に設ける空間で，明かりとりや換気に用いる（図3・160(a)）．また室内ドアの上部に欄間ドアを設け（図3・160(b)），室内窓と併用すると，プライバシーと通風を確保できる．

　③風洞（ダクト）　　排気のための通路となる風洞（図3・160(c)(d)）を設けると高温空気が逃げやすい．

　④天窓　　天井が高い場合に天窓を設け，排気に利用するとよい（図3・160(e)）．

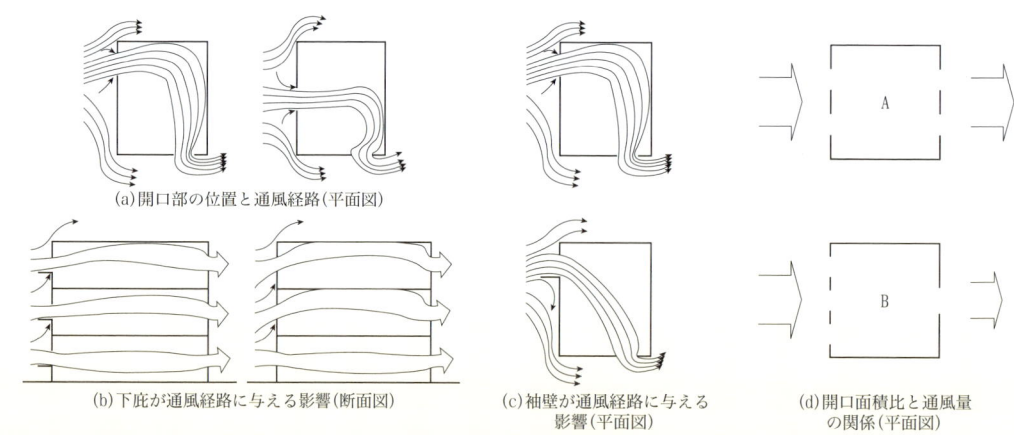

(a)開口部の位置と通風経路(平面図)
(b)下庇が通風経路に与える影響(断面図)
(c)袖壁が通風経路に与える影響(平面図)
(d)開口面積比と通風量の関係(平面図)

図3・159　通風の変化

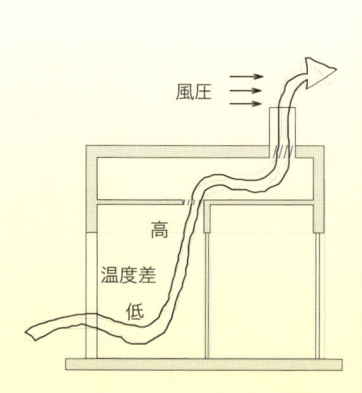

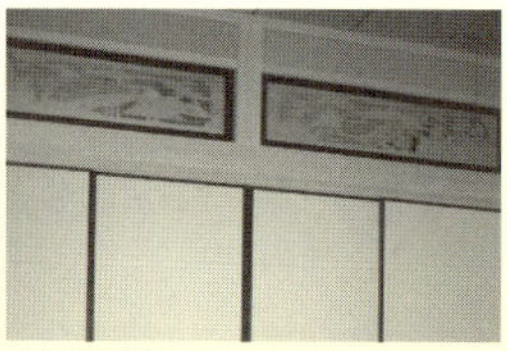

(a)欄間
(b)ドアの上部の欄間（写真提供：ミサワホーム）  
(c)温度差と風圧による換気の促進
(d)カサ・ミラ屋上の換気塔（ガウディ，スペイン・バルセロナ，1970）
(e)天窓 

図3・160　通風をよくする方法

*1　障子・襖などの建具をはめる開口部の内法高に入る溝付きの横材．

2 熱

建築物内には，温熱によるさまざまな影響がある．室内で人体が感じる暑さ・寒さの感覚を温熱感覚といい，気温・湿度・風速と，壁や天井からの放射などの度合い，着衣量や作業量によって異なる．

1）熱貫流

室内外の空気に温度差がある場合，図3・161に示すように，高温空気から低温空気に熱が流れる．この伝熱過程を熱貫流という．建築物内では熱貫流量を調整し，快適な環境を維持する．

2）断熱

断熱とは，外部との熱の出入りを遮ることをいう．外壁や床，屋根にグラスウールなどの断熱材を使用し，熱貫流量を減らすことで，建物内部では外気温に影響されない環境を保つことができる．

◆a 外断熱と内断熱　鉄筋コンクリートなどの構造体の，外側に断熱材を設ける断熱工法を外断熱，その内側に断熱材を設ける工法を内断熱という．外断熱は，気温変動の抑制，蓄熱，壁体の内部結露防止などに効果がある．

◆b 外張り断熱と充填断熱　木造などにおいて，軸組の外側に断熱材を設け建築物全体を包み込む断熱工法を外張り断熱といい，軸組みなどの隙間や小屋裏に断熱材を充填する断熱工法を充填断熱という（図3・162，3・163）．図3・164は，外張り断熱と充填断熱の2つの断熱工法を併用した施工例で，壁内部を上からみた図である．

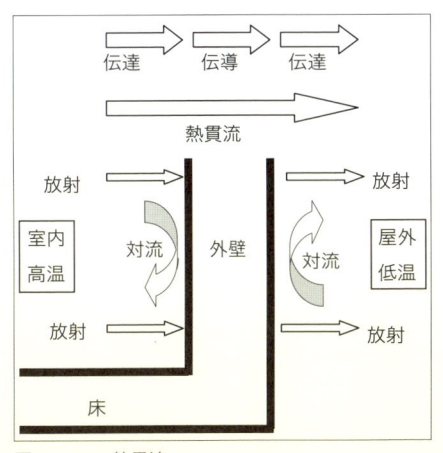

図3・161　熱貫流

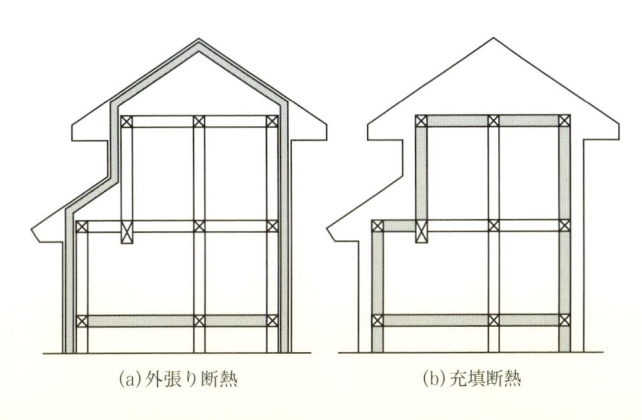

図3・162　外張り断熱と充填断熱
(a)外張り断熱　(b)充填断熱

① 通気層
② 高密度グラスウールボード
③ 高性能グラスウール
④ エアスペース

①壁の内部に湿気が溜まらないようにした通気層である．
②壁の外側に配置した外張り断熱で，屋外側には防湿防水シートを張り，水の進入を防ぎ，壁の内部の水蒸気を透過させている．
③壁の内部に充填断熱し，室内側にアルミ防湿フィルムを張り，室内からの湿気の侵入を防いでいる．
④壁の内部に，アルミ防湿フィルムで防いだ湿気が溜まらないように，エアスペースを設けている．

図3・163　充填断熱の施工例（写真提供:住友林業）　図3・164　外張り断熱と充填断熱を併用した施工例（出典:大和ハウス工業）

◆c 開口部　断熱性が高い建築物の場合，室内から逃げる熱貫流量の約50％が開口部からといわれている．断熱性能を発揮できる一例として，図3・165に複層ガラスと木製枠を用いた建具を示す．また，図3・166に示す高断熱複層ガラスと遮熱高断熱複層ガラスは，断熱性能に加え日射の流入を抑える効果がある．これらは次項の結露防止にも効果がある．

3）結露

結露は，空気中の水蒸気が冷たい物体の表面にふれ水滴となったものである．建築物の気密性が高く，断熱性が低いと，外壁の室内側に結露が生じやすい．図3・167は，建築物の隅角部[*1]の度重なる結露によって生じた内壁汚れの不具合であり，建築物の躯体の腐朽にも影響をもたらす．

結露対策としては，室内の湿気を換気によって排除することである．さらに，建築物の外壁の室内側表面に結露が生じないようにするためには，壁や天井などの室内表面温度が露点温度以下にならないように，断熱材を入れ各部を保温する．しかし，断熱材と外装材の間は，外気温に近く，この部分に水蒸気が浸入すると図3・168に示すように，内部結露が発生する．したがってこれを防ぐためには，断熱材より室内側に防湿層を設け，外気側に通気層を設けて内部の水蒸気を放出するとよい．

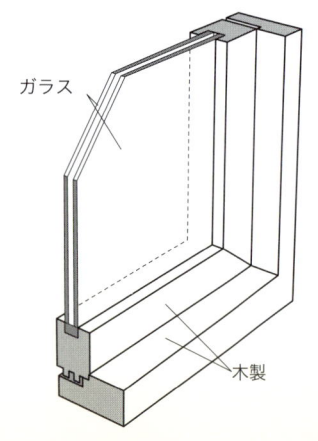

図3・165　複層ガラス

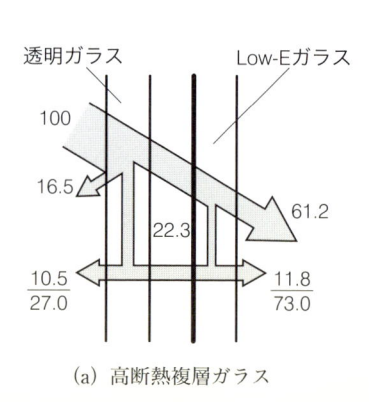

図3・166　断熱と遮熱の機能がある複層ガラス（出典：大西正宜『環境と共生する建築25のキーワード』学芸出版社，1999）

(a) 高断熱複層ガラス
(b) 遮熱高断熱複層ガラス

図3・167　結露による不具合（カビの発生）
（写真提供：旭ファイバーグラス）

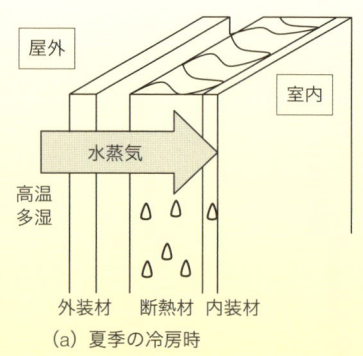

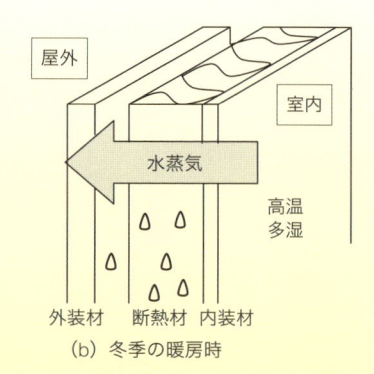

図3・168　外壁を断面図でみた内部結露のメカニズム

(a) 夏季の冷房時
(b) 冬季の暖房時

*1　入隅と出隅の総称で，建物の角（かど）を指す．

4）ダブルスキン

　ダブルスキンとは，一般に，外壁面の外側に 0.3～2m 程度の間隔を空けて一部または全部をガラス面で覆う工法をいう．その二重の外壁の間に空気を循環させ，十分な採光を確保しつつ，季節によって熱や空気をコントロールし，省エネルギーを図るものである．海外では，真夏の光の眩しさ，熱の過剰な流入，冬の熱損失などの諸問題を克服すべく，早くから導入されている．

　日本でのダブルスキンの採用は，1962 年に竣工した NCR 本社ビルが最初である．1990 年代に入って，東葛テクノプラザや仙台のメディアテーク，人と防災未来センター（図 3・169）など，大きな壁面を有する建築物で積極的に採用されている．

◆a 冷暖房負荷の低減と断熱性向上　　図 3・170 に示すように，夏季にはダブルスキンの下部開口より外気を取り入れて 2 枚のガラスの間を通し，上部開口より外部に排気することで日射熱を低減し，冬季には上下の開口部を閉鎖して保温効果で空調負荷を低減する．このようにダブルスキンは冷暖房負荷を低減し，断熱性を向上させ，結露も防止できる．

◆b コールドドラフトの抑制　　ドラフトとは望まれない局部気流のことをいう．一般に，冬季に窓ガラスまわりでは室内空気が冷却され，窓面に沿って下降し，不快な冷たいドラフトが生じる．ダブルスキンは，このようなドラフトを抑制できる（図 3・171）．

図 3・169　ダブルスキンの実例／人と防災未来センター・防災未来館（昭和設計・兵庫県建設局，兵庫，2002）

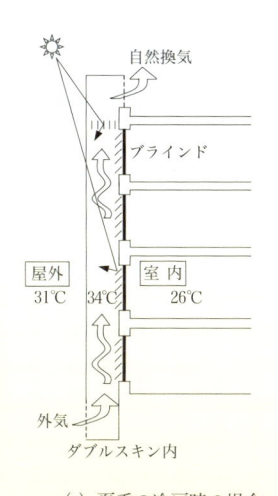

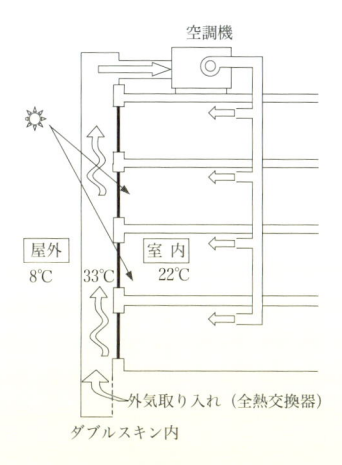

(a) 夏季の冷房時の場合
(b) 冬季の暖房時の場合
図 3・170　ダブルスキンの例

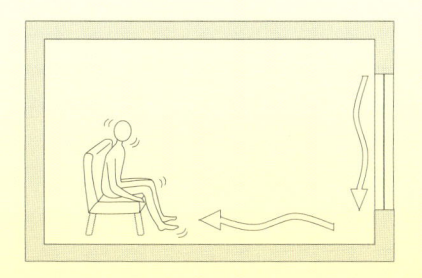

(a) コールドドラフト
(b) ダブルスキンによるコールドドラフトの抑制
図 3・171　コールドドラフト

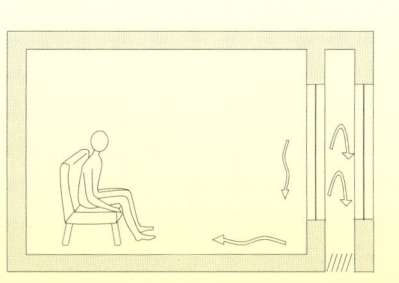

3 光

住まいに光を採りいれることにより，生活に明るさ，暖かさ，衛生，安らぎ，満足感などが得られる．この節では光の項目として，日照の特性やそのコントロールの仕方，採光，照明について学ぶ．

1）日照

日照とは，直射日光による日当たりのことをいう．その効果には，図3・172に示すように，紫外線の殺菌・脱色作用，可視光線の光効果，赤外線を主とする熱効果がある．健康的で衛生的な住まいには日照が不可欠であるので，季節による方位別の可照時間や窓から室内に入射する日照を知ることは大切である（図3・173）．

2）日照のコントロール

必要に応じて日照を取り入れたり，遮ったりすることを日照調整という．

◆a 庇（ひさし）　適切に庇を設置すると，四季の太陽高度の変化により，開口部は，冬季に多くの日照を受け，夏季に日照を最小限にとどめることができる．

◆b ルーバー　細長い横板を組み合わせたもので，光だけではなく，雨・風の制御の役割も果たす．格子ルーバーは，建築物の外壁に設けられた日照調整の一種で，図3・174に示すように，コルビュジエが積極的に，作品に取り入れた．

◆c ガラスブロック　図3・175に示すガラスブロックは，太陽光を拡散させ，紫外線透過も抑え，遮音・耐火にも優れている．

◆d 落葉樹　建築物南面の落葉樹は，夏季の大きな葉が日射を遮り，冬季に落葉して枝の隙間から日照を期待でき，四季も楽しめる．

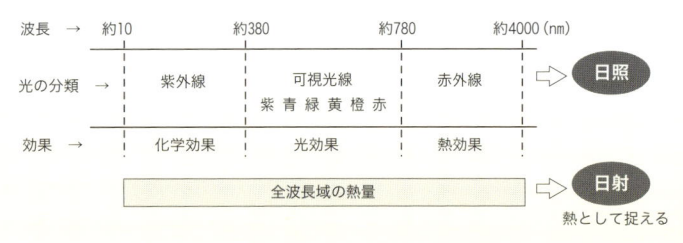

図3・172　日照

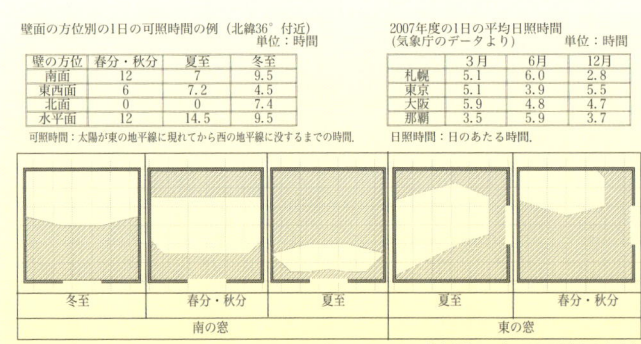

図3・173　方位別の日照

壁面の方位別の1日の可照時間の例（北緯36°付近）
単位：時間

壁の方位	春分・秋分	夏至	冬至
南面	12	7	9.5
東西面	6	7.2	4.5
北面	0	0	7.4
水平面	12	14.5	9.5

可照時間：太陽が東の地平線に現れてから西の地平線に没するまでの時間．

2007年度の1日の平均日照時間
（気象庁のデータより）　単位：時間

	3月	6月	12月
札幌	5.1	6.0	2.8
東京	5.1	3.9	5.5
大阪	5.9	4.8	4.7
那覇	3.5	5.9	3.7

日照時間：日のあたる時間．

＊無色部分が，床の1日の日当たりを示す．

図3・174　格子ルーバー　この建築物は，日除けのための格子ルーバー（ブリーズ・ソレイユ）を取り入れたコルビュジエ最初の作品である（ブラジル学生会館，コルビュジエ，フランス・パリ，1959）

図3・175　ガラスブロック　コルビュジエが，晩年まで最愛の妻とともに住んでいたアパートは，光を内部まで導くガラスブロックを用いている（ナンジェルセール・エ・コリー通りのアパート，コルビュジエ，フランス・パリ，1931）

3) 採光

採光とは，自然光を室内に導入し良好な環境をつくることである．

◆a 光の量　　光の量は，図3・176のように，光束，光度，輝度，照度で表す．

◆b 昼光の種類　　太陽光（昼光）は，直射光と天空光によって地表に届く．直射光は6万〜10万ルクスになり，明るすぎて室内照明としては使えない．一般に，室内照度の確保には天空光による採光を考える．

①直射光…大気中を通過し，直接地上に到達する太陽の光．

②天空光…大気中で塵や水蒸気により拡散や乱反射をしてから，空を明るくし，地上を照らす光．

◆c 全天空照度　　周囲に障害物のない屋外における天空光による水平面の照度で，直射光を除いた天空光のみの明るさの程度を表す．

◆d 昼光率　　室内のある点の明るさは，採光窓の状態を変えないかぎり，屋外の昼光の明るさと一定の関係を保っている．つまり，室内のある点の照度は，全天空照度が時刻や天候で変化しても，その変化と同じ割合で増減するので，室内のある点の照度と全天空照度との比率は一定である．この比率を昼光率という（図3・177）．採光設計の際に基準となる昼光率を表3・4に示す．

◆e ライトシェルフ　　開口部の中間に設けた庇やルーバーをライトシェルフといい，室内の床面への直射光を遮るとともに，天井面への反射光を昼光照明として利用することができる（p.103図3・193参照）．

	光束 (lm：ルーメン)	光度 (cd：カンデラ)	輝度 (cd/m²)	照度 (lx：ルクス)
	白熱電球 40W　485lm 蛍光ランプ 40W 3000lm ※ワット数が同じでも蛍光ランプの方が明るく感じる	光度：$I = \dfrac{F}{\omega}$		
	単位時間に流れる光の物理的エネルギー量である．人間の目の感知能力に基づいて測定され，補正されている．	光源からある方向の単位立体角あたりの光束の量である．立体角（単位 sr：ステラジアン）は，一定の範囲をある点を中心とする半径1（いち）の球面に投射した面積で表される．	光源からのある方向への光度を，その方向への光源のみかけの面積で割った値である．ある方向から見た場合のみかけの明るさを示す．	単位面積あたりの入射する光束の量である．受照面の明るさを示し，点光源では，光源からの距離の二乗に反比例する．

図3・176　光の量

昼光率(%)：$D = \dfrac{E}{E_s} \times 100$

E_s：全天空照度　　E：室内のある点の照度

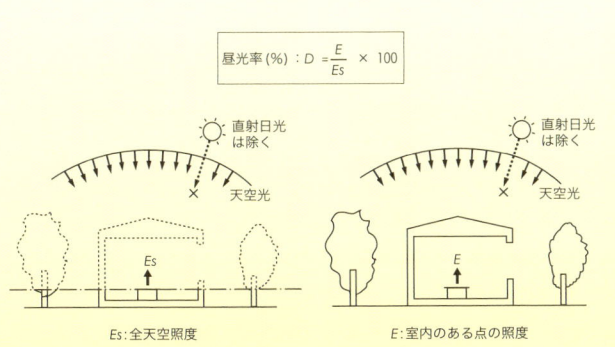

図3・177　昼光率

表3・4　昼光の基準

段階	室・作業の種別	基準昼光率〔%〕	昼光の室内照度〔lx〕		
			明るい日	普通の日	暗い日
1	時計修理，手術室	10	3000	1500	500
2	長時間の裁縫，精密製図	5	1500	750	250
3	短時間の裁縫，長時間の読書，一般製図	3	900	450	150
4	読書，普通教室，事務，一般診察	2	600	300	100
5	会議，講堂，体育館，病室	1.5	450	225	75
6	短時間の読書，美術展示，図書館倉庫，自動車車庫	1	300	150	50
7	リビングダイニング，ホテルロビー，教会	0.7	210	105	35
8	廊下，階段，小型倉庫	0.5	150	75	25
9	納戸，大型倉庫，物置	0.2	60	30	10

（『建築設計資料集成1 環境』1978）

3) 照明

　照明とは，人工光を用いて明るさを確保することをいう．太陽からの光は，時刻や天候などによって変化するため，人工照明と併用するのが一般的である．照明方式，照明器具やランプの種類，色温度などを知ることは，空間演出に不可欠である．

◆ a 照明方式（図3・178）

　①全般拡散照明…光源から出た光が全方向に広がる配光パターンで，まぶしさや陰影を抑えたやわらかい光で空間を均一に照らし，あたたかみのある雰囲気を演出する．

　②直接照明…光源から出るすべての光が直接，下に向かって照射するパターンで，照明の効率が高い反面，天井や部屋のコーナーが暗くなりがちである．

　③半直接照明…大半の光は下方向へ，一部が上方向へ照射される配光パターンで，直接照明に比べて陰影がやわらかくなる．

　④半間接照明…光源からの光が，ほとんど天井面や壁面に反射し，一部の光がシェイド[*1]やグローブ[*2]を通して下方向を照射する．光が直接目に入らず，ソフトな雰囲気を醸し出す．

　⑤間接照明　すべての光を天井面や壁面に当てて，反射光のみで空間を照らす．まぶしさのない光で，落ち着いた雰囲気を演出する．

◆ b 照明器具の種類（図3・179）

　①シーリング…天井に取り付けるタイプで，室全体を明るくする．

　②ブラケット…壁などの鉛直面に取り付ける照明器具で，玄関，廊下や階段などに用いられる．

　③ペンダント…天井から吊り下げるタイプで，壁や天井面の拡散光で，開放的な空間を演出する．

　④ダウンライト…天井に埋め込むタイプの小型照明で，他の照明と併用したり，壁面を照らすなど，演出方法はさまざまである．

①全般拡散照明　②直接照明　③半直接照明　④半間接照明　⑤間接照明
図3・178　照明方式（写真提供：コイズミ照明）

①シーリング　②ブラケット　③ペンダント　④ダウンライト
図3・179　照明器具の種類（写真提供：コイズミ照明）

*1　shade　光を遮る物，（電灯などの）かさ．
*2　globe　ガラスなどで作られた球形中空の照明器具で，光源を覆い，明るさを増すために使用する．

◆c 光源の種類　　白熱ランプや蛍光ランプのほか，HID ランプや LED ランプがある．図 3・180 に光源とその特徴を示す．

①白熱ランプ…光源の輝度が高く，陰影のある空間を演出できる．ダイニングやホール，階段や廊下，サニタリーなどに用いられる．効率が悪く，ランプの寿命も短い．

②蛍光ランプ…効率がよく，ランプの寿命も長い．陰ができにくく，電球色は和室やリビングなどに，昼白色はリビングや子ども部屋などに用いられる．

③HID ランプ…High Intensity Discharge（高輝度放電ランプ）の頭文字をとったもので，高圧水銀ランプ，メタルハライドランプ，高圧ナトリウムランプなど，高圧放電によって発光するランプの総称である．天井の高い体育館や屋外の照明に用いられるが，点灯に数分の時間がかかる．

④LED ランプ…小型・軽量で，寿命も蛍光ランプより数倍長く，省電力，低発熱，耐衝撃性などの優れた特徴をもつが，演色性・色温度や発光の改善が，今後の課題である．

◆d 色温度　　光源の色のことで，低いほど暖かく感じ，高いほど冷たく感じる．単位はケルビン（K）を用いる．図 3・181 に示すように，人を活動的にし，作業や勉強に適した環境をつくる場合は，色温度の高い，太陽をイメージさせる青白い蛍光ランプの光を選ぶ．逆に，心身をリラックスさせ，やすらぎを演出する場合は，色温度の低い，夕日を思わせる赤みを帯びた白熱ランプの光を演出する．

光源	白熱ランプ	蛍光ランプ	HID ランプ		LEDランプ
			メタルハライドランプ	高圧ナトリウムランプ	
輝度	高い	低い	高い		低い
効率	低い	高い	高い		高い
寿命	短い	長い	長い		非常に長い
色	赤色	青白色	白色や自然色	ゴールデンホワイト色	フルカラー
使用例	照明全般	照明全般	屋内高天井, ホール	広場, 道路, スポーツ施設	信号, オフィス, 屋外灯など
写真					

図 3・180　光源の種類（写真提供：日立ライティング）

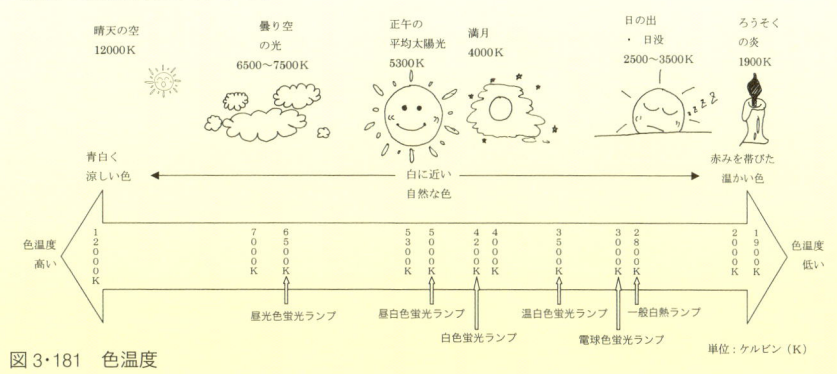

図 3・181　色温度

4 音

　生活に関わる音は，一般に人間の聴覚を刺激する音であるが，聞こえなくても人体や心理に影響を及ぼすものもある．音は必要な情報であるが，望まない騒音は不快を与える．また建築物の室内では，聞きたい音を明瞭に聞くことも必要である．ここでは，建築物内外の騒音の防止方法と，音響の適切な計画を学ぶ．

1）防音

　一般に，防音は，遮音，吸音などの要素にわけることができる（図3・182）．

◆a 遮音　　透過音を減らすことで，防音することである．遮音性能の高い建築物は，壁・天井・床の隙間がなく，開口部の気密[*1]性が高い．また，音は重い材料ほど透過しにくいので，コンクリートなどを用いて壁厚を厚くしたり，二重壁にすると遮音に効果がある．

◆b 吸音　　反射音を減らすことで，防音することである．高音をよく吸収するグラスウールやロックウールの多孔質材料，低音をよく吸収する合板・石こうボードなどの板状材料，中音をよく吸収する孔あき板（穿孔板材料）などがある（図3・183）．

2）住宅の騒音の防止

　生活をしていると，さまざまな音に囲まれる．不必要な音や好ましくない音は騒音であり，図3・184のような遮音床や開口部で音の出入りを防ぐことが必要である．

◆a 屋外から　　住宅の外壁の遮音性能は，ほとんどサッシで決まる．音の遮断対策としては開口部の気密性を高めることが中心となる．窓の音の遮断性能は，一般的にシングルサッシよりも二重サッシのほうが優れている．また室内部のドアなどの開口部も弱点になるので，必要に応じて防音ドアを用いる．

◆b 室内から

　①上部階の足音や衝撃音…床にクッション材や防音フローリングを敷いたり，床を構造物から浮か

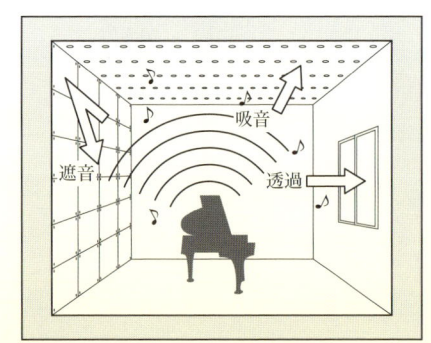

図3・182　防音

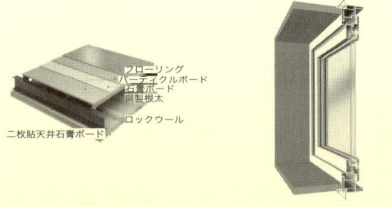

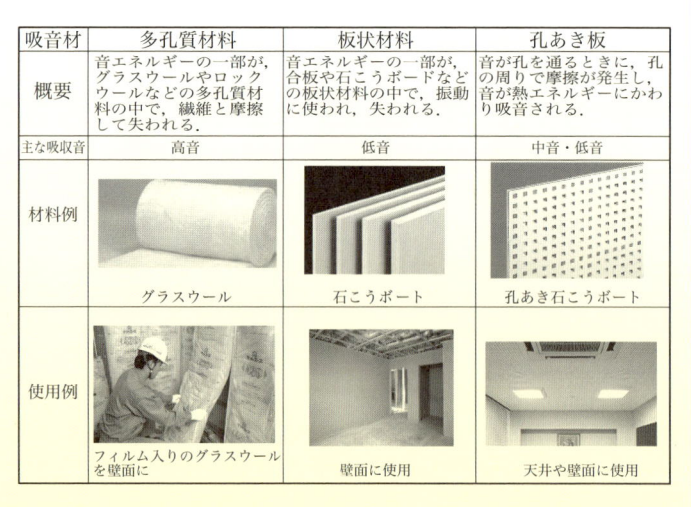

吸音材	多孔質材料	板状材料	孔あき板
概要	音エネルギーの一部が，グラスウールやロックウールなどの多孔質材料の中で，繊維と摩擦して失われる．	音エネルギーの一部が，合板や石こうボードなどの板状材料の中で，振動に使われ，失われる．	音が孔を通るときに，孔の周りで摩擦が発生し，音が熱エネルギーにかわり吸音される．
主な吸収音	高音	低音	中音・低音
材料例	グラスウール	石こうボード	孔あき石こうボード
使用例	フィルム入りのグラスウールを壁面に	壁面に使用	天井や壁面に使用

図3・183　吸音材料（写真提供：旭ファイバーグラス，吉野石膏）

(a) 遮音床の構造　　(b) 二重サッシ

図3・184　住宅の騒音の防止（写真提供：大和ハウス工業，トステム）

[*1] 建築では，室内外の間に空気が流通しないように密閉された状態．

せる浮床工法などを用いて，上階の足音や衝撃音が下階に伝わらないようにする．
② 隣り合う居室…遮音壁やクローゼット・物入れなどを配置するとよい．
③ 配管によるの水流音…集合住宅の上階配管による深夜の水流は，近隣トラブルの原因にもなる．配管の音が出る水廻りは上下階に重ね，配管も遮音材で囲むとよい．また，キッチン，サニタリーなどで発生する騒音には，図3・185に示すように，給水の止水による衝撃音があり，これをウォーターハンマーという．

3）音に対する要求

音楽ホールや教室などにおいては，聞きたい音に対して目的に合った聞こえ方，つまり明瞭さや適切な残響が求められる．残響とは，音源の音が停止してから，天井や壁などで反射を繰り返し，室内にわずかに残る音をいう．残響時間が長すぎると聞き取りにくいし，短すぎると音の拡がりが感じられない．各室の使用目的に応じた最適残響時間が重要になる（図3・186）．

4）反響（エコー）

直接音に続いて時間的に分離した大きな反射音があると，音が二重に聞こえる．反響と呼ばれるこの現象は，反射音の遅れが約1/20秒以上になると生じる．これを防ぐには，反射性の強い平行な壁を避け，壁や天井に凹凸をつけたり，壁面にカーテンを吊すなどが有効である．

5）劇場，舞台の音響

凹曲面の天井などでは，反射した音が一点に集中して客席の音圧分布が悪化するので，天井面や壁面は凸曲面にする．遠くまで音が聞こえるようにステージ背面は音が反射するようにし，反響を避けるために，客席後部には吸音材を配置するとよい．すぐれた音響を有するロイヤルフェスティバルホール（イギリス・ロンドン）の平面図・断面図を図3・187に示す．

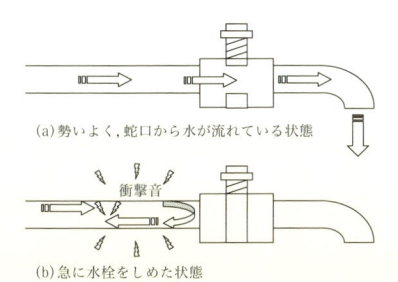

図3・185 ウォーターハンマー

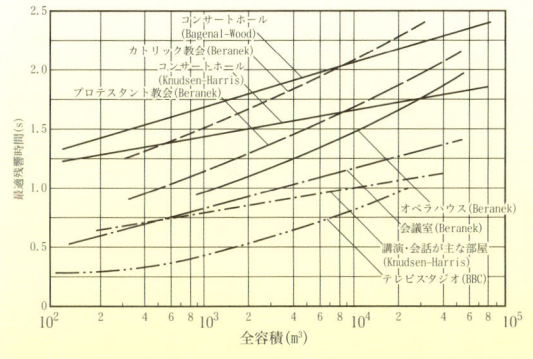

図3・186 最適残響時間（出典：「建築設計資料集成1 環境」1978）

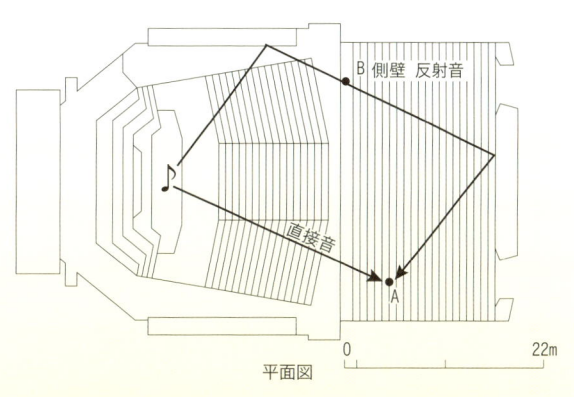

ステージからの音が直接音としてAに伝わるとき，同じ時間で側壁反射音がBに到達し，後部で反射後，遅れてAに到着する．
AB間の距離は，約22mあり，17mを超えるため反響（エコー）が生じるはずだが，断面図に示すように，床や壁，天井などにさまざまな吸音材を使い，これを防いでいる．

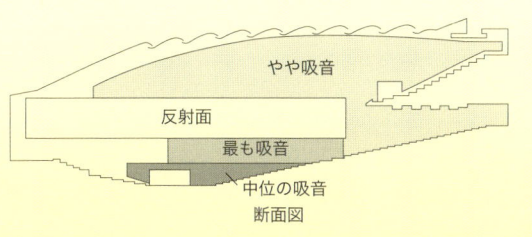

図3・187 ロイヤルフェスティバルホールの音響計画

3·7　サステイナブル建築

　私たちはもう一度原点に立ち返って，自然エネルギーや周辺環境を上手に取り入れながら，建築物で消費されるエネルギー量を削減し，地球に優しい建築のデザインを考え直す時代を迎えている．建築物とその周辺環境を健康で安全なものとし，持続可能（サステイナブル）な社会を実現していく建築計画が求められる．

❶ 環境の要素

　20世紀は，物質や技術の発達によって都市や建築が急速な進歩をとげ，人々に快適な生活環境を持たらしてくれた．その結果，地球の温暖化，生態系の破壊，エネルギー資源の枯渇化，廃棄物の増大などが地球規模で深刻になっている．私たちを取りまく建築環境は，利便性と快適性の面では飛躍的に進歩したが，利便性と快適性を機械的な技術で達成しすぎた感がある．そして，温室効果ガス，廃熱，ゴミ，空気・水・土の汚染物質などの過剰な発生につながり，地球環境への大きな負荷を生じさせてきた．21世紀の建築物に求められるサステイナブル建築の計画の方向性として，次に示す4つの原則を中心に据えて考えてゆく必要がある．私たちの子孫にどれだけ豊かな地球を残していけるかを考えながら，サステイナブル建築の計画を行わなければならない．

①環境負荷の少ない環境共生建築を計画すること（図3·188）．
②建築設計に太陽光や未利用エネルギーなどを積極的に活用し，省エネルギー化を図ること（図3·189）．
③建築物の耐用年数を長くし，長寿命化を図ること（図3·190）．
④建築のリノベーションを積極的に行うこと（図3·191）．

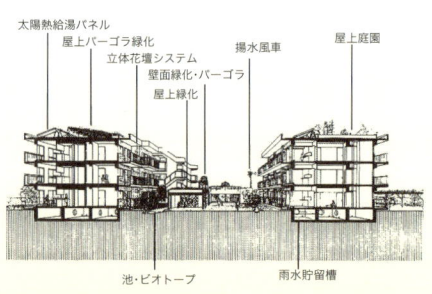

図3·188　環境共生建築／世田谷環境共生住宅（岩村和夫・小林明，東京，1997）

図3·189　省エネルギー建築／名護市役所（象設計集団，沖縄，1981）

図3·190　建築の長寿命化／ルミナス東小金井（三井建設，東京，1995）

図3·191　建築のリノベーション／アイビースクエア（浦辺鎮太郎，岡山，1970）

1）光・熱

太陽からの日照，日射を私たちの生活にどのように利用するかによって，日々の生活が快適になるか，暮らしにくくなるかが決まる．快適な環境を確保するためのさまざまな工夫には，次のようなものがある．

◆a 日照調節　　日射を遮る方法は，窓ガラスの材質による場合と，日除けを用いる場合とに大別される．夏季と冬季，または時刻によって大きく異なる太陽の位置と高度を知り，合理的な調整をしなければならない（p.96 参照）．

◆b ライトコート　　ライトウェルともいい，光を導き入れるだけでなく，年間を通じて熱の緩衝地帯となる．夏は換気の通路として，冬は寒さを和らげる空間となる（図3・192）．

◆c ライトシェルフ　　ライトシェルフを設けることによって，昼光を積極的に利用した空間の照明が可能になる（図3・193）．

◆d パッシブソーラー　　冬季の昼間に日射を取り入れ，熱容量の大きい壁体や蓄熱材に蓄熱し，日没後や夜間に放出し室温の低下を防ぐことをダイレクトゲインの利用といい，住宅や保養施設などの施設で暖房が主体の建物に適する（図3・194）．木造の住宅などで，屋根に通気層を設けて太陽熱で加熱し，その熱気を利用するOMソーラーもパッシブソーラーの一種である（図3・195）．

◆e アクティブソーラー　　屋根や外壁に集熱装置（コレクター）を設置し，そこで加温された水または熱媒体を利用する（図3・196）．給湯や暖房を主体としたシステムに適するが，吸収式冷凍機などを用いた冷房の方法もある．集熱装置を視覚的にいかに効果的にデザインするのかも，重要な計画的要素の一つとなっている．

図3・192　ライトコートの例

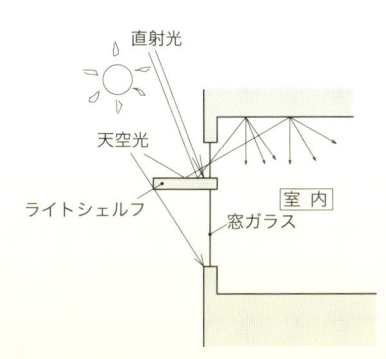

図3・193　ライトシェルフの例

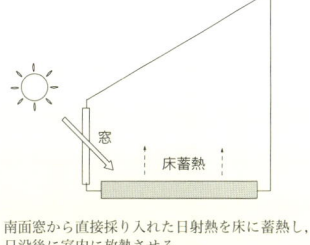

図3・194　パッシブソーラー
南面窓から直接採り入れた日射熱を床に蓄熱し，日没後に室内に放熱させる．

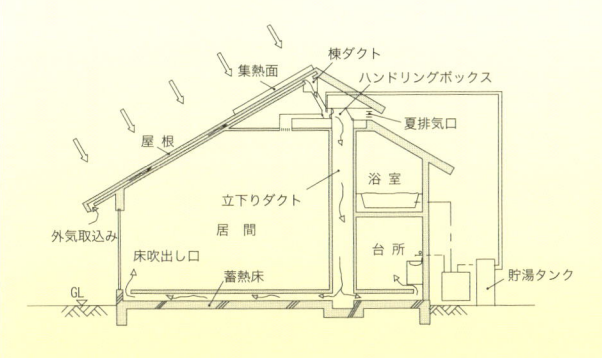

図3・195　OMソーラー

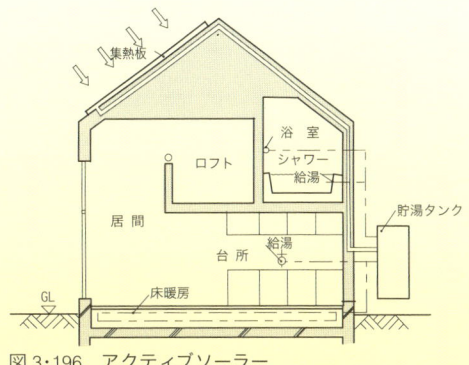

図3・196　アクティブソーラー

2）空気・風

気流の変化が建築物に与える影響や効果を考えることによって，屋根の形状や，窓・出入口の設置位置や面積などが変わってくる．風を取り込み，快適な環境を確保するためのさまざまな工夫には，次のようなものがある．

◆a 通風　　室内に自然風を取り入れ，室内に生ずる気流によって人体からの熱の放散を促進する．通風の効果を得るためには，風向，風速といった外部条件と室内の平面形や間仕切りの仕方といった内部条件に対する配慮が必要である．風の塔によって通風を促進する方法もある（図3・197）．

◆b 換気　　建築物内外の空気が換気されるのは，開口部の前後で圧力差が生じたときである．自然換気には，室内外の温度差によって生じる圧力差による温度差換気と外部風によって生じる圧力差による風力換気がある（図3・198）．

◆c アトリウム　　一般的に日射制御が重要で，東西のガラス面を避け，透過率の低いガラス，ルーバー，スクリーン，垂れ幕，植栽などを設け日射流入量の低減をはかる（図3・199）．さらに，卓越風向を考慮し開口部配置を決定し，自然換気につとめる．また，夜間にアトリウムの熱を排出し，昼間の室温上昇を抑えるナイトパージ[*1]を検討する（図3・200）．

3）緑

私たちの周囲にある多様な木々や草花と建築物の共存を考慮することは，熱環境を調整し，CO_2の削減につながるなど，これからの計画にとっては重要な手法になる．

◆a 植樹　　樹木をはじめ，植物全体の成長に不可欠なものが太陽エネルギーである．太陽エネルギーにより光合成が行われ，樹木にCO_2が固定される．また，日照を遮り，蒸発散によって冷却するなど，熱環境の調整に役立つ．

図3・197　風の塔／東京ガスアースポート
（日建設計，神奈川，2000）

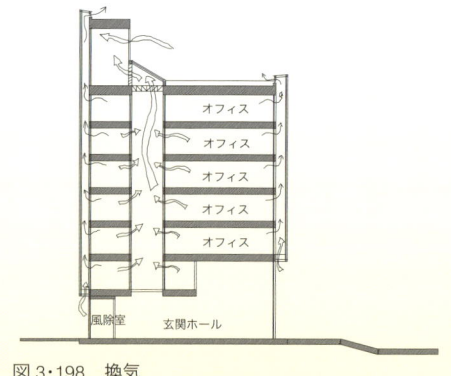

図3・198　換気

図3・199　アトリウム／ナショナルツインタワービル（日建設計，大阪，1986）

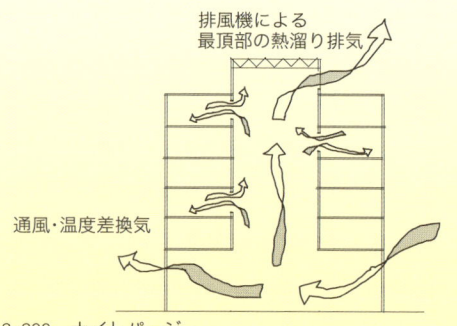

図3・200　ナイトパージ

[*1] 夜間に建築物内部の熱を排出し，昼間の室温上昇を抑える換気方式のこと．

◆b 屋上緑化・壁面緑化　　屋上や壁面の緑化は，夏は断熱，日射遮蔽，空気冷却，冬は風や天空放射の影響の緩和など，熱的な効果も得られる（図3・201）．

◆c ヒートアイランド現象の緩和　　大都市では膨大なエネルギーを集中的に使用することにより，都市部の大気中に多量の廃熱が排出され，気温が周辺地域より数度高くなることがある．この現象は，熱的にみて高温域が島状に発生するので，ヒートアイランドと呼ばれる．この緩和策としては，緑化が効果的であるといわれている（図3・202）．

4）水

地球は「水の惑星」であり，生態系とその中にある私たちの生活は，水と切り離すことができない．水を効果的に建築物に取り入れることによって，さらに快適な生活環境の向上を目指す必要がある．

◆a 雨水利用　　便所洗浄水のほか，非常用飲料水や消火用水，散水，屋根融雪など地域や目的によってさまざまな利用方法が考えられる（図3・203）．

◆b 噴水・滝・プール　　親水空間は私たちにとって心が安らぎ，落ち着くことができる重要な存在である．

◆c ビオトープ　　川や池などを中心とし，緑に囲まれた野生生物の生息に適した環境条件を備えた空間をいう．市街地にある敷地の一部や屋上などに，緑地，池，湿地といった自然環境を再生すると，夏季に気化熱によって周囲の気温が低下したり，視覚的な安らぎや心地よさが得られる（図3・204）．

◆d 雨水の地下浸透　　透水性舗装，浸透ます，浸透トレンチなどによって，雨水を地下に浸透させることは，ヒートアイランド現象の緩和，都市型洪水の防止，地下水の涵養などに役立つ．

図3・201　屋上緑化／アクロス福岡（アンバース，福岡，1990）

図3・202　ヒートアイランド現象の緩和／大崎シンクパークタワー（日建設計，東京，2007）

図3・203　雨水利用／東京ドーム（日建設計，東京，1988）

図3・204　ビオトープ

2 建築物の省エネルギー

21世紀における建築デザインは，使用エネルギーとCO_2の排出量を削減し，地球温暖化を防止できるような建築環境を創造することが重要となる．そのためには，冷暖房機器のような機械的な環境調整技術のみに頼ることなく，十分な省エネルギーに配慮した建築計画と効率性・更新性を重視した設備計画を組み合わせる必要がある．

1）配置計画

南側に空地を設けることにより，冬期に建築物内に十分な日射を取り入れることができ，室内が暖かくなるので，省エネルギー効果が期待できる．さらに，建築物内が明るくなり，照明用エネルギーの節約もできる（図3・205）．

2）建築形状

立方体や球体のように，外周壁面積が小さい形状ほどエネルギー損失が小さい．また，壁よりも熱を通しやすい窓面積は，小さいほうが有利であるが，採光，開放感，法規制を考慮して決定すべきである．さらに，地中温度は年間を通じてほぼ一定であり，地中の利用も考慮すべきである（図3・206）．

3）平面計画

非空調室を最上階や外周部に配置し，熱緩衝帯として利用すると効果的である．例えば，東西端部にコアを設けるダブルコアは，中央部にコアを設けるセンターコアに比べて省エネルギーとなる．さらに次に示す項目に留意する（図3・207）．

①昼光利用や自然換気を可能とするように室配置を工夫する．

②同様な使われ方をする室をまとめて配置する．

③ダクトや配管の経路を短くするように機械室・シャフト位置を決める．

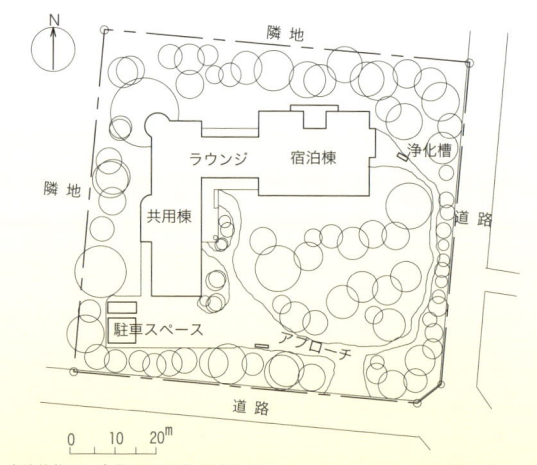

図3・205　配置計画／飯綱山荘（日建設計，長野，1991）

本建築物は，自然エネルギーを使った計画がなされ，四季をとおして環境配慮手法を使って快適に過ごす工夫がされている．夏季の日射は，深い庇と植栽により，遮へい，照返しを低木や草花で防止している．もともと比較的高地であり，建物全体の風通しをよくすることにより，自然換気で快適環境をつくり出すよう計画されている．

図3・206　建築形状／大阪市中央体育館　建物すべてを地下に設け，外部はシェル構造の屋根部分に植栽を施し，断熱効果と恒温性を生かした省エネ建築である（日建設計，大阪，1996）

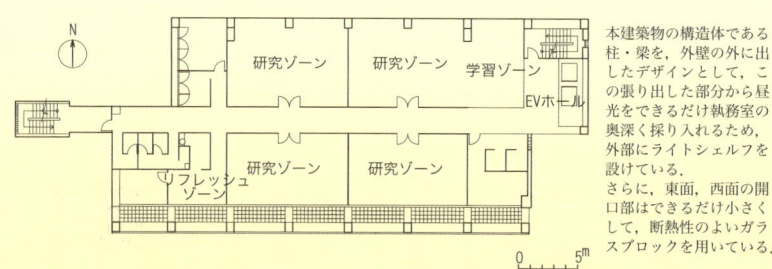

図3・207　平面計画／電力中央研究所（鹿島，神奈川，1993）

本建築物の構造体である柱・梁を，外壁の外に出したデザインとして，この張り出した部分から昼光をできるだけ執務室の奥深く採り入れるため，外部にライトシェルフを設けている．
さらに，東面，西面の開口部はできるだけ小さくして，断熱性のよいガラスブロックを用いている．

4) 外皮計画

　高気密・高断熱, 高機能ガラスなどを使用することによって, 省エネルギーを図るような外皮計画を行う必要がある.

◆a 外壁・屋根・床　　効果的な断熱に関しては, 熱貫流率をできるだけ小さくすることが重要である. さらに床スラブや外周基礎垂直面, 外壁隅角部の断熱補強が必要である（図3・208）. また, 日射負荷を小さくするための建物形状, 壁面配置, 庇の検討が重要である. さらに, 屋上庭園, 二重屋根, 屋上散水, クールルーフ（高反射性塗料を塗布した屋根）, 日射を反射する外装色などについても検討すべきである.

◆b 窓・開口部　　負荷の大きい窓からの熱の出入り防止に留意する必要がある（表3・5）. 窓面積を小さくしたり, 低放射ガラスを用いた高断熱複層ガラスなどの高機能ガラスや二重サッシを用い, 庇, ルーバー, ブラインドなど日射調整装置を設置する. さらに, サッシの気密性, 出入り口, 階段室, エレベーターシャフトの気密性に留意し, すきま風防止に努める. また, 昼間電気消費量の低減をはかる方策として, 昼光の積極的な利用をはかる.

◆c ダブルスキン　　建築物の窓面・壁面の外側の一部または全面をガラスで覆う工法である. 外壁とガラスの間に空気を循環させ, 十分な採光を確保しつつ, 季節によって運転を切り替えることによって, 断熱や換気を行い, 省エネルギー効果をはかる（図3・209）.

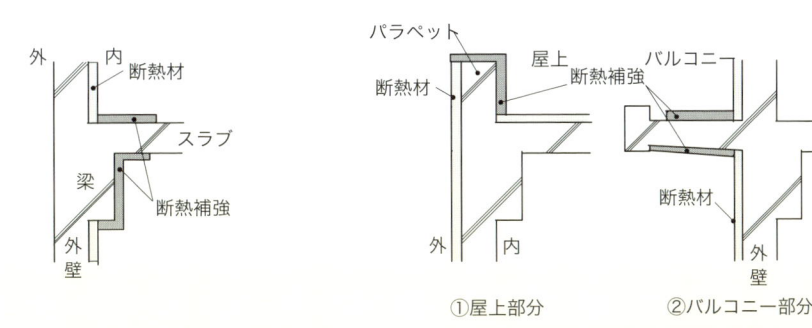

(a) 内断熱の場合　　(b) 外断熱の場合　①屋上部分　②バルコニー部分

図3・208　隅角部などの断熱補強

表3・5　断熱基準（省エネ法「設計及び施工の指針」より抜粋）

地域区分	建具の種類と組み合わせ	熱貫流率
Ⅰ, Ⅱ	単板ガラス建具＋単板ガラス建具＋単板ガラス建具	1.91
	単板ガラス建具＋空気層12mmの高断熱複層ガラス建具	1.51
Ⅲ	単板ガラス建具＋単板ガラス建具 (一方の建具がプラスチック製または木製)	2.91
	空気層6mmの複層ガラス建具 (木製建具またはプラスチック製建具)	3.36
Ⅳ, Ⅴ	単板ガラス建具＋単板ガラス建具	4
	空気層6mmの複層ガラス建具	
Ⅵ	単板ガラス建具	―

Ⅰ…北海道, Ⅱ…青森, 岩手, 秋田, Ⅲ…宮城, 山形, 福島, 栃木, 新潟, 長野, Ⅳ…茨城, 群馬, 埼玉, 千葉, 東京, 神奈川, 富山, 石川, 福井, 山梨, 岐阜, 静岡, 愛知, 三重, 滋賀, 京都, 大阪, 兵庫, 奈良, 和歌山, 鳥取, 島根, 岡山, 広島, 山口, 徳島, 香川, 愛媛, 高知, 福岡, 佐賀, 長崎, 熊本, 大分, Ⅴ…宮崎, 鹿児島, Ⅵ…沖縄（各々おもな都道府県名とする）

図3・209　ダブルスキン／アラブ世界研究所
（ヌーヴェル, フランス・パリ, 1987）

3 建築物の長寿命化

　建築物の寿命は，災害による破壊，構造体の劣化，設備の老朽化，用途転換への不適合などによって尽きる．建築物の寿命を「耐用年数」という．建築物の耐用年数を長くするためには，丈夫な構造体の確保とフレキシブルな空間構成を行うことが重要である．

1）耐久性

　建築物の耐用年数を増大する方法の基本は，丈夫で，長持ちする骨組みをつくることである．長持ちさせる条件として，主要な骨組みを大きな改修や更新をすることなく，期待される耐用年数の期間，安全を確保しながら使用できるように，材料の選択および施工が適切に行われることなどが求められる．

◆ a CFT構造　　コンクリート充填鋼管構造とも呼ばれ，S，RC，SRC造に次ぐ第四の構造体をいう．鋼管の中にコンクリートを充填することにより，優れた靭性（ダクティリティ）を有する新しい複合構造体が完成する（図3・210，p.13図1・14（g）参照）．

◆ b 高耐久性コンクリート　　通常より水や空気の量を少なくすることにより，気泡や空隙を減らし，コンクリートの中性化を抑制するとともに乾燥収縮によるひび割れを低減することにより，100年から200年以上の耐久性を持つ頑強な構造体を構築する．

◆ c ETFE（フッ素樹脂系透光素材）膜　　優れた耐久性・耐候性とともに，ガラスの1％以下という軽量性を特徴とし，ドーム状の大空間などを覆う場合に効果的である（図3・211）．

◆ d 防汚コーティング　　耐久性の高い石やタイルやガラス面に，耐用年数が20年以上といわれる低汚染タイプのフッ素樹脂加工の防汚コーティングを施す（図3・212）．

図3・210　CFT構造／国立国会図書館（陶器二三雄，大阪，2000）

図3・211　ETFE膜／ウォーターキューブ（PTW，中国・北京，2008）

図3・212　防汚コーティング　窓ガラスに防汚コーティングの加工を施している

図3・213　テラコッタタイル

◆e 再生テラコッタタイル 　再生素材を40％使用した低環境負荷の大型陶板タイルで，耐久性，強度などにすぐれる．外断熱のメンテナンスフリーの外装材として，超高層建築物にも使用される（図3・213）．

2）構造的安全性

地震や風に対する建築物の構造的な耐力の向上を図ることは，安全性の確保と同時に長寿命化にもつながる．免震技術や制振技術などが，種々の建築物に実用化されている（図3・214）．

3）スケルトン・インフィル

建築物の躯体であるスケルトン部分と内装・設備関係のインフィル部分を分離し，スケルトン部分の高耐久性とインフィル部分の更新性により，建築物としての耐用年数を長くすることが求められている（図3・215，p.12図1・17参照）．インフィルの更新で発生する廃棄物は，リサイクルや再資源化が進められており，ゼロエミッション[*1]の効果的な推進が求められる．

4）計画的保全・更新

建築物の耐用年数を増大させるためには，使用中の防水，外装，設備などのメンテナンスが重要となる．最先端の構造，最新の設備であっても，その建築物を長持ちさせるため，手入れを怠ってはならない．さらに，長期間使用してきた近代建築物や歴史的建築物の更新を行い，さらなる長寿命化をはかる（図3・216）．

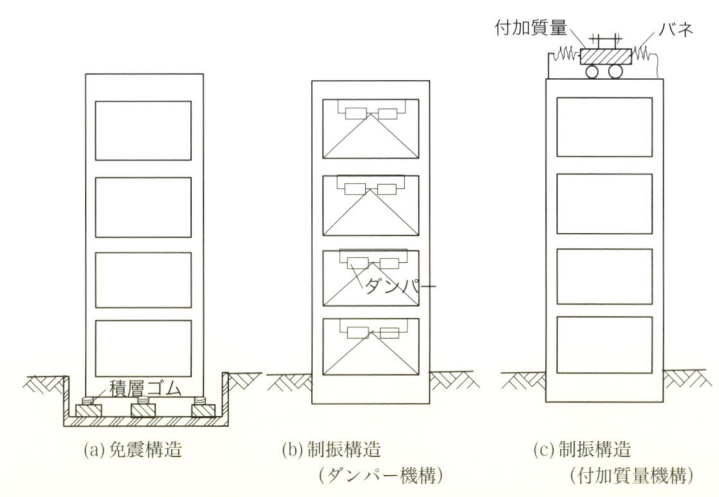

図3・214　構造的安全性の例
(a) 免震構造　(b) 制振構造（ダンパー機構）　(c) 制振構造（付加質量機構）

図3・215　スケルトン・インフィル／NEXT21　環境に配慮したスケルトン・インフィルの実験集合住宅（大阪ガスNEXT21建設委員会，大阪，1993）

図3・216　計画的保全・更新／赤レンガ倉庫　明治末期に国の模範倉庫として建設された歴史的建造物（妻木頼黄，横浜市，2002）

*1 廃棄物を削減したり，リサイクルに努め，環境汚染物質の排出ゼロを目指すこと．

4 建築物の循環

わが国の建築物をつくるために費やされる資源やエネルギーは，全産業の中で大きな割合を占めている．言い換えれば，建築行為は環境へのインパクトが非常に大きい人間活動のひとつである．建築物を建てては壊していくスクラップアンドビルドを繰り返していると，膨大な量の天然資源とエネルギーを浪費することになる．このことは地球環境にとって大きな負担をかけることになるので，無用な建設行為を抑制して環境への負荷を少なくすることが，将来にわたって持続しうる社会を構築していく上で非常に重要である．

1) 建設の3R：リデュース，リユース，リサイクル

サステイナブルデザインの根幹をなすものとして，3Rの考え方がある．3Rとは，廃棄物を出さないというリデュース，廃棄物の再使用を行うリユース，廃棄物の再資源化を行うリサイクルを表す（図3・217）．

2) 解体・廃棄

建築物の3Rを推進するのであれば，計画時から建築物の作り方を工夫しておかなければならない．現代の木造住宅やオフィスビル等の多くの建築物は，廃棄後のことなどはほとんど考えずに建てられているために手の打ちようがないというのが現状である．そこで現在，リユースやリサイクルしやすい材料や接合法，廃棄しやすい材料や解体しやすい構造方式の検討などが積極的に行われている．

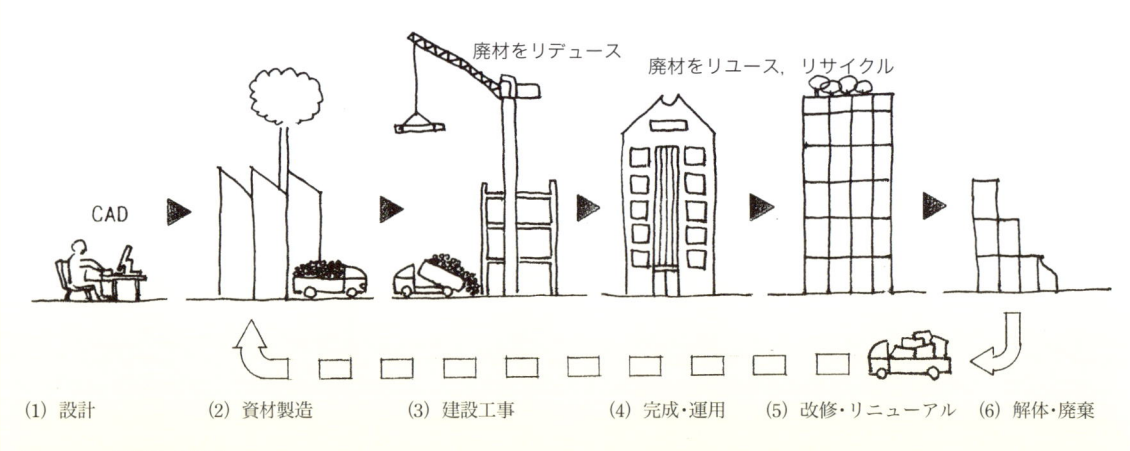

(1) 設計　　(2) 資材製造　　(3) 建設工事　　(4) 完成・運用　　(5) 改修・リニューアル　　(6) 解体・廃棄

図3・217　建築物の循環

(a) ドイツ連邦議会新議事堂（フォスター，ドイツ・ベルリン，1999，出典：現地の絵葉書）　　(b) 国立子ども図書館（安藤忠雄＋日建設計，東京，2002）

図3・218　リノベーションの例

3）リノベーションとコンバージョン

経年によって劣化した建築物を，新たに使用できるように改造・刷新することをリノベーションといい，特に用途上の寿命を終えた建築物を，用途転換という形で再生させることをコンバージョンという．図3・218に示す建築物は，議事堂や図書館をリノベーションした例である．また，図3・219に示す建築物は，電話局や発電所を，複合商業施設や美術館にコンバージョンした例である．

4）CASBEE（建築物総合環境性能評価システム）

CASBEEは，建築物の省資源・省エネルギーなどの環境負荷削減や，景観や環境への配慮などの建築物の品質を総合的に評価するものである．敷地外の環境への負荷が少ないか否か，利用者にとって快適か否かなどの環境性能を総合的に評価するシステムをいい，図3・220のように，建築物をQ（建築物の環境品質）とL（建築物の環境負荷）の2つの軸で評価して，BEE（環境性能効率）の指数により，SランクからCランクの5段階に分類する．Qが高く，Lが低いほど評価が高くなる．評価A以上がサステイナブル建築として優良とみなされる．Sランクは，サステイナビリティを特に意識し，環境工学的な工夫を凝らした計画がなされていることを示す．

(a) 新風館（旧京都中央電話局）（R・ロジャース，京都，2000）

(b) テートモダン・ミュージアム（旧バンクサイド発電所）（ヘルツォーク&ド．ムーロン，イギリス・ロンドン，2000）

図3・219　コンバージョンの例

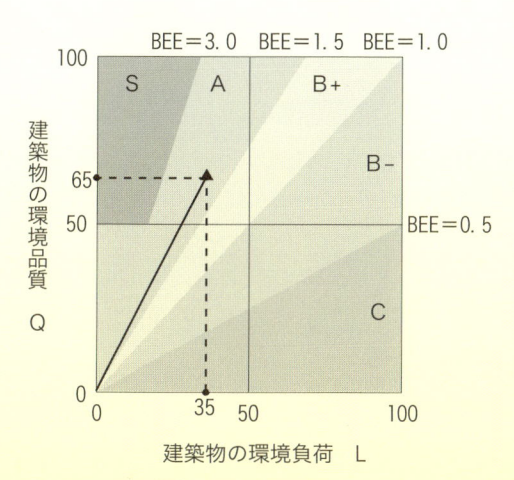

$$BEE = \frac{建築物の環境品質\ Q}{建築物の環境負荷\ L} = \frac{65}{35} = 1.9$$

この建築物は，最高ランク「S」評価，BEE（環境性能効率）＝4.9の認証を受けている．
大阪弁護士会館（日建設計，大阪，2006）

図3・220　CASBEE（建築物総合環境性能評価システム）の例

伊東豊雄
エマージング・グリッド（生成する格子）

　伊東豊雄は，菊竹清訓建築設計事務所から1971年に独立し，当初は，U字型の平面と白い湾曲した壁を持つ中野本町の家や，軽快なボールト屋根に覆われた自邸シルバーハットなど，住宅を中心に活動していたが，次第に社会性をもった建築を手がけるようになる．

　1986年，コンクリートタワーの再生コンペとして取り組んだ，シンボルタワー兼地下街換気塔「横浜風の塔」は，アルミ・パンチングメタルと，周囲の環境をコンピュータ制御によって照明の光に変換し，表現することによって注目を集めた．

　1990年代に入り，国内最大の木造建築である大館樹海ドームや，せんだいメディアテークなど創造性豊かな外観・内部空間を有する作品をつくり続けている．

　伊東の建築思想の核となる「エマージング・グリッド（生成する格子）」という考え方は，一般に均質な四角い格子を単位にして組み立てられている建築に対し，人間の柔らかい感覚に合致するようにグリッド（格子）を曲線的に柔軟に変化させていくことを意味しており，それは建築の構造を自然に近づけることでもある．

　2006年には王立英国建築家協会よりゴールドメダルを受賞するなど，世界的評価も高く，その代表作に八代市立博物館「未来の森ミュージアム」やサーペンタイン・ギャラリー・パビリオン2002，まつもと市民芸術館などがある．

せんだいメディアテーク（宮城，2000）

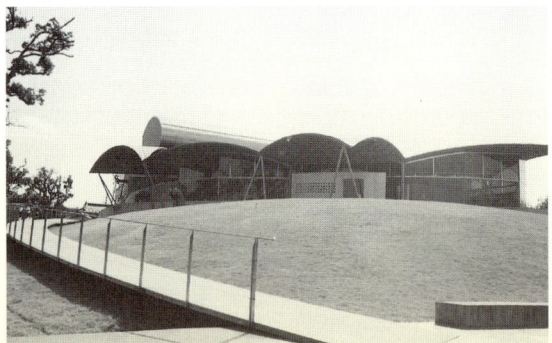

八代市立博物館・「未来の森ミュージアム」（熊本，1991）

まつもと市民芸術館（長野，2004）

大館樹海ドーム（秋田，1997）

アイランドシティ中央公園ぐりんぐりん（福岡，2005）

第4章
住宅のデザイン

　住宅のデザインは，構造安全性や機能性を追求するだけでなく，快適性を重視しなければならない．また，依頼者（クライアント）の希望を満たす住宅という器を設計するだけでなく，ライフスタイルをデザインすることが求められる．

　本章では，1章から3章までの基本事項を踏まえ，住宅の計画をとおして具体的な空間構成の手法，各室の計画，空間の演出方法を学ぶ．

屋根の家（手塚建築研究所，神奈川，2001／写真・木田勝久）
　屋根の上には，全面に木製デッキが張られ，テーブル，椅子，キッチンが備えつけられ，食事ができるようになっている．すべての室に1つ以上の天窓が付いていて，開閉可能な8つの天窓が屋根の上と下の室をつなぐ．
　屋根は，地面と同じ10分の1のゆるやかな勾配がついている．一見，非日常的空間と思える屋根の上の空間は，日常生活を楽しむための欠くことのできない場所となっている．

4・1　住宅設計の概要

住宅を設計する際には，さまざまな条件がからみ合ってくる．住宅設計とは敷地環境，規模，大きさ，法規，予算，クライアントの要求などの条件を調整し，空間の広がりや豊かさを存分に表現し，住宅のかたちをつくり上げていくことである．

■1 住宅の設計プロセス

設計にあたっては，まずクライアントの要求やライフスタイルなどの聞き取りを行う．次に現地を訪れて敷地および周辺の状況を把握する．これらの条件を整理し，実際に住まうことを想像しながら生活のストーリーを描き，設計の柱となるコンセプトを固める．そして，内外空間の構成を多数のスケッチや図4・1の模型，図4・2のCG[*1]などを用いて検討し，図面にまとめる．特に模型は住まいの全体像を具体的にとらえるのに有効な方法である．

■2 条件の整理

1）敷地状況の整理

敷地に関して整理すべき事項としては，敷地の形状，前面道路との関係，土地の高低差，方位，日照，風向，眺望，周辺の建築物の密度と環境，上下水道・ガスの整備状況，用途地域[*2]，日影規制などがある（図4・3）．

敷地状況の整理では，まず，周辺の状況を把握し，「敷地を読む」という作業が必要になる．敷地を読むとは，敷地とその周辺の分析を深め，設計の糸口をつかむことである．十分にその土地の状況を読み込まないと，その場所にふさわしい住宅を設計することはできない．

図4・1　住宅の外観模型

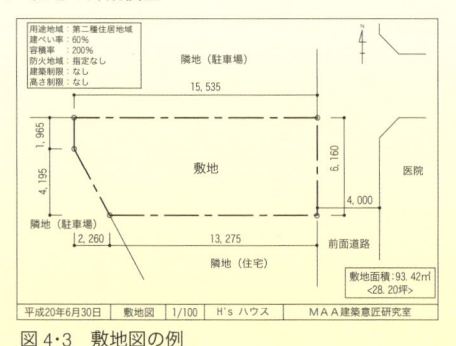

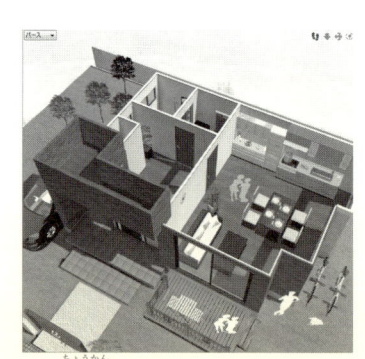

図4・3　敷地図の例

(a) 鳥瞰パース

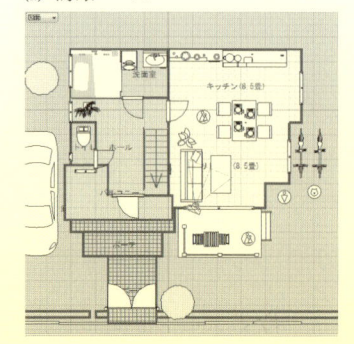

(b) 配置図兼1階平面図

図4・2　CGの例　(図版提供：イーフロンティア)

[*1] 主に3D CG（三次元コンピュータグラフィックス）と2D CG（二次元コンピュータグラフィックス）に大別される．
[*2] 建物が建てられる市街化区域を12の地域に分け，建築物の用途・密度・高さなどについて制限を定めている．

2) クライアントの要求の整理

　クライアントの要求は，データ収集を綿密に行うことからはじまる．図4・4に示すようなチェックリストをもとに，家族構成，各室の希望，設備に対する要望などの聞き取りを行う．そこから，家族のプロフィールを整理し，現在のライフスタイルから家族の未来，成長，暮らしの変化を描いていく．クライアントの要求を集積して形にするだけでは不十分であり，設計者はクライアントの心の内面的な要求を具体化させ，生活のプログラムやデザインを提案していくことが大事である．

◆a クライアントの希望の確認　　住宅設計の方向性を決めるため，クライアントが自分たちの暮らしの中に何が必要で，どのようなライフスタイルですごしたいのか，将来の家族計画はどのように考えているのか．例えば，リビングを本格的なホームシアターにして楽しむ，大きなテーブルでいつも家族が集まり会話をしたいなど，クライアントの暮らしのイメージを確かめることから始める．

◆b 設計者の立場で条件を整理　　クライアントに，今の住まいでの1日のライフスタイルを振り返ってみてもらい，そこから設計者は住まいの規模，大きさ，かたち，外に対して開放的にするのかなどを決めていく．室の規模は，住まいの延べ面積を予算などから計算して，大きさを概数で表し判断する．かたちは敷地との適度の間隔を重視し，隣接する建築物からの距離をみる．階数のことも視野に入れながら考え，プランニングの糸口を見つけていき，デザインへと結び付けていく．

◆c 将来の対応　　住まいを計画するにあたっては，家族が増える，子どもが独立して家を出る，親と同居する，定年退職するなど，さまざまな変化をある程度想定し，20年，30年後のことも考えておかなければならない．

敷地の基礎データ

敷地面積	坪またはm²
希望建築規模	坪またはm²
概算予算	円
地域・地区	地域
建蔽率	%
容積率	%
構造	造
その他	

ライフサイクル（予想）のチェック

時間の経過	家族（同居）の変化					住まいの変化
	父	母	長女	長男	祖母	
現在　2010年	42歳	41歳	13歳	11歳	66歳	
5年後　2015年	45歳	45歳	高校入学	中学入学 高校入学		キッチン改装
10年後　2020年	50歳	50歳	大学入学 大学卒業	大学入学		
15年後　2025年	55歳	55歳	結婚？	大学卒業	同居？始める	浴室・トイレ同居のため改装
20年後　2030年	60歳	60歳				

各室の要望（例）

主な所要室	機能・性能	所要面積（m²）	備考（仕上など）
リビングルーム			
ダイニングルーム			
寝室			
子ども室			
書斎			
高齢者室			
キッチン			
ユーティリティー			
洗面室			
浴室			
トイレ			
収納			
特記事項			

（機能・性能欄の注記：どんな使い方をするのか／必要の有無など／使用形態，機器の希望など）

図4・4　チェックリストの例

3 コンセプト

コンセプトとは，ある建築物の設計全体を貫く中心的な考え方のことである．住宅デザインの方向性は，このコンセプトから導かれる．設計者は敷地の条件やクライアントの要望などをもとに，イメージ[*1]と向き合いながら，じっくりとコンセプトを考え練る．その際には，たくさんのアイデアをスケッチブックに書き出していくことで，情報を整理することができ，コンセプトづくりをスムーズに進めることができる（図4・5）．逆に，デザインのベースとなるコンセプトが明確になっていないと，デザインの方向性が確立できず，住宅のデザインが中途半端になりかねない．

4 エスキス

エスキスとは，コンセプトを具体化しプランニングを行うまでの一連の作業である．エスキスは，単に平面的に室の組み合わせをするだけでなく，太陽，風，音などの自然要素を取り込み，吹抜けや天井の高さ，窓から見える風景，室の明るさなどを想像し，空間を立体的にとらえながら進めていくことが求められる．エスキスを行う際にはコンセプトと照らし合わせながら，敷地全体を含めた空間でイメージを確認していく．また，イメージしたデザインにあっているのかを模型などで確認しながら進めていくとよい．

1）ゾーニングの検討

ゾーニングとは，居住空間を公的空間[*2]，個人的空間[*3]，家事空間などのグループに分けることをいう．ゾーニングからはじめる場合，図4・6のようにゾーンごとに分ける．次に，人や物の動きや空気

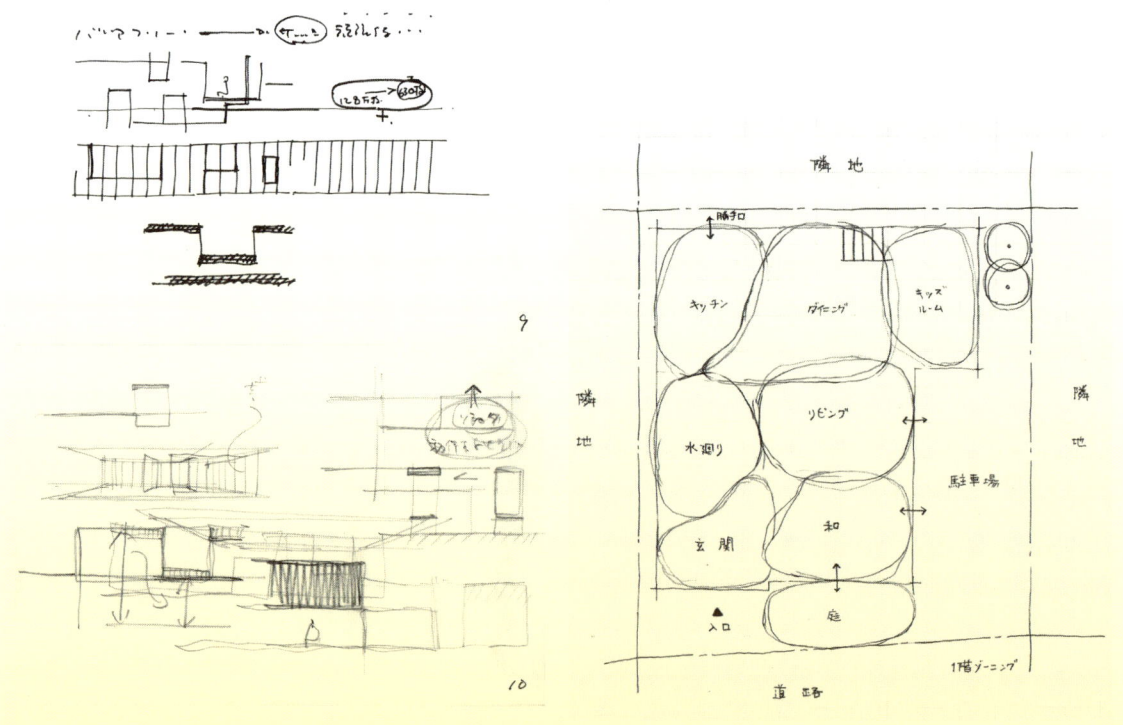

図4・5　コンセプトづくりの例 （図版提供：吉井歳晴）　　図4・6　ゾーニングの例

[*1] 空間のイメージは言葉で伝えにくいので，二次元や三次元で視覚的に表現していく．イメージはいくつものアイデア（考え，目的，観念，思いつき，構想）を集め，空間としてまとめていく．
[*2] リビングルーム，ダイニングルーム，ゲストルームなどをさす．
[*3] 寝室，子ども室，書斎などをさす．

の流れを考える．人の動線の検討は，具体的な日常生活をイメージしながら行い，太い動線は極力短くする（図4・7）．空気の流れについては，通風，換気，冷暖房などが効果的に行えるように，室配置や開口部・装置の位置などについて検討する．

2) デザインする

　ゾーニングは，主として平面的な検討になるが，同時に，空間の広がり，光の取り方，風の通り方などを立体的にとらえ，空間のイメージをつかむようにする（図4・8）．決して平面的に住宅のデザインをとらえないように心がける．この点が最も重要な視点である．

　快適な室内環境をデザインするには，東西南北の方位の検討，熱，空気，音，光，色などの要素を考慮することが大切である．また，建築物の構造的な部分も平行して検討を行う．

3) フィードバック

　クライアントからの要望をすべて住宅のデザインに反映させるのは困難なことである．クライアントが間取りにこだわりすぎ，室の配置だけの発想になっている傾向があるので，平面的な間取りだけに気をとられないようにする．大切なのは，どのようなライフスタイルを希望しているのか，各室で何をしたいのか，空間をどう利用するのかである．デザインすることにゆるぎがでないように，コンセプトを確認しながらエスキスを何度も見直していく必要がある．このように，フィードバックの繰り返しが，よい住宅のデザインへと導いてくれる進め方である．

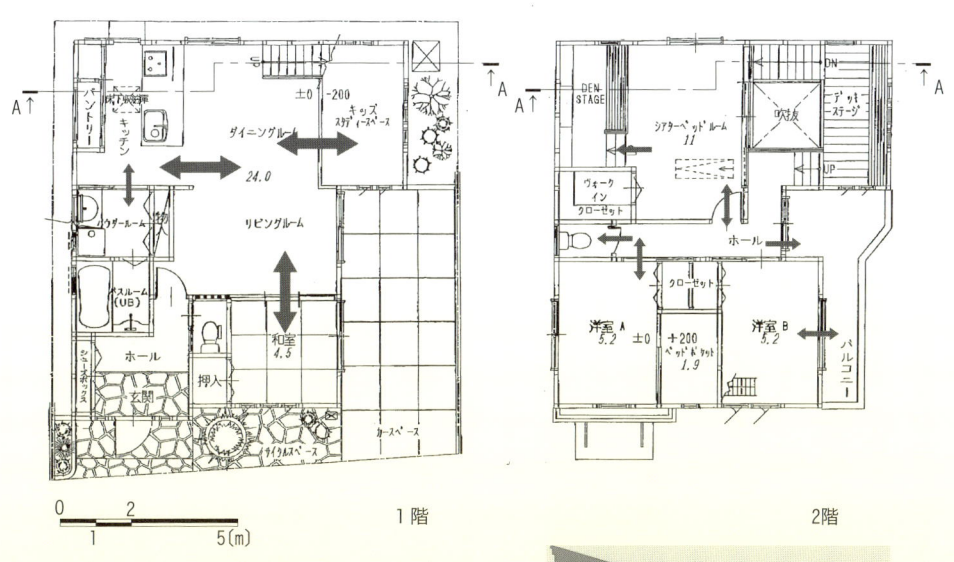

図4・7　動線検討の例（図版提供：富士住研，図4・8も同様）

図4・8　空間イメージの例
　図4・7の建築物のA－A断面図．キッチンに立っている母親から，子どもが遊んでいる様子や勉強している様子がよく見える．

4・2 各室の計画

住宅のデザインにおいて,室の役割,基準となる大きさを知ることは重要である.設計者はクライアントのライフスタイルによる室のさまざまな使われ方を考え,住宅のデザインを展開していかなければならない.本節では,各室をプランニングする際の基本事項を示す.

1 公的空間

1) リビングルーム

リビングルームは,家族全員が長い時間をすごす場所であり,家族のコミュニケーション,団らん,くつろぎの場である.家族にとっての中心的な室となるので,居心地のよい室内環境にするように努める(図4・9).そのためには,日照,通風などの自然環境を考慮し,必要な環境要素を取り込んだ空間にする.隣接してテラスを配置し,外部とのつながりをもち,開放的な空間をつくり上げるなど,各室とつなげればより広がりのある空間になる(図4・10).

リビングルームの広さは,ソファーを中心とした配置の場合,約 $10m^2$ ($2.7m \times 3.6m$) 〜 $16m^2$ ($3.6m \times 4.5m$) 程度,ゆったりとするなら約 $24m^2$ ($4.5m \times 5.4m$) 程度必要である(図4・11).床面積は実際の広さだけでなく心理的側面もある.廊下や階段を取り込んだり,吹抜けや高い天井にしたり,天窓採光を行うことで,開放感を得ることができる.また,雰囲気づくりには,複数の照明によるライティングが効果的である.

図4・9 リビングルームの例 (写真提供:エス・バイ・エル)

図4・10 テラスと隣接したリビングルームの例 (写真提供:東日本ハウス)

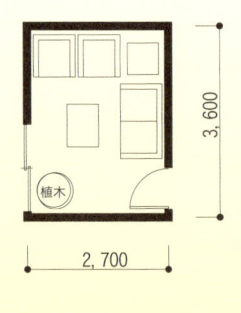

(a) 約 $10m^2$ ($2.7\times3.6m$) の例

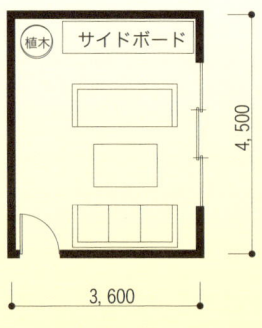

(b) 約 $16m^2$ ($3.6\times4.5m$) の例

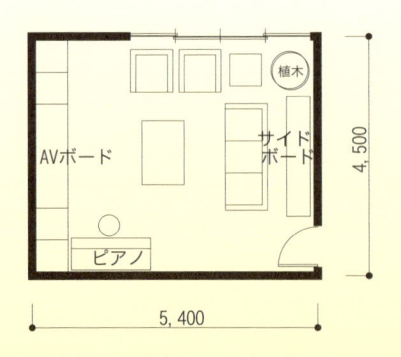

(c) 約 $24m^2$ ($4.5\times5.4m$) の例

図4・11 リビングルームの寸法例

家族が集まる場所にふさわしくなるように，個々の所有物はリビングに持ち込まないですむように，個室などに収納できるようにする．しかし，生活する上で比較的小さな物がリビングルームには集まってくるので，クライアントのライフスタイルに応じた収納方法を考えておく．奥行き30cm程度の造り付けの収納を壁一面に設けたり，リビングルーム脇に収納のための小部屋を設けておくと便利である（図4・12）．次にリビングルームの使い方の一例を示す．

◆a 和室をとりこむ　　和室は，座敷を生活様式の基本とする多数の日本人にとって重要な室である．また，和室には家具が少なく，フレキシブルな空間として利用できる．この和室を洋式のリビングルームの一角に設けるか，または隣接して設けることにより，ゆっくりとくつろげる空間構成となる．さらに，畳の部分を20～30cm程度高くすれば，腰掛けることもできるなど，さまざまな利用にも対応できる（図4・13）．

◆b 都市にすむ　　都市型住宅においては，近隣に建築物が密集していることが多く，1階部分の日当たりや風通しがよくない例が多い．そのため周囲からの視線をさえぎり，プライバシーを確保することも必要である．都市型住宅においては，リビングルームを2階にするプランが考えられる（図4・14）．2階にリビングルームをもってくると，日照・通風条件がよくなり，室を明るくすることができる．ただし，高齢者が同居する場合はホームエレベータを設置するなど，昇降の利便に配慮しておかなければならない．

図4・12　収納の例 (写真提供：ミサワホーム) 　　　　図4・13　和室をとりこんだ例 (写真提供：東日本ハウス)

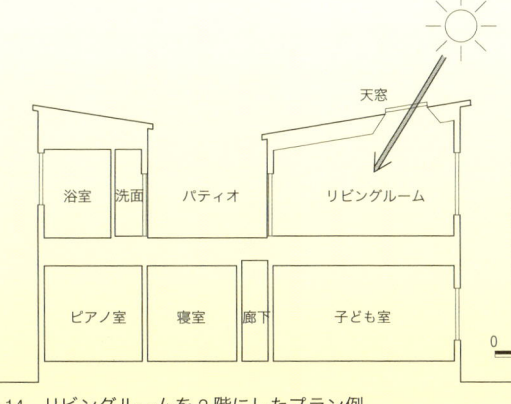

このプラン例は，2階にリビングルームをおき，プライバシーを確保しながら家族の憩いの場となるように計画している．特に採光とプライバシーを意識している．天窓から光をとりこみ，パティオはリビングルームに隣接させ，外部とのつながりをスムースにさせた例である．

図4・14　リビングルームを2階にしたプラン例

2) ダイニングルーム

　ダイニングルームは，食事をする場所である．家族が一緒に食事をとり，コミュニケーションをとる場所でもある．食事がおいしく食べられるように緑や採光を取り込むなど，室の演出を考えることが必要である．南面もしくは南東面に配置すれば，朝日が入り1日の始まりを快適にし，明るく，心もリフレッシュできる空間になる．

　ダイニングルームの広さは，食事の人数とテーブルの大きさから決め，テーブルの大きさに見合うスペースが必要である．4人家族の場合，約$7m^2$（2.7m×2.7m）〜約$10m^2$（2.7m×3.6m）が広さの基準となる．図4・15では洋室と和室の大きさの例を示している．

　第二のリビングルーム，ファミリールームとして位置づけ，家族の中心的場所として広くとるようにし，ダイニングルームを独立した室にしないで，リビングルームやキッチンを一体として考え，広く計画する場合がある．図4・16，4・17に洋室と和室の例を示す．

3) ゲストルーム

　ゲストルームは，接客と宿泊のための室である．リビングルームと連続させて日常から室として利用する場合と，リビングルームから隔てて接客としての位置づけをはっきりさせる場合とがある．住宅規模の制約があり，ゲストルームがとれない場合，予備室として客を招きいれる室をリビングルームかダイニングルームに設定しておく．

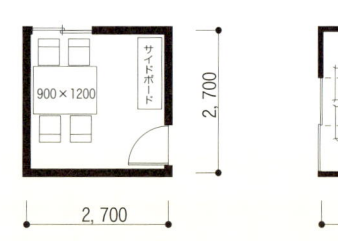

(a) 洋室（2.7×2.7m）の例
(b) 和室　約$7m^2$（4.5畳）の例 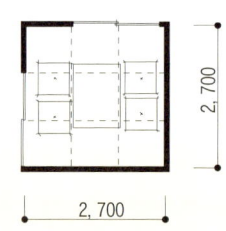
(c) 洋室（2.7×3.6m）の例 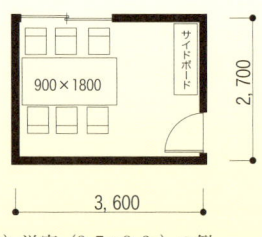
(d) 和室　約$10m^2$（6畳）の例 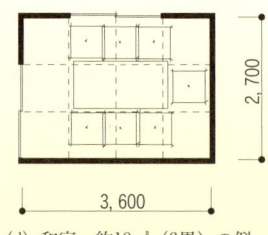

図4・15　ダイニングルームの寸法例

図4・16　ダイニングルームの例（写真提供：ミサワホーム）

図4・17　ダイニングルームの例（写真提供：積水ハウス）

2 個人的空間

1）寝室

　寝室は個人的空間であるため，就寝する以外に更衣や化粧といったものから，就寝前後，読書をする，テレビをみる，音楽を聴くなどのプライベートなくつろぎの空間になる．図4・18の場合，広さはシングルサイズのベッド2台のためのスペース約13m^2（3.6m × 3.6m）を最小面積としている．和室にするなら押入れスペースが必要であるので，これらを目安にくつろぎのための空間を取り込んでいく．

　寝室は人生の3分の1の時間をすごす場所であり，そこに求められる条件は，安眠できる静かな環境である．隣接する室との間に緩衝帯としてのクローゼットを設けるなどの工夫を行う．

　寝室と隣接する室には，サニタリー，ウォークインクローゼット[*1]が挙げられる．ウォークインクローゼットは着替えなどの支度の準備ができ，サニタリー空間をつなげることで，睡眠への一連の移行がスムースに行える利点がある．また，ウッドデッキなどを使い屋外空間とのつながりをもつと，より一層くつろげる空間としての効果が期待できる（図4・19）．

2）子ども室

　子ども室は就寝や勉強をするための室である．広さは1人あたり約7m^2（2.7m × 2.7m）程度とする．子ども室は，子どもの成長に合わせて変化させることができるようにする．例えば，2人以上の場合，幼児期は大きなプレイルームとし，必要な時期に室を区切ればよい（図4・20）．また，将来子どもが独立し，個室が必要でなくなれば，区切りを取り除いて再び大きな室として利用できる．

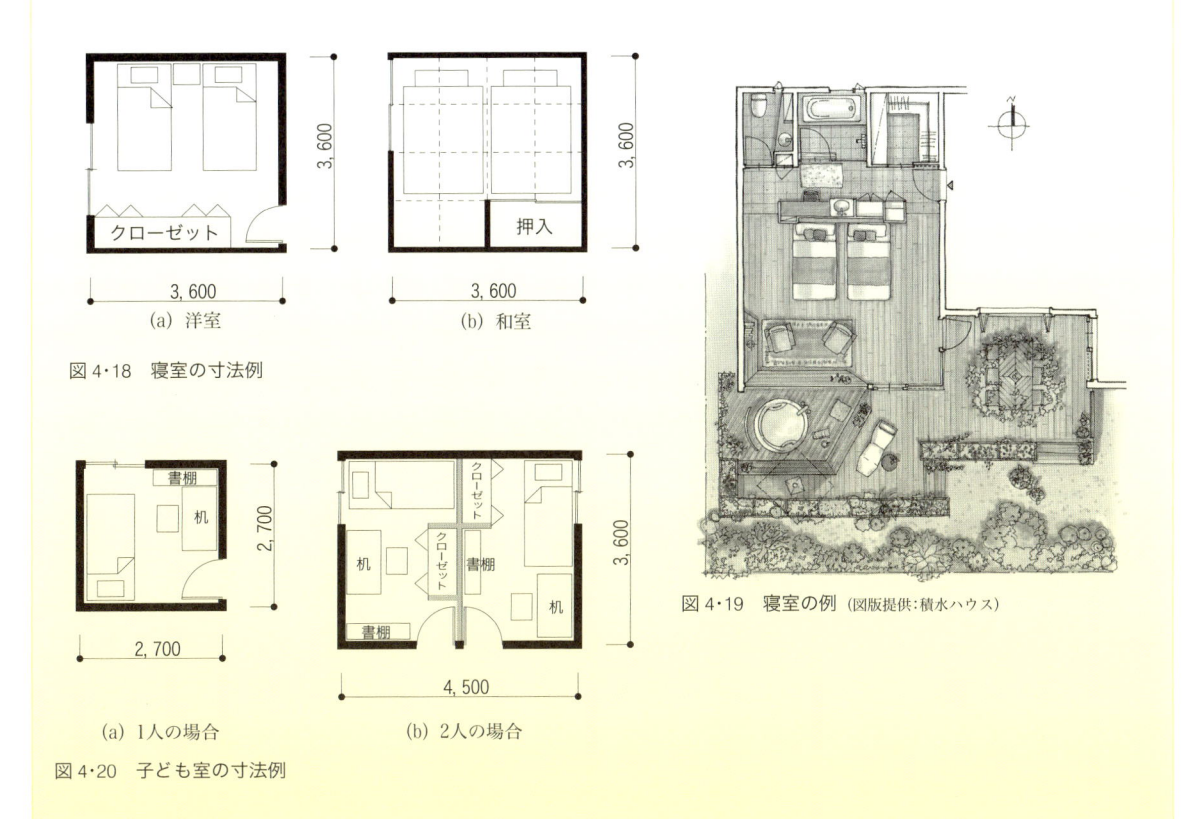

図4・18　寝室の寸法例
（a）洋室
（b）和室

図4・19　寝室の例（図版提供：積水ハウス）

図4・20　子ども室の寸法例
（a）1人の場合
（b）2人の場合

*1　人が歩いて入れる室型の収納スペース．

子ども室が十分に広くとれない場合は，子ども室は就寝と勉強の場所としての機能，机，ベッド，クローゼットが納まる程度のスペースがあればよい．衣類・学習用具・おもちゃ・趣味のものなど，収納するものは成長とともに増えてくるので，収納スペースを十分に確保しておく．

子ども室とリビングルームやダイニングルームとのつながりも必要である．子どもが外から帰って来て，どの室も通らず子ども室に出入りできるプランは好ましくない．例えば，子ども室をリビングルームの吹抜けや中庭に面した位置にするなど，親子が相互に気配を感じられるように配慮したい．家族で使える室やコーナーを子ども室の近くに設け，家族とコミュニケーションをとれるようにしておくのもよい．

3）書斎

書斎とは，本を読んだり，書き物をしたり，研究をしたりするための室である．均一な採光が必要な場合は，北側に配置するとよい．書斎には，収納するための書棚が必要であり，室の広さは約 $5m^2$（1.8m × 2.7m）程度が目安になる（図4・22）．

現在では，住宅における図書館的な存在として，例えば，親子のための書籍・アルバム・百科事典などの所蔵，映像・音響のライブラリー，アトリエなど生涯学習のための趣味室として利用できるように考える（図4・23）．

4）高齢者室

高齢者室は，日当たりのよい南側に配置する．広さは，寝室と居間の機能をもつスペースを確保することが望ましく，約 $20m^2$（4.5m × 4.5m）程度必要である（図4・24）．年を重ねるにつれ身体的に不自由が増すことを考慮し，風呂，トイレを近接させる．将来の車いす利用や安全を考えると，床に段差を設けない，出し入れしやすい収納の方法を計画するなど，十分な配慮が必要である．

図4・21　子ども室の例（写真提供：住友林業）

図4・22　書斎の例（写真提供：ミサワホーム）

図4・23　趣味室の例（写真提供：三井ホーム）

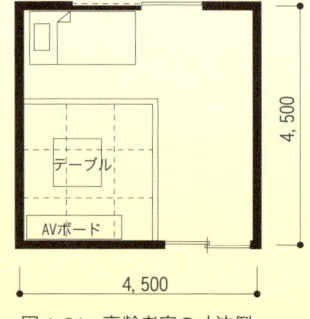

図4・24　高齢者室の寸法例

3 家事空間

1）キッチン

キッチンは調理をするための場所であり，効率のよい作業が求められる（図4・25）．食品・食器類・調理器具・冷蔵庫などは，調理の手順を考え機能的にまとめる．広さは，約5m^2（1.8m × 2.7m）〜約10m^2（2.7m × 3.6m）程度必要である（図4・26）．

キッチン収納は，作業をスムースに進める上で十分に工夫が必要である．電気ポット，炊飯器，電子レンジ，トースターなどのスペース，食品・ドリンクなどのストックスペース，ごみ箱の位置なども計画しておく．スペースに余裕があるならばパントリー*1の設置を考える．図4・27にキッチンの配置例を示す．

2）ユーティリティー

ユーティリティーは，家事作業のうち，調理以外の作業を行う場所で，あらゆる家事作業に役に立つ室である．広さは，約3.3m^2（1.8m × 1.8m）〜約5m^2（1.8m × 2.7m）を目安に，具体的に行う作業の内容を考慮して決める．

水を使用する作業を中心に洗濯，アイロンがけ，リネン*2などの管理を行うものとデスクワーク作業を中心に書きもの，家計簿，ミシンかけ，裁縫などを行うものがある．位置は，家事作業全般のつながりや物干し場への動線を考慮して決める（図4・28）．

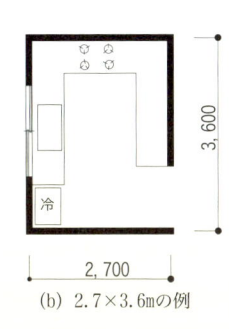

図4・25　キッチンの例

(a) 1.8×2.7mの例　　(b) 2.7×3.6mの例
図4・26　キッチンの寸法例

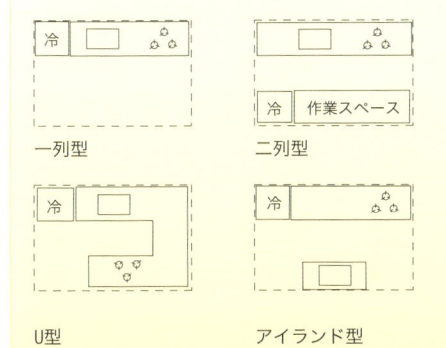

一列型　　二列型　　L型
U型　　アイランド型　　カウンター型
図4・27　キッチンの配置例

図4・28　ユーティリティーの例　（写真提供：積水ハウス）

＊1　食糧や食器などをストックしておく室．
＊2　テーブルクロス・シーツ・タオルなど．

4 衛生空間

衛生空間は，1ヵ所にまとめて計画し，2階建て以上の場合は上下に水廻りを配するようにする．また，心身のリフレッシュ空間として位置づけ，くつろげる場所にすることも必要である．

1）洗面室

洗面室の広さは，約 2.4m² (1.35m × 1.8m) を基準とし，洗面台の大きさ，家族の人数・用途などを考慮して決める（図4・29）．家族が使用する時間が集中する場合は，広めのスペースをとっておく．

洗面室は，脱衣・化粧・洗濯のための室を兼ねる場合がある（図4・30）．化粧を行う場合には，鏡は大きめにし，座って作業ができるようにする．浴室と隣接した脱衣室と兼ねる場合は，湿気がこもらないよう換気に注意し，下着などの収納ができるようにする．

2）浴室

浴室は，身体を清潔に保つために身体を洗う場所であるとともに，心身の疲労をとり，くつろぎや癒しを求める場所ともなるので，外部の緑を眺める，広い開口部をとるなど，床面積以上に広い空間を感じられるように計画する．広さは約 3.3m² (1.8m × 1.8m) を基準とするが，クライアントの要望を重視するようにする．

配置は，外部からのぞかれない位置とし，窓の高さに注意する．また，窓から緑を眺めることができるように植栽のある坪庭などを配置するとよい（図4・31）．

浴室は，住宅内の事故がおきやすい場所でもあるのでバリアフリー対応にしておくのがよい．また，衛生を保つために，外部と面する位置に設置し，自然換気が行えるようにする．

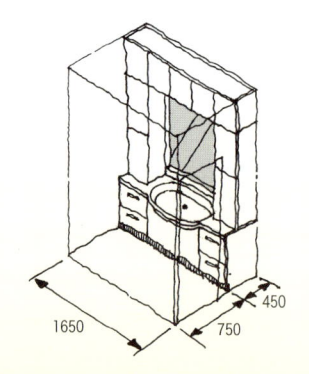

図4・29 洗面室のプラン例

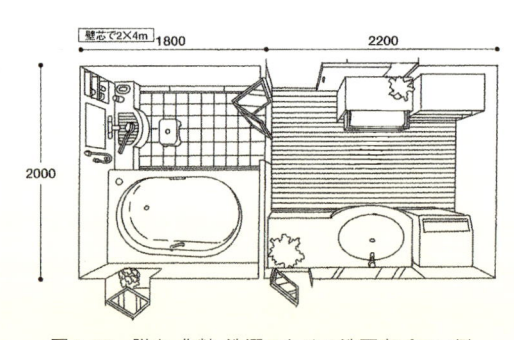

図4・30 脱衣・化粧・洗濯のための洗面室プラン例
（図版提供：積水ハウス）

図4・31 浴室の例（写真提供：三井ホーム）

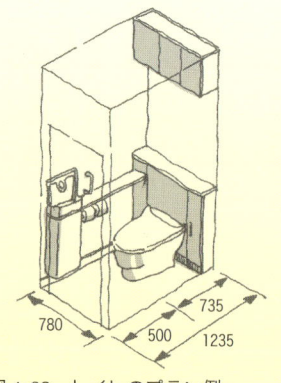

図4・32 トイレのプラン例

3）トイレ

　トイレは，独立した状態で配置すると全体の設計バランスを欠いてしまうので，他の衛生空間と隣接させる．トイレを 2 ヵ所設置する場合，各階に設けるのがよい．ただし，夜間の利用などを考え，排水音には注意して計画する．また，将来のことを考え，車いすでの利用や介護スペースも考えておく必要がある．

　トイレだけの広さを考える場合，約 1.1m^2（0.9m × 1.2m）～約 1.8m^2（0.9m × 2.0m）である（図 4・32）．洗面スペースを含むと約 3.3m^2（1.8m × 1.8m）は必要である．広さに余裕のある場合は，小便器の設置も考える（図 4・33，4・34）．また，自然換気が行えるように，外部に接する位置に配置することが望ましい．

5 接続空間

　接続空間とは，玄関，廊下，階段などの空間をいう．その役割には，将来を見据えたバリアフリーの配慮が必要であり，適切な床面積を考えておかないと，機能性が低い空間になりかねないので注意する．

1）玄関

　玄関は，家族の出入りのほか，接客空間となる場所で，内と外が出会う住宅の顔となる部分である．靴脱ぎ場の広さは，約 1.1m^2（1.2m × 0.9m）を最小面積として考える（図 4・35）．玄関の機能としては，人の出入り，靴やコートの着脱，挨拶など外来者との対応がある．そのためホール部分は最低でも約 1.6m^2（0.9m × 1.8m）程度の広さは必要である．

　玄関で靴を脱ぐという行為が内外との区別であり，住空間のあり方を大きく左右するので，その住まいにふさわしい空間にする．また，収納スペースは，下駄箱をはじめ，傘，コート類などの多くの収納品があるので，広めに大きさをとっておく必要がある（図 4・36）．

図 4・33　洗面スペースを含むトイレの例（写真提供：INAX）

図 4・34　広さに余裕のあるトイレの例（写真提供：INAX）

図 4・35　玄関の例（写真提供：トヨタホーム）

図 4・36　収納スペースのある玄関の例（写真提供：トヨタホーム）

2）廊下

廊下は水平移動をするために設けられた空間である．広さは，単なる通行スペースなら有効幅 0.8m 以上，玄関やユーティリティーなどと接する場所や，車いすの通行を考慮する場合は 1.2m〜1.8m 程度とする．計画にあたり，廊下の設置は必要最小限にとどめ，余計な廊下を計画しない．しかし，適度な広い廊下はゆとりの空間としてフレキシブルに利用することもできる（図 4・37）．また，移動空間のため，防音・振動対策には特に配慮する．

3）階段

階段の広さは，図 4・38 の直階段で約 3.3m^2（0.9m × 3.6m），図 4・39 の折返し階段で約 5m^2（1.8m × 2.7m）必要である．直階段で，階高を 3m とした場合，踏面は約 22cm，蹴上げは約 20cm となる．手摺りの高さは 65cm〜85cm とする．

直階段は，最も面積的効率がよく，上昇を視覚的に演出するには効果的である（図 4・40）．しかし，落下の危険を考えると，途中に踊り場を設けるほうがよい．折返し階段は，壁面を少なくし開放感をもたせるとよい（図 4・41）．階段は，建築物の床面積に余裕があるならば広くとり，明るく快適な雰囲気になるようにする．

図 4・37 廊下の例（写真提供：パナホーム）

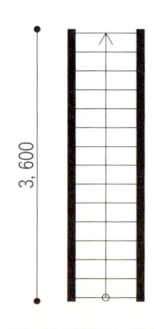

図 4・38 直階段の寸法例

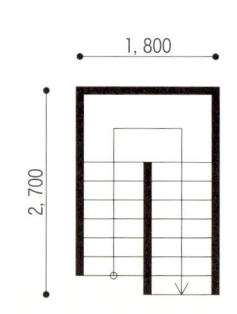

図 4・39 折返し階段の寸法例

図 4・40 直階段の例（写真提供：東日本ハウス）

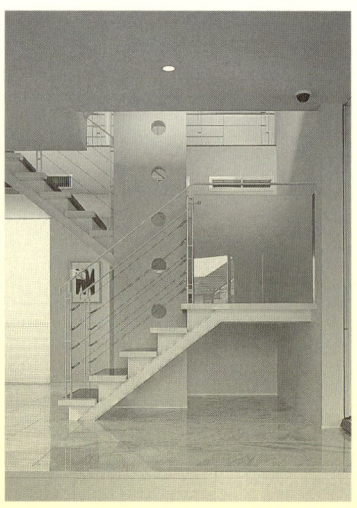

図 4・41 折返し階段の例（写真提供：エス・バイ・エル）

6 収納空間

　住宅における収納面積は，季節や家族構成の変化などを長期的にとらえて決める．延べ面積の10%〜20%は必要である．各室にものがあふれては，せっかくの住まいも有効にスペースを使えなくなってしまう．

1) クローゼット・押入・納戸

　クローゼットは，主に衣類を収納するため，奥行きは60cm程度とし，押入は，主に寝具などを収納するため，奥行きは90cm程度とする．納戸は，屋内の衣類，調度品などをしまっておく物置き室で約$3.3m^2$（1.8m×1.8m）以上とする．各室には，その用途にあったクローゼット，押入などの収納が必要である（図4・42）．広さは，寝室では衣類や寝具の容量に応じて，子ども室では成長を見込んで十分な収納スペースが必要となる．

2) 接続空間の収納

　図4・43のように廊下に面して収納スペースを設け，各室には収まらないようなものや共通で使用するもの，例えば，掃除機，アイロン，新聞紙，薬箱，紙袋，本棚など，あらゆる種類の家事用品や身の回りのものの収納に利用する．

3) その他の収納

　図4・44のように屋根裏（ロフト[*1]），床下，階段下などのデッドスペースなども収納に利用できる．また，屋外で使用するもの，車・レジャー用品など，普段あまり使用しないものは，外部収納で対応するとよい．

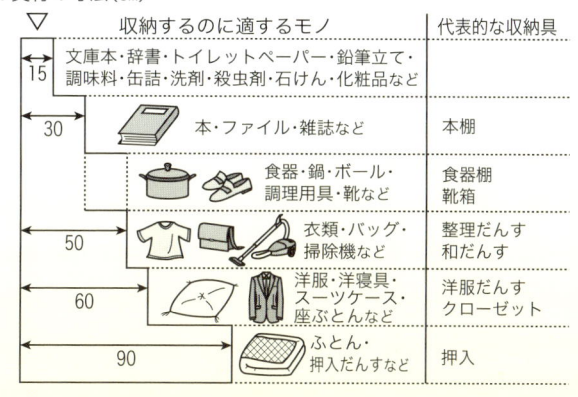

図4・42　棚の奥行きによる収納具の違い　(資料提供：積水ハウス)

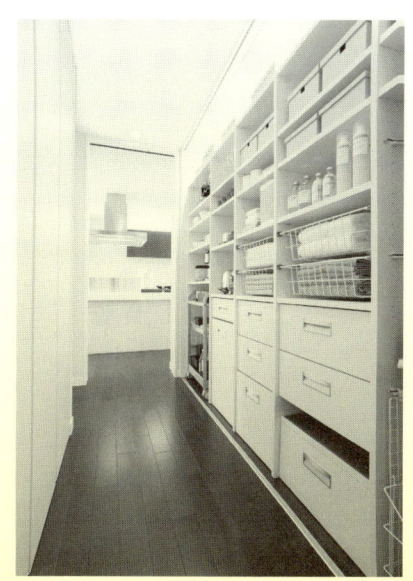

図4・43　収納スペースの例　(写真提供：トヨタホーム)

図4・44　屋根裏収納スペースの例　(写真提供：ミサワホーム)

＊1　小屋裏などを用いた物置で天井高さは1.4m以下のものをいう．

7 空間のつながり

室と室とのつながりは，どのように住まうかを決定づける重要な要素であり，屋内外の空間のつながりは，快適性や空間構成に欠くことができない．また，隣接する室との良好なつながりをもっていれば，ライフステージの変化への対応も容易となる（図4・45）．

1）室内空間のつながり

◆ a リビングダイニング（LD）　リビングルームとダイニングルームが1つになっているものである．リビングルームとダイニングルームは家族が集うという同じ要素をもっているので1つにすることで広い空間をとることができる．図4・46のように低いソファを置くなどして，床の上でくつろげるようにするのもよい．

◆ b ダイニングキッチン（DK）　ダイニングルームとキッチンが1つになっているものである．ダイニングルーム，キッチンを独立させるよりも面積を集約することができる．また，リビングルームがプラン上とれない場合には，ダイニングキッチンが家族の集う場所を担うことにもなるので，広さに余裕があれば，大きめの食卓を用意したい．

◆ c リビングダイニングキッチン（LDK）　リビングルームとダイニングルームとキッチンがワンルームになっているもので，リビングキッチンともいう．狭小住宅では各室を区切らず一連の室をまとめられるので，スペースが少なくてすむ利点がある．図4・47のようにLDKにゆとりのある住宅では，アイランドキッチンとすることで，キッチンを中心とした開放感あふれる空間になる．

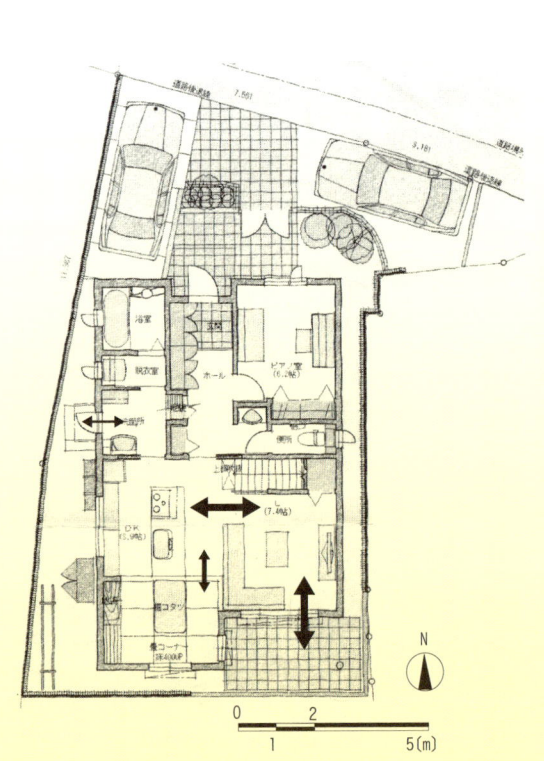

図4・45　空間のつながりの例

図4・46　リビングダイニングの例 (写真提供：パナソニック電工)

図4・47　リビングダイニングキッチンの例 (写真提供：パナソニック電工)

2）内部空間と外部空間のつながり

　内部空間に外部空間を連続させることで，自然環境や季節感を感じられる空間を計画する．また，外部空間を内部空間（室内）に取り込み，室内にいながら，外の空気にふれられ，感じられたりできる．

◆a ウッドデッキ　図4・48のように室内とウッドデッキ空間を一体化させることで，外の雰囲気を感じ季節感を味わいながら，休息することもできる．オーニング[*1]やパーゴラ[*2]をつけることで，より一層よい雰囲気をだすことができる．

◆b インナーテラス　気軽に室内から出入りができる使いやすさがある．光や風を直接感じることができる空間である（図4・49）．

◆c 縁側　家の座敷の外側に設けた細長い板敷きの部分．内部空間と外部空間をつなぐ，半屋外ともいえる中間領域である．外側を眺めるだけの開口でなく，外部空間とのつながりをもちつつ，自然環境を積極的に取り込む空間である（図4・50）．

◆d コートハウス　コートハウスとは，中庭に面してリビングルーム・ダイニングルーム・ゲストルームなどを設け，中庭を住宅の内部空間と一体的に使用することを意図して計画された図4・51のような住宅をいう．中庭に隣接する室では，採光や季節感を感じることができ奥行きのある空間をつくり出すことができる．中庭を取り囲む各室を，パーティションで区切らないプランにすれば，より一層広い空間を演出できる．

図4・48　ウッドデッキの例（写真提供：ミサワホーム）

図4・49　インナーテラスの例（写真提供：積水ハウス）

図4・50　縁側の例

図4・51　コートハウスの例（写真提供：三井ホーム）

*1　窓辺を彩る可動式テント．日よけや雨よけの役割を果たす．
*2　ツタやバラなどのつるを絡ませるため，格子に組んだ棚．

4・3 空間の演出

インテリアデザイン，エクステリアデザインは，住宅のデザインの仕上げとして行う空間演出である．各室の計画を考える以上に美的センスが必要であるが，ここでは要素，素材を提示する．

◾ インテリアデザイン

1) 内装仕上げ材

材料の表面の性質，触感を意味するテクスチュアは，視覚から呼び起こされる硬軟感や温冷感を左右し，色彩とともに室の雰囲気に影響するため，素材選びは慎重に行う（図4・52）．

◆a 床　　床材には，フローリング，コルクタイル，クッションフロア，カーペット，畳などがある．
　①フローリング材は，無垢材のほか，表面に突板材[*1]でつくられたものがあり，バリエーションが豊富である．
　②コルクは，自然加工素材であり，歩行感，肌触りもよく，あたたかみを感じる（図4・53）．
　③クッションフロアは，表面にビニルを用い，中間に発泡層があるので弾力性もあり，洗面などの水廻りに向いている．
　④カーペットは，表面が柔らかく，弾力性，保温性にも優れている．
　⑤畳は，日本特有の床材料で，適度な柔軟性と保湿性，吸放湿性がある．

◆b 壁　　壁材には，漆喰，聚楽（図4・54）などの左官材料，木質ボード，タイル，板，壁紙（クロス），塗料，ガラスブロックなどがある．仕上げ方法には，湿式工法と乾式工法がある．
　①湿式工法の多くは，左官仕上げでほかに塗装などがある．左官材料は，自然材料で吸放湿性に優れている．

図4・52　内装仕上げの例
　①床　　　：フローリング　無垢杉板 厚み15mm
　②腰　壁　：羽目板張り　無垢杉板 厚み12mm
　③腰壁上部：漆喰（白）　金ゴテ押さえ仕上げ
　④壁　　　：クロス仕上げ（原色 緑）
　⑤収 納 扉：合板厚み12mm

図4・53　コルクタイル床の例 (写真提供：千代田商会)

図4・54　聚楽壁の例 (写真提供：四国化成工業)

[*1] 基材の上に，木材を薄くそいだ0.2～0.6mm程度の単板を張った板．

②乾式工法では，板張りや壁紙仕上げが圧倒的に多く使われている．壁は室内に占める面積が大きく，窓や出入り口も含むので建具との調和を考える．

◆c 天井　　和室の天井は，木材を使用し，平天井とするか勾配をつけて仕上げる．洋室には，壁紙が多く用いられている．また，天井を張らずに小屋組を見せる化粧屋根裏天井がある．この方法は，高さを十分に確保できれば広い室を演出することができる．

2）照明器具

照明は，空間の演出において欠かせない存在である．照明は明るいだけでは不適切で，光を調節し，陰影をつくることで，雰囲気を演出することができる．

全体照明を室の中央に取り付け，空間全体を明るくし，部分照明として明かりの欲しいところだけを部分的に照らすなどして，1室に複数の照明器具を設置するとよい．

光源の種類には，蛍光ランプ，白熱ランプ，LEDランプなどがあり，目的に応じて使い分ける．

3）建具

建具には，戸と窓がある．戸の種類には，框戸（かまちど），フラッシュ戸，障子，襖などがある．建具の寸法，高さ位置やデザインを統一すると，落ち着いた空間ができる．引き戸は，可動式の間仕切り壁という利点を生かし，開け放せば広い室として利用でき，採光も確保できる．

天窓は，方位にとらわれないで，通常の窓の3倍以上の採光効果がえられる．天窓が開閉できるなら，通風も確保でき，夜空や外の様子を知ることができる．

図4・55にリビングルームと子ども室の建具の例を示す．

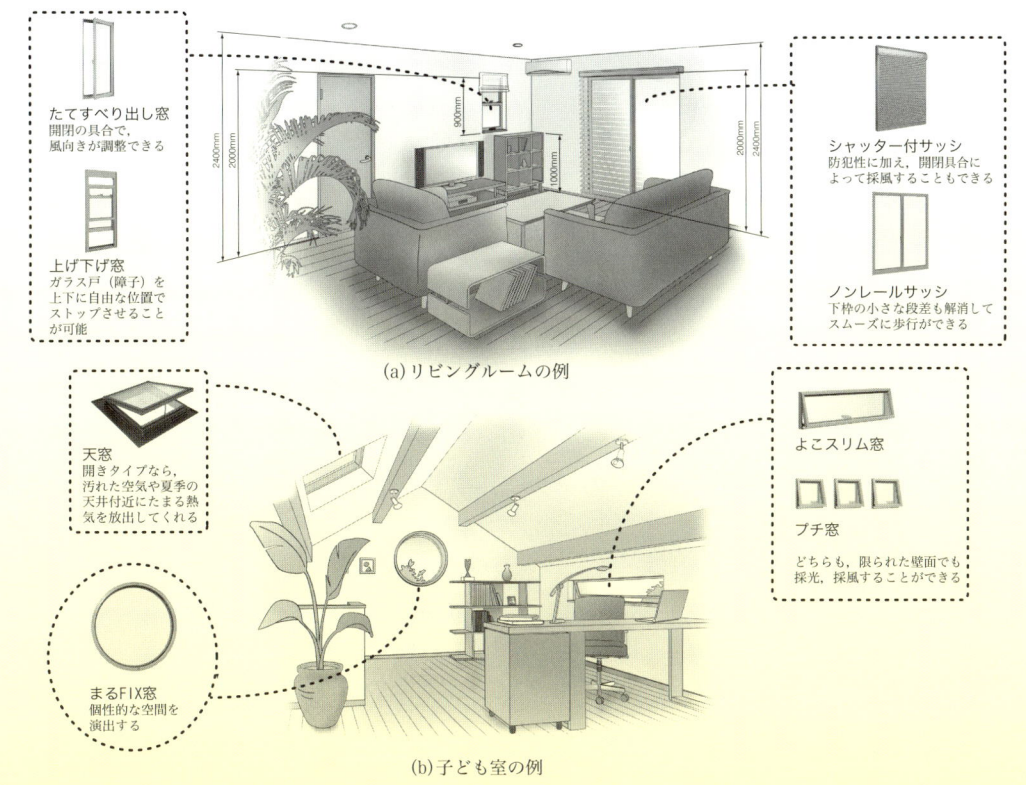

図4・55　建具の例（図版提供：三協立山アルミ）

4）家具

机，椅子，本棚などの家具は，住み手の趣味，個性によって取替えが可能なインテリアデザインのひとつである．

5）色彩計画

色の持つ心理的，生理的，物理的な性質が人に与える影響は非常に大きい（表4・1）．色彩計画においては，ベースカラー，アソートカラー，アクセントカラーの3つの色の構成を考え，一般に広い面積から小さな部分へと決めていく．

ベースカラーが7割，アソートカラーが2割〜3割，残りはアクセントカラーというのが一般的な色彩のバランスである．ベースカラーは床，壁，天井と色の濃さを順に明るくしていくと天井が高く感じられ，開放的な雰囲気になる．壁を濃い色にすると室が狭く感じられる．天井に暗い色を使うと，天井が低く感じられ，圧迫感をじるが，個性的な雰囲気を出すには有効である（図4・56）．

◆a ベースカラー（基調色）　床，壁，天井など，室の大半を占める部分色なので，室のイメージの設定を行い，心地よく感じる色を選ぶ．

◆b アソートカラー（配合色）　ベースカラーの特性を高め，変化をつける役割をもつ．室内のインテリアをコーディネートするカーテンや建具などに使う．

◆c アクセントカラー（強調色）　ベースカラーをより目立たせる役割で，色彩効果を増すために用いる．ルームアクセサリー，クッションなどの色がこれにあたる．

表4・1　色の効果（心理的，生理的，物理的）

色	プラスイメージ	マイナスイメージ
赤	パワー，情熱，前進	くどい，強烈
橙	親しみ，活力，温かさ	暑苦しい，人並み
黄	快活，愉快，目立つ	幼い，派手
緑	安全，自然，新鮮	中庸，中立
青	さわやか，安心，希望	消極，冷たい
桃	優しい，穏やか，幸福	かよわい，甘えた
茶	落ち着き，安定	地味，老けた

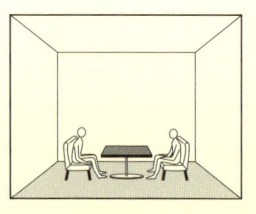

床を一番暗くして，壁，天井へと明るい色にしていくのが基本．天井を高く感じられ，広々としたイメージを持たせることができる．

天井を暗い色にすると，室が実際よりも低く感じられ，圧迫感がある．寝室などには向いている．

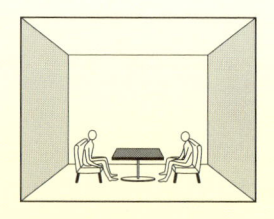

細長い室を細長く見せたくないときは，開口の狭い2面の壁を暗くするとよい．天井と壁を暗い色にすると，室が低く見える．

床の色を明るくすると，狭い室でも開放感がでて，広く感じることができる．

図4・56　ベースカラーの決め方の例

6) ウィンドートリートメント

ウィンドートリートメントには，窓廻りを装飾するカーテン，ブラインド，スクリーンなどがある（図4・57）．上下開閉するものと，左右開閉するものに分けられる．カーテンの種類，スタイルはバリエーションに富んでいる．ブラインドは，横型のベネシャンブラインドと縦型のバーチカルブラインドに分けられる．他にロールスクリーンやローマンシェードなどもある．

7) インテリアの演出

インテリアを際立たせるために，インテリア雑貨・小物やインテリアグリーンを利用する方法がある．

◆a インテリア雑貨・小物　　日常使う鞄(かばん)，帽子，傘，絵画，時計，ポスター，置物など，住まう人の個性を表現する物品の配置を，インテリアをデザインする最後の仕上げとして，位置づける考え方もある．

◆b インテリアグリーン　　観葉植物などのインテリアグリーンは，自然を身近に感じさせるインテリアとして室の印象を左右するほど影響力をもつものなので，周りの雰囲気にあわせたコーディネイトが必要になる．

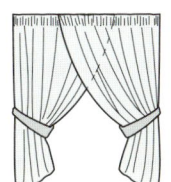

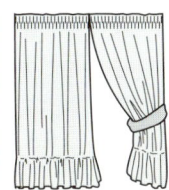

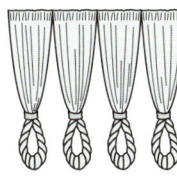

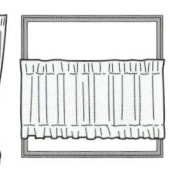

| センタークロス | クロスオーバー | ハイギャザー | スカラップ | セパレート | カフェ |

(a) カーテンの種類

(b) ベネシャンブラインドの例

(c) バーチカルブラインドの例

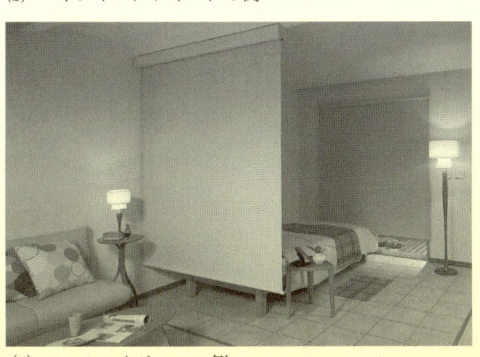

(d) ロールスクリーンの例

(e) ローマンシェードの例

図4・57　ウィンドートリートメントの例　(図版・写真の提供：(a)インテリア産業協会，(b)〜(e)ニチベイ)

2 エクステリアデザイン

　エクステリアとは，家を取り囲む外部空間のことであり，エクステリアデザインとは，周辺環境を十分考慮し，敷地全体をデザインすることである（図4・58）．アプローチ，庭，駐車スペース，門扉，周囲の塀，外灯などが挙げられる．

1）配置計画

　敷地全体のバランスや各室とのつながりを考慮しながら，アプローチ，庭，駐車スペース，サービスヤードなどを配置する．

◆ a アプローチ　　門から，玄関までの誘導路．玄関は門から真正面の配置は避け，距離感を与えるためにも玄関ドアと門はずらし，図4・59のように玄関ドアまでの距離をとり，奥行きを広く見せる（図4・60）．

◆ b 庭　　庭は，修景[*1]用や家族の憩いの場となる．修景には，リビングルームなどの室内空間からの眺めを楽しめるようにするとよい（図4・61）．

◆ c 駐車スペース　　車を駐車し，洗車など行う場所で，車1台分の広さは普通車で3.0m×6.0m程度必要である（図4・62）．

◆ d 自転車・バイク　　自転車1台の広さは幅0.6m，奥行き2.0m程度は必要である．雨天時のことも考え，屋根を設置する．

◆ e サービスヤード　　サービスヤードとは，屋外の作業用スペースのことである．物置，収納庫，物

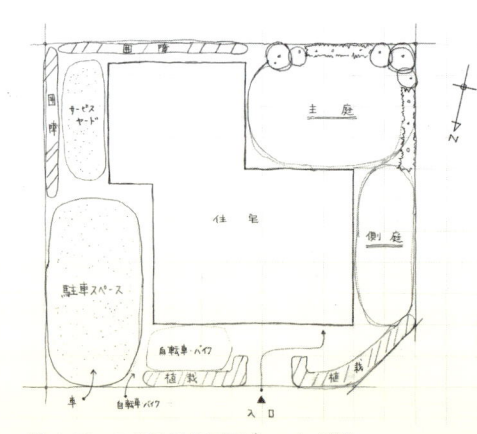

図4・58　エクステリアのゾーニング例　　　図4・59　アプローチのプラン例

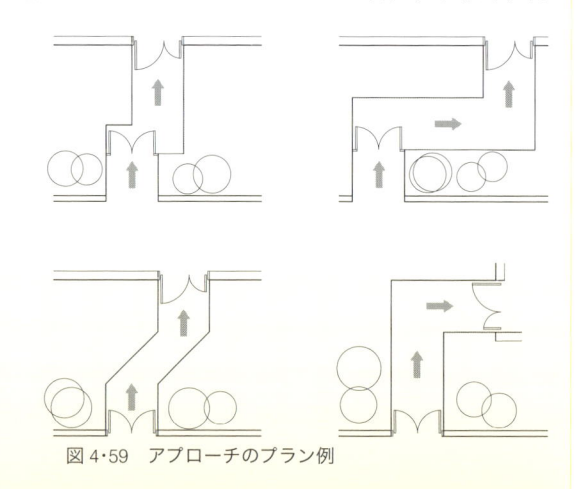

図4・60　アプローチの例　　　図4・61　庭の例　(写真提供：WIZ ARCHITECTS)

[*1] 環境に手を加えて景観として美しく整えること．

干し場，自転車置き場，ペットコーナーのスペースとして活用できる．また，趣味のスペースなどにも利用できる．

◆f 門　　敷地への主要出入り口．家の顔としてふさわしいデザインにする．また，周囲の街並みを構成する要素にもなるので，近隣のデザインに配慮する必要がある．門まわりには，表札，ポスト，インターホンなどが設置される．最近では，防犯を意識して，センサー付きライト，カメラ付きインターホンなどが設置される．

◆g 塀・フェンス・生垣　　隣地との境界沿いに設置する塀やフェンス，生垣（いけがき）は，防犯やプライバシー保護の役割がある．これらは，周囲の街並みや環境に大きな影響を与えるので，十分に配慮したデザインにしなければならない．一般的な高さ寸法は 1.2m〜1.5m であるが，プライバシーを重視した場合は，高さを 1.5m 以上にするか，生垣などで厚みのあるものとする（図4・63）．

◆h 照明　　夜間足元を照らす役割を持つ．防犯・周辺環境に配慮した照明をデザインしたい．門周りは全体を明るくし，アプローチ部分では，足元を明るくするよう配慮する．庭の夜の景観を楽しむために，樹木などへのライティングを行うことがある（図4・64，4・65）．

◆i 色彩　　屋根，外壁，エクステリアに色彩を施すときには，計画のコンセプトと周囲への配慮が重要になる．また，これらと樹木の黄緑や緑色との組み合わせによって，全体の雰囲気が変わってくるので，事前の十分な検討が必要である．

図4・62　駐車スペースの例（写真提供：MIKI建築設計事務所）

図4・63　生垣の例（写真提供：MIKI建築設計事務所）

図4・64　アプローチの照明例（写真提供：オーデリック）
高い位置からのLEDスポットライトで必要な場所を照射．

壁や植栽を地面からライトアップ．
(a) 高木の例

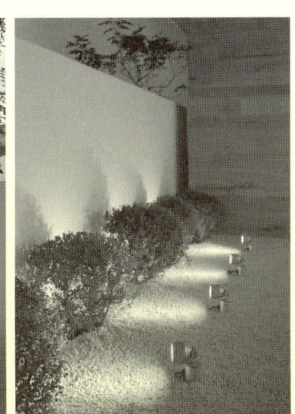

側面からの照射で陰影を強調し，壁と植栽をライトアップ．
(b) 低木の例

図4・65　庭の樹木の照明例（写真提供：オーデリック）

4・4　住宅の実例

1 橿原神宮前の家～生きている健康住宅

①建築データ
設　　計　　歌一洋建築研究所
家族構成　　夫婦＋子ども4人
所 在 地　　奈良県橿原市
竣 工 年　　2006年

②構造・規模
構　　造　　2階建木造軸組構法
敷地面積　　233.60m²
建築面積　　92.67m²
延べ面積　　138.78m²

◆設計主旨
生きているとは絶えず動き，変化すること．使われている土や木の自然素材は呼吸する．自然的要素の動きに空間の様相は変化する．中心になっているデッキの中庭は光がたまり，風が流れる．
季節を感じ，生活にゆとりと楽しさ，豊かさをもたらす．
個室以外は仕切りがなく，連続したのびやかな空間構成．
個室のプライバシーを守りつつ，家族のコミュニケーションを大切にした空間構成になっている．
人間と関係性を重視した住まいである．

写真／松村芳治

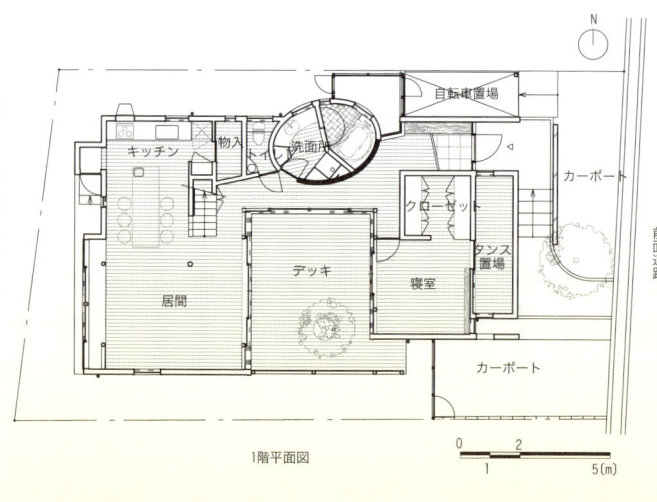

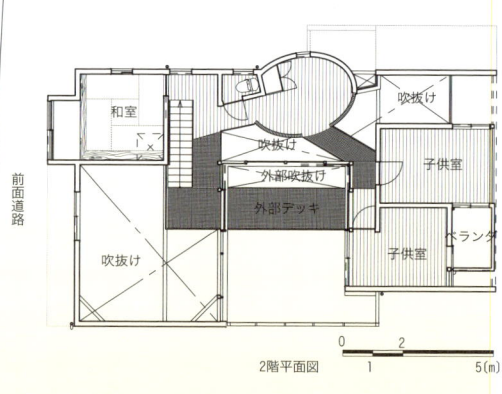

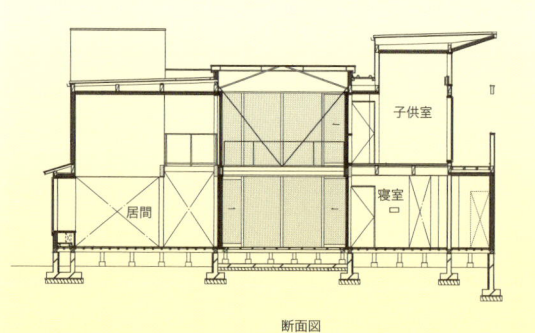

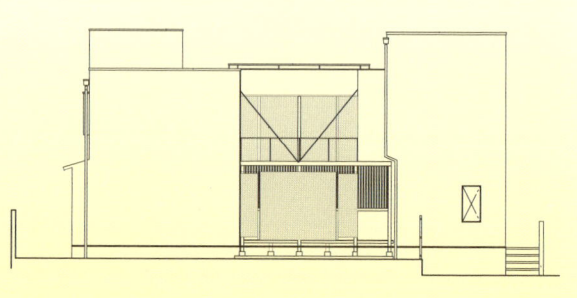

1階平面図

2階平面図

断面図

南立面図

2 向原の家〜カーポートのある家

①建築データ
　設　　計　　向山博／向山建築設計事務所
　家族構成　　夫婦＋子ども1人
　所 在 地　　神奈川県川崎市
　竣 工 年　　2006年

②構造・規模
　構　　造　　2階建木造軸組構法
　敷地面積　　219.62m²
　建築面積　　87.78m²
　延べ面積　　156.03m²

◆設計主旨

敷地は住宅地でもありながら，畑が多く残るのどかな環境にある．
西側はブルーベリー畑が広がっている．
残された緑地や外気を最大限に室内に取り込めるスペースを，
1, 2階それぞれに確保し，そこをリビングダイニングと和室とした．
1階には和室以外にも寝室などの諸室があるが，1階玄関からは直接
行けない．
いちど2階のリビングダイニングへあがり，もうひとつ別の階段で
1階におりることで1階諸室に行ける．
それは限られたスペースをひろく感じるために，
あえて動線をつなげて一本にし，移動距離を長くしている．
家の中の移動をむしろ楽しみたいと考えた．
移動のなかでの空間体験が蓄積して，
パズルのように全体像が作られていければと考えている．

写真／石井雅義

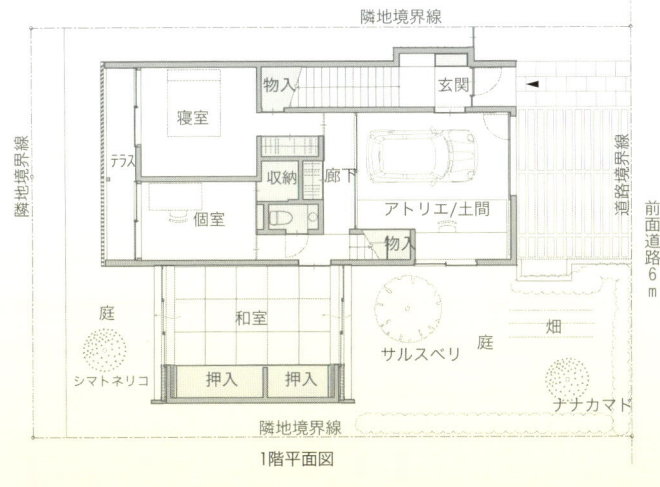

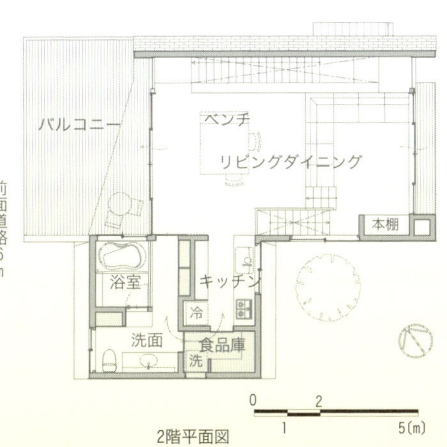

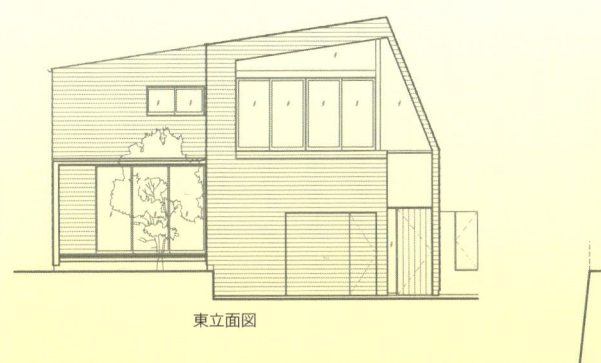

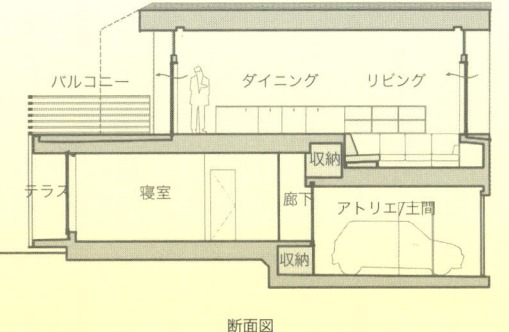

1階平面図

2階平面図

東立面図

断面図

❸ 武庫之荘の家〜 狭小地に建つ身障者用住宅

① 建築データ
設　　計　吉井歳晴/WIZ ARCHITECTS
家族構成　夫婦＋子ども１人
所 在 地　兵庫県尼崎市
竣 工 年　2004 年

② 構造・規模
構　　造　1階　壁式鉄筋コンクリート造
　　　　　2・3階　木造軸組構法
敷地面積　113.50m²
建築面積　 68.08m²
延べ面積　169.49m²

写真 / 大竹静市郎

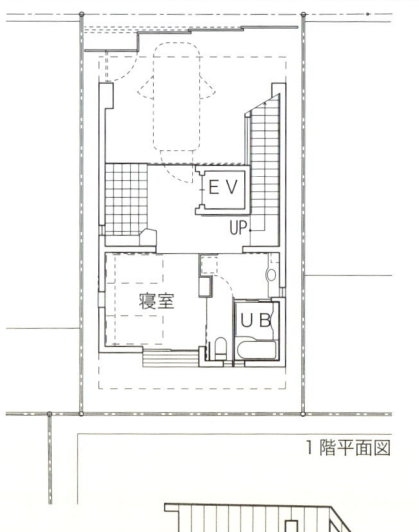

1 階平面図 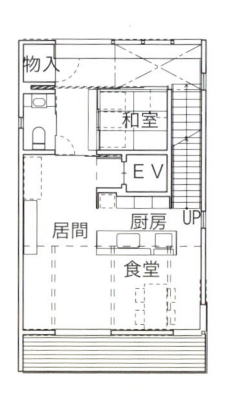　　2 階平面図 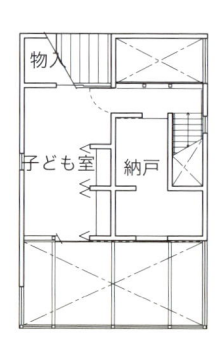　　3 階平面図

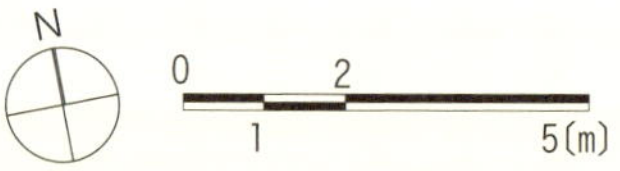

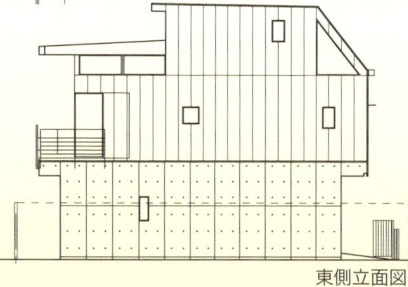

東側立面図 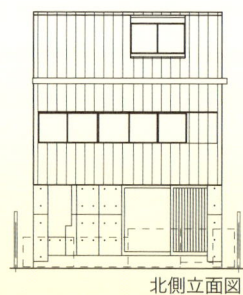　　北側立面図

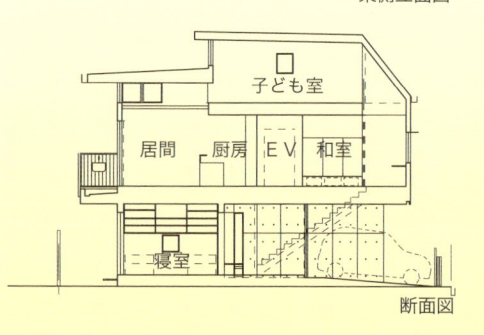

断面図

◆設計主旨
　左半身不随である主人を中心に計画を考え，主にホーム EV，リハビリ用和室，台所等，周辺機能と関係するいくつかの箱と，地盤的な２階 RC 床で構成している．１階では玄関廻り，また２階南側では両隣家から突き出したリビングとダイニング，天井高の変化からのハイサイドライト，隣棟間を利用した深い庇，また開口方向などで外から内へと連続する空間を生み出している．

4 勝山の家〜白い箱の家

①建築データ
設　　計　坂本昭／設計工房CASA
家族構成　夫婦＋子ども1人
所 在 地　岡山県真庭市
竣 工 年　2007年

②構造・規模
構　　造　2階建RC壁式構法
敷地面積　1209.58m^2
建築面積　191.66m^2
延べ面積　199.47m^2

◆設計主旨

　中国山地の山並みを背景にその住宅はある．建築を構成する様々なボックスは，山並みをなぞるかのようなスカイラインをつくり出し，大地に溶け込む．奥深い玄関に足を踏み入れその空間の先にある坪庭にいざなわれる．いくつかの庭を眺めながら室内に入る．そこは一枚の壁により居間と食堂にゆるやかに分断された空間で，また庭により，つなぎ合わされる．トップライトが配された壁は上方へと意識を導き，庭は視界を水平方向に広げる．

　木々の向こう側に図書スペースや寝室の棟が見え，またその背後に山々が見える庭は，森の中に生活があるかのように感じる．厨房は三面がそれぞれの庭に面しており，三方を開け放ち森の中にキッチンがあるように感じる．木漏れ日の中で料理を楽しみ，柔らかい風に吹かれて食事を楽しむ．森の中での生活を想起させる．

　いくつかのボリュームとそのすき間による構成は，いくつもの庭と，幾度と折れ曲がり回遊する空間をつくり，見えがくれ，視線の抜け，光の回り込みを生じさせ，無数のシークエンスを私たちに与えてくれる．

写真/設計工房CASA

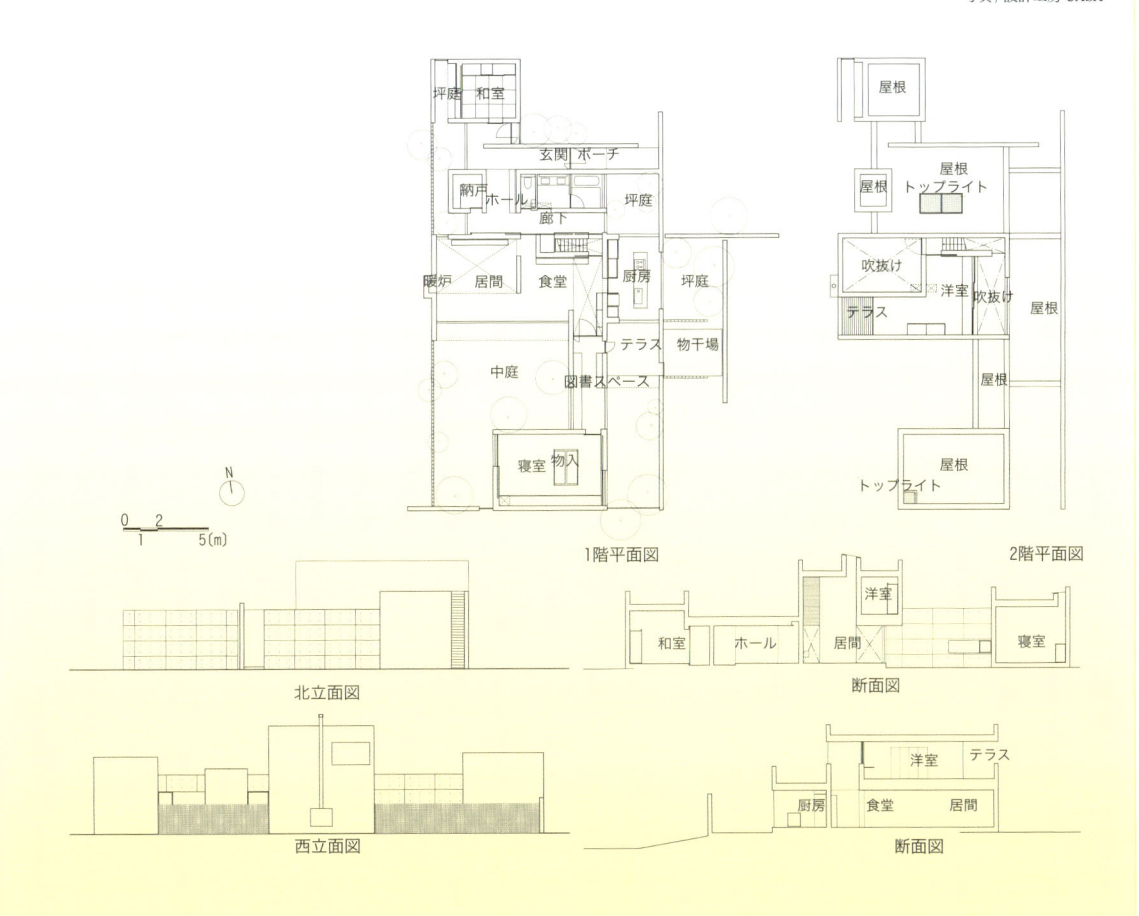

1階平面図　　2階平面図

北立面図　　断面図

西立面図　　断面図

索引

【あ】

アーチ	19
アーツ・アンド・クラフツ運動	39
アール・デコ	40
アール・ヌーヴォー	39
アイストップ	75
アイデンティティ	23
アヴァンギャルド	41
アクセントカラー	132
アクティブソーラー	103
東屋	28
校倉造	19
アソートカラー	132
アトリウム	89
アドルフ・ロース	40
あふれ率法	57
アプローチ	134
アムステルダム派	40
アラベスク	34
アルヴァ・アアルト	28
石本喜久治	45
イスラム教	34
磯崎新	26
イタリア未来派	27,40
伊東豊雄	112
イニシャルコスト	14
入母屋造	30
色温度	99
岩元禄	46
インターナショナル・スタイル	42
インダストリアルデザイン	41
インテリアグリーン	133
インテリアデザイン	28
インナーテラス	83,129
ヴィスタ	75
ウィリアム・モリス	38
ウィンドートリートメント	133
ウォークインクローゼット	121
ウォーターハンマー	101
ウォーターフロント景観	23
ヴォールト天井	33
内断熱	93
ウッドデッキ	121,129
運河景観	23
エクステリア	134
エスキス	116
エスプリ・ヌーヴォー	42
NPO	36
黄金矩形	69
黄金比	51,68
オーギュスト・ペレ	39
オースマン	25
オーダー	33,69
オーニング	129
屋上緑化	11
オットー・ヴァーグナー	40
折返し階段	126
折板構造	43

【か】

カーテンウォール	41
ガーデンファニチャー	55
街路景観	23
ガウディ	16
可照時間	96
春日造	31
カタコンベ	32
片山東熊	44
壁式構造	13
ガラスブロック	96
伽藍	31
カリグラフィー（手書き文字の技芸）	34
換気回数	91
寒色	76
間接照明	98
祇園造	31
機械換気	91
菊竹清訓	47
基準階	60
擬洋風建築	44
キシレン	90
キッチン	54,120
輝度	97
CASBEE	111
吸音	100
教会堂	33
漁家	21
ギリシア十字形	33
キリスト教	33
木割り	50,69
近代建築	37
近代建築の5原則	42
空気膜構造	13
クライアント	8,114
グラフィックデザイン	28
グラン・プロジェ	25
グリッドプランニング	65
グルーピング	64
クローゼット	122
黒川紀章	47
景観	21
景観法	22
ケヴィン・リンチ	22
化粧屋根裏天井	131
ゲストルーム	120,129
結露	94
建築基準法	22
建築の3要素	6
コアシステム	67
公共の福祉	9
鋼構造	12
構造計画	12
構造表現主義	43
光束	97
合理主義	40
高齢化社会	15
高齢社会	15
高齢者室	122
コートハウス	129
国宝	36
柿葺	30
ゴシック建築	33
後藤慶二	45
古都京都の文化財	24
子ども室	54
コルビュジエ	10
コロニアル様式	35
コンクリート充填鋼管構造	13
権現造	31
コンセプト	7,114,116
金堂	31
コンバージョン	14,111

【さ】

サービスヤード	134
採光	97
彩度	76
彩度対比	76
サイン計画	28
坂倉準三	46
サステイナブル	15

サステイナブル建築	102	
佐立七次郎	44	
サニタリー	54,121	
佐野利器	45	
CIAM	42	
CFT構造（CFT造）	13,108	
シーリング	98	
シェル構造	43	
シェルター	6	
シカゴ派	39	
色相	76	
色相対比	76	
式年造替制	31	
軸組構法	12,19	
自然換気	91	
シックハウス症候群	90	
シナゴーク	34	
遮音	100	
尺	50	
宗教建築	30	
収縮色	76	
集中式	33	
充填断熱	93	
修道院	33	
重要文化財	36	
集落	21	
重力換気	91	
循環型社会	15	
少子高齢化	15	
照度	97	
情報デザイン	28	
初期キリスト教建築	33	
職住一体	21	
職住分離	38	
ジョサイア・コンドル	44	
ジョン・ラスキン	38	
白井晟一	46	
新景観政策	24	
寝室	54	
神社	30	
人体寸法	52	
神殿	35	
神道	30	
水上住居	21	
スーク	24	
スキップフロア	62	
スクラップ・アンド・ビルド	15	
スケルトン・インフィル	14,109	
スペースフレーム構造	13	
制振	47
整数比	68
世界遺産条約	23
世界文化遺産	23
ゼツェッシオン	40
折衷様	32
設備計画	14
禅宗様	32
線対称	72
尖頭アーチ	33
全般拡散照明	98
ゾーニング	64,116
組積造	19
外断熱	93
外張り断熱	93
曾禰達蔵	44

【た】

耐震	47
大聖堂	33
ダイニングキッチン	128
ダイニングルーム	54,120
大仏様	32
ダウンライト	98
辰野金吾	44
建具	131
谷口吉生	26
ダブルスキン	107
丹下健三	43
暖色	76
地球温暖化	11,15
昼光率	97
直階段	126
直射光	97
直接照明	98
妻木頼黄	44
吊構造	43
デ・スティル	27,40
帝冠様式	46
ディスプレイ	28
テクスチュア	74
テクニカル・アプローチ	46
鉄筋コンクリート構造	13
鉄骨鉄筋コンクリート構造	13
天空光	97
点対称	72
伝統的建造物群保存地区	36
天窓	63
ドイツ工作連盟	41

ドイツ表現主義	40
洞窟住居	21
動作寸法	52
動線	63
動線計画	66
登録有形文化財	36
ドーム	19
DOCOMOMO	37
都市型住宅	119
都市計画法	22
都市景観	23
都市施設	9
ドミノ	42
トルエン	90

【な】

ナイトパージ	104
内部結露	94
流造	31
24時間換気システム	91
日照	96
熱貫流	93
農家	21
ノーマン・フォスター	26

【は】

パーゴラ	129
ハイテック建築	43
バウハウス	27
バシリカ式	33
パッシブソーラー	103
波動	51
原広司	26
バリアフリー	52,125
バロック建築	34
半円アーチ	33
半間接照明	98
反響（エコー）	101
坂茂	48
半直接照明	98
パントリー	123
ヒートアイランド現象	11
ビザンチン建築	33
非対称	72
必要換気量	91
ヒューマンスケール	52
霊廟	31
ピラミッド	35
広場景観	23
檜皮葺	30

ヒンドゥー教	34	
ファミリールーム	120	
フィート	50	
フィボナッチ数列	51,68	
フィリップ・ジョンソン	42	
風洞	92	
風力換気	91	
ヴォールト	19	
フライング・バットレス	33	
ブラケット	98	
フランク・O・ゲーリー	26	
フランク・ロイド・ライト	28,41	
プランニング	115,116	
プレーリー・ハウス	41	
プロダクトデザイン	28	
文化財保護法	36	
分割型	62	
分離派建築会	45	
ベースカラー	132	
ペーター・ベーレンス	41	
ペディメント	33	
ベルニーニ	27	
ペンダント	98	
ペンデンティブ・ドーム	33	
ポアソン分布	57	
膨張色	76	
ポストモダニズム建築	43,47	
堀口捨己	45	
ホルムアルデヒド	90	
ボロノイ多角形	56	

【ま】

前川國男	46
待ち行列理論	57
町家	21
ミース・ファン・デル・ローエ	28,42
ミケランジェロ	27
民家	21
村野藤吾	46
明度	76
明度対比	76
メゾネット	62
メタボリズム・グループ	47
免震	47
免震装置	37
免震レトロフィット工法	37
面積原単位	60
面積効果	77
面対称	72

メンテナンス	14
モスク	24
モダニズム	43
木構造	12
モデュール（Module）	50
モデュラー・コーディネーション	51
モデュラス（Modulus）	50
モデュロール（Modulor）	50,69
モデルニスモ	39
本野精吾	45
森田慶一	45
モンテカルロシミュレーション法	57

【や】

屋根裏	127
山口半六	45
山田守	45
山本理顕	26
有機的建築	41
ユーゲント・シュティール	39
ユーティリティー	123
ユダヤ教	34
ユニバーサル・スペース	42
ユニバーサルデザイン	47,52
横河民輔	45
吉田鉄郎	46

【ら】

ラーメン構造	13
ライトコート	89
ライトシェルフ	97
ライフサイクル	15
ライフスタイル	115
ラファエロ	27
ランドマーク	75
ランニングコスト	14
リサイクル	7,110
リデュース	110
リネン	123
リノベーション	7,111
リビングダイニング	128
リビングダイニングキッチン	128
リビングルーム	54,118,120
リブ・ヴォールト	33
リユース	110
利用圏	56
利用率	56
ル・コルビュジエ	28,41,42
ルイス・ヘンリー・サリヴァン	39
ルート矩形	69

ルート比	68
ルーバー	96
ルネサンス建築	33
連結型	62
レンタブル比	67
ローマ歴史地区	23
ログハウス	19
陸屋根	19
ロココ	34
ロシア構成主義	27,40
ロバート・ヴェンチューリ	43
ロフト	127
ロマネスク建築	33

【わ】

枠組壁構法	12
和様	32
ワルター・グロピウス	41

◆ 引用・参考文献一覧

■1章
B・タウト，篠田英雄・訳『建築とは何か』鹿島出版会，1979
建築図解事典編集委員会『図解事典 建築のしくみ』彰国社，2001
建築計画教材研究会『図解テキスト 建築計画を学ぶ』理工図書，2005
建築学教育研究会『新版 建築を知る 初めての建築』鹿島出版会，2006
建築のテキスト編集委員会『初めての建築計画』学芸出版社，2001
柏原士郎ほか『建築計画』実教出版，2004
日本建築学会『構造用教材』丸善，1997
上杉啓『図解テキスト 基本建築学 第二版』彰国社，2003
建築計画教科書研究会 編著『建築計画教科書』彰国社，2005
青木義次ほか『一目でわかる建築計画』学芸出版社，2002

■2章
B・ルドフスキー，渡辺武信・訳『建築家なしの建築』鹿島出版会，2005
布野修司ほか『世界住居誌』昭和堂，2005
川村善之『日本民家の造形』淡交社，2005
日本建築学会『空間体験 世界の建築・都市デザイン』井上書院，2001
平尾和洋，末包伸吾ほか『テキスト建築意匠』学芸出版社，2006
細川護熙，中村良夫ほか『景観づくりを考える』技報堂出版，1989
景観デザイン研究会『景観用語事典』彰国社，2005
ケヴィン・リンチ，丹下健三・富田玲子訳『都市のイメージ 新装版』岩波書店，2007
武居二郎，尼崎博正ほか『庭園史をあるく 日本・ヨーロッパ編』昭和堂，1998
河辺泰宏『ローマ「永遠の都」都市と建築の2000年』河出書房新社，2001
松葉一清『パリの奇跡 都市と建築の最新案内』朝日新聞社，1998
伊藤俊治『トランス・シティ・ファイル』INAX出版，1993
吉本光宏『ビルバオ市における都市再生のチャレンジ―グッゲンハイム美術館の影に隠された都市基盤整備事業―』独立行政法人国際交流基金企画部，2004
柏原士郎ほか『建築計画』実教出版，2004
桐敷真次郎ほか『建築史』実教出版，1977
西田雅嗣・矢ヶ崎善太郎『図説 建築の歴史 西洋・日本・近代』学芸出版社，2003
日本建築学会『日本建築史図集 新訂版』彰国社，2002
宮元健次『図説 日本建築のみかた』学芸出版社，2006
前久夫『寺社建築の歴史図典』東京美術，2002
日本建築学会『西洋建築史図集 三訂版』彰国社，2006
陣内秀信ほか『図説 西洋建築史』学芸出版社，2005
深見奈緒子『世界のイスラーム建築』講談社現代新書，2005
大河直躬，三舩康道ほか『歴史的遺産の保存・活用とまちづくり 改訂版』学芸出版社，2006
日本建築学会『近代建築史図集 新訂版』彰国社，2002
大川三雄，川向正人，初田亨，古田鋼一『図説 近代建築の系譜 日本と西欧の空間表現を読む』彰国社，1997
石田潤一郎，中川理ほか『近代建築史』昭和堂，1998
藤森照信『日本の近代建築（上）幕末・明治篇』岩波新書，2005
藤森照信『日本の近代建築（下）大正・昭和篇』岩波新書，2005
William Allin Storrer，岸田省吾・訳『フランク・ロイド・ライト全作品』丸善，2000
ケネス・フランプトン，中村敏男・訳『現代建築史』青土社，2006
文化庁 Web
京都市都市計画局 Web
広島市都市整備局 Web

■3章
廣瀬幸男ほか『絵とき建築学』オーム社，2001
長塚和郎『絵とき建築計画』オーム社，1985
日本建築学会『建築設計資料集成 総合編』丸善，2001
建築学大系編集委員会『新建築学大系23建築論』彰国社，1982
建築学大系編集委員会『新建築学大系28住宅の設計』彰国社，1988
建築のテキスト編集委員会『初めての建築計画』学芸出版社，2001
建築のテキスト編集委員会『初めての建築環境』学芸出版社，1996
齋藤祐子『図解雑学 建築のしくみ』ナツメ社，2007
建築図解事典編集委員会『図解事典 建築のしくみ』彰国社，2001
岡田光正ほか『現代建築学 建築計画1』鹿島出版会，1996
建築計画教材研究会『建築計画を学ぶ』理工図書，2005
青木義次ほか『一目でわかる建築計画』学芸出版社，2002
国土交通省住宅局『シックハウス対策パンフレット』国土交通省住宅局
厚生労働省医薬局審査管理課化学物質安全対策室「室内空気中化学物質についての相談マニュアル作成の手引き』厚生労働省，平成13年5月
BIR+TUE 有志・吉野弘『ル・コルビュジエを歩こう』エクスナレッジ，2002
国土交通省住宅局『建築物におけるバリアフリー新法についてのパンフレット『ハートのあるビルをつくろう』』国土交通省住宅局，平成18年
柏原士郎ほか『建築計画』実教出版，2004

鈴木成文ほか『建築計画』実教出版，2007
建築計画教科書研究会 編著『建築計画教科書』彰国社，2005
吉武泰水『建築計画の研究』鹿島出版会，1971
藤江澄夫ほか『新・事務所ビル』市ヶ谷出版社，2006
岩井一幸・奥田宗幸『図解 すまいの寸法・計画事典 第2版』彰国社，2006
上杉啓『図解テキスト 基本建築学 第二版』彰国社，2003
日本建築学会『第2版コンパクト 建築設計資料集成』丸善，1999
セルジオ・フェロほか『ル・コルビュジエ ラトゥーレット修道院』TOTO出版，1997
日本建築学会『建築設計資料集成1 環境』丸善，1988
日本建築学会『建築設計資料集成2 物品』丸善，1988
日本建築学会『建築設計資料集成3 単位空間Ⅰ』丸善，1980
日本建築学会『建築設計資料集成4 単位空間Ⅱ』丸善，1988
日本建築学会『建築設計資料集成5 単位空間Ⅲ』丸善，1982
日本建築学会『建築設計資料集成6 設備計画』丸善，1969
William Allin Storrer，岸田省吾・訳『フランク・ロイド・ライト全作品』丸善，2000
ヴィジュアル版建築入門編集委員会編『ヴィジュアル版建築入門5/建築の言語』彰国社，2002
小林克弘編著『エスキスシリーズ② 建築構成の手法』彰国社，2001
日本建築学会編『空間要素 世界の建築・都市デザイン』井上書院，2003
岡田光正『建築人間工学／空間デザインの原点』理工学社，1999
建築学教育研究会『新版 建築を知る 初めての建築』鹿島出版会，2006
LED照明推進協議会『LED照明ハンドブック』オーム社，2007
日本建築学会編『ガラスの建築学』学芸出版社，2004
大西正宜『環境と共生する建築25のキーワード』学芸出版社，1999
社団法人建築設備技術者協会編『建築・環境キーワード事典』オーム社，2002
建築環境技術研究会編『建築環境エンジニアリング1/環境から見た建築計画』鹿島出版会，1999
彰国社編『自然エネルギー利用のためのパッシブ建築設計手法事典 新訂版』彰国社，2000
エクスナレッジ『建築知識200604 No.605「サスティナブル建築」最新ガイド』エクスナレッジ，2006

■4章
岡田光正ほか『建築計画1』鹿島出版会，1987
中根芳一編著『私たちの住居学サスティナブル社会の住まいと暮らし』理工学社，2006
武者英二ほか『建築設計演習応用編 第二版 プロセスで学ぶ独立住居と集合住居の設計』彰国社，2005
建築学教育研究会編『新版 建築を知るはじめての建築学』鹿島出版会，2004
エクスナレッジ『建築知識200606 No.607』2006・4
建築学教育研究会編『はじめての建築学集デザイン基礎編 住宅をデザインする』鹿島出版会，2006
岡田光正ほか『住宅の計画学入門 住まいの設計の基本を知る』鹿島出版会，2006
宮元健次『よむ住宅プランニング』学芸出版社，1999
中村義平二監修『これ一冊ですべてがわかる！2006年版家づくりの基礎知識』建築資料研究社，2005
『すまいのビジュアル事典 誰にも聞けない家造りのコトバ』エクスナレッジ，2000
岩井一幸・奥田宗幸『図解すまいの寸法・計画事典 第二版』彰国社，2004
宮脇檀建築研究室『宮脇檀の住宅設計テキスト』丸善，1993
井上まるみ『プロが教えるキッチン設計のコツ』学芸出版社，2004
『季刊 インテリアマガジン confort No.31』建築資料研究社，1998
confort 増刊『住宅インテリアの基本がわかる素材・建材ハンドブック [スタンダード]』建築資料研究社，2006
小宮容一『図解インテリア構成材 選び方・使い方 改訂2版』オーム社，2002
文部科学省『インテリアエレメント生産』コロナ社，2004
『素敵な部屋づくりの決定版 インテリアの基本BOOK』成美堂出版，2006
『インテリアコーディネーターハンドブック 販売編[改訂新版]』㈳インテリア産業協会，産業能率大学出版部，2006
㈳日本建築ブロック・エクステリア工事業協会 監修／エクステリアプランナー・ハンドブック編集委員会 編『第3版 エクステリアプランナーハンドブック』建築資料研究社，2007
猪野達夫 編『イラストでわかるエクステリアデザインのポイント』彰国社，2008

■コラム
展覧会リーフレット「伊東豊雄 建築 新しいリアル」神奈川県立近代美術館，2007

〈建築のテキスト〉編集委員会

● **編集委員長**
　大西正宜（大阪府立西野田工科高等学校）

● **編集委員**
　飴野正彦（兵庫県立神戸工業高等学校）
　宇都直人（大阪市立都島工業高等学校）
　岡本展好（大阪市立都島工業高等学校）
　覚野一与（兵庫県立姫路工業高等学校）
　河合省吾（大阪府立西野田工科高等学校）
　小早川弘樹（大阪府立今宮工科高等学校）
　下山　明（兵庫県立尼崎工業高等学校）

● **執筆者**
　猪池雅憲（太成学院大学）
　宇都直人（大阪市立都島工業高等学校）
　岡本展好（大阪市立都島工業高等学校）
　矢倉鉄也（大阪市立都島第二工業高等学校）
　北小路充彦（大阪市立都島工業高等学校）

（上記の所属校は初版時のものである）

初めて学ぶ建築計画

2009年3月20日　第1版第1刷発行
2025年3月20日　第1版第8刷発行

著　者　〈建築のテキスト〉編集委員会
発行者　井口夏実
発行所　株式会社学芸出版社
　　　　京都市下京区木津屋橋通西洞院東入
　　　　〒600-8216　☎ 075-343-0811
　　　　http://www.gakugei-pub.jp/
　　　　E-mail　info@gakugei-pub.jp
印　刷　創栄図書印刷
製　本　新生製本
装　丁　前田俊平
Ⓒ〈建築のテキスト〉編集委員会 2009
Printed in Japan　ISBN 978-4-7615-2454-8

JCOPY 〈(社)出版者著作権管理機構委託出版物〉
本書の無断複写（電子化を含む）は著作権法上での例外を除き禁じられています。複写される場合は、そのつど事前に、(社)出版者著作権管理機構（電話 03-5244-5088、FAX 03-5244-5089、e-mail: info@jcopy.or.jp）の許諾を得てください。
また本書を代行業者等の第三者に依頼してスキャンやデジタル化することは、たとえ個人や家庭内の利用でも著作権法違反です。